中华人民共和国
突发公共卫生事件应对法
注释本

刘炫麟　主编

法律出版社
LAW PRESS CHINA
·北　京·

图书在版编目（CIP）数据

中华人民共和国突发公共卫生事件应对法注释本 / 刘炫麟主编. -- 北京：法律出版社，2025. -- (法律单行本注释本系列). -- ISBN 978-7-5244-0710-2

Ⅰ. D922.165

中国国家版本馆 CIP 数据核字第 2025HY3204 号

中华人民共和国突发公共卫生事件应对法注释本
ZHONGHUA RENMIN GONGHEGUO TUFA GONGGONG WEISHENG SHIJIAN YINGDUI FA ZHUSHIBEN

刘炫麟 主编

责任编辑 陶玉霞
装帧设计 李 瞻

出版发行 法律出版社
编辑统筹 法规出版分社
责任校对 赵雪慧
责任印制 耿润瑜
经　　销 新华书店

开本 850 毫米×1168 毫米 1/32
印张 9.5　**字数** 300 千
版本 2025 年 10 月第 1 版
印次 2025 年 10 月第 1 次印刷
印刷 保定市中画美凯印刷有限公司

地址：北京市丰台区莲花池西里 7 号(100073)
网址：www.lawpress.com.cn
投稿邮箱：info@lawpress.com.cn
举报盗版邮箱：jbwq@lawpress.com.cn

销售电话：010-83938349
客服电话：010-83938350
咨询电话：010-63939796

书号：ISBN 978-7-5244-0710-2　**定价**：28.00 元

凡购买本社图书，如有印装错误，我社负责退换。电话：010-83938349

本书编写组成员名单

主　编　刘炫麟

副主编　杨淑娟　赵　敏

撰稿人（以撰写条文先后为序）

杨淑娟　吉林大学公共卫生学院
赵　敏　湖北中医药大学卫生健康与中医药法治研究中心
胡汝为　中山大学公共卫生学院
刘炫麟　中国政法大学法律学院
陈煜鹏　华东政法大学中国法治战略研究院
龙柯宇　西南政法大学民商法学院
杨跃跃　吉林省卫生健康委员会法规处（行政审批办公室）
龚　楠　北京市律师协会医药卫生法律专业委员会

秘　书　周素素　何天慧　徐着雨

编辑出版说明

现代社会是法治社会，社会发展离不开法治护航，百姓福祉少不了法律保障。遇到问题依法解决，已经成为人们处理矛盾、解决纠纷的不二之选。然而，面对纷繁复杂的法律问题，如何精准、高效地找到法律依据，如何完整、准确地理解和运用法律，日益成为人们“学法、用法”的关键所在。

为了帮助读者快速准确地掌握“学法、用法”的本领，我社开创性地推出了“法律单行本注释本”系列丛书。本丛书自首次出版至今已十余年，历经多次修订完善，现已出版近百个品种，涵盖了社会生活的重要领域，已经成为广大读者学习法律、应用法律之必选图书。

本丛书具有以下特点：

1. 出版机构权威。成立于 1954 年的法律出版社，是全国首家法律专业出版机构，始终秉承“为人民传播法律”的宗旨，完整记录了中国法治建设发展的全过程，享有“社会科学类全国一级出版社”“全国百佳图书出版单位”等荣誉称号。

2. 编写人员专业。本丛书皆由相关法律领域内的专业人士编写，确保图书内容始终紧跟法治进程，反映最新立法动态，体现条文本义内涵。

3. 法律文本标准。作为专业的法律出版机构，多年来，我社始终使用全国人民代表大会常务委员会公报刊登的法律文本，积淀了丰富的标准法律文本资源，并根据立法进度及时更新相关内容。

4. 条文注释规范。本书对每个条文提炼条文主旨，并对每个条文进行注释，使读者能精准掌握立法意图，轻松理解条文内容。

5. 适用要点详细。本书特设“适用要点”栏目，对实务运用中应该注意的事项、常见的处理方法、关键字句的理解、需要注意的细节等，作详细而有条理的阐释。

6. 关联法规全面。本书“附录”部分收录常用法律法规、部门规章等，方便读者快速找到相关联的法规，使全书更为实用。

7. 关联案例精准。本书精选关联案例，读者可搜索相应的案号或文件查看案例原文。

需要说明的是，本丛书中“条文主旨”“条文注释”“适用要点”等内容皆是编者为方便读者阅读、理解而编写，不同于国家正式通过、颁布的法律文本，不具有法律效力。本丛书不足之处，恳请读者批评指正。

我们用心打磨本丛书，以期待为法律相关专业的学生释法解疑，致力于为每个公民的合法权益撑起法律的保护伞。

法律出版社法规中心

2025 年 9 月

目　录

《中华人民共和国突发公共卫生事件应对法》适用提要 …… 1

中华人民共和国突发公共卫生事件应对法

第一章　总则 …… 11
第一条　立法目的 …… 11
第二条　定义与法律适用 …… 14
第三条　基本原则 …… 15
第四条　防治体系与能力建设 …… 18
第五条　社会动员与宣传教育机制 …… 20
第六条　中西医协调作用 …… 22
第七条　科研创新与技术应用 …… 24
第八条　个人信息保护 …… 27
第九条　应对措施合法适当原则 …… 30
第十条　国际交流与合作 …… 33
第十一条　奖励机制 …… 36
第二章　管理与指挥体制 …… 38
第十二条　管理体制与责任体系 …… 38
第十三条　责任主体、信息报告与协同机制 …… 42
第十四条　应急指挥机构设置与职责 …… 46
第十五条　部门职责分工 …… 49
第十六条　基层公共卫生应急职责 …… 53
第十七条　多元主体协同参与义务 …… 57

第三章 预防与应急准备…………………………………… 61
第十八条 风险源头管理与控制………………………… 61
第十九条 建立健全应急预案体系……………………… 64
第二十条 重点单位的应急预案制定与演练…………… 68
第二十一条 应急处置场所规划建设与设施保障……… 72
第二十二条 疾控机构能力建设及人员配备要求……… 74
第二十三条 医疗机构应急能力建设…………………… 77
第二十四条 建立健全应急医疗救治体系……………… 80
第二十五条 卫生应急队伍建设………………………… 83
第二十六条 应急人才培养、应对培训与继续教育 …… 85
第四章 监测预警…………………………………………… 89
第二十七条 监测预警体系建设………………………… 89
第二十八条 监测体系与哨点网络……………………… 92
第二十九条 联动监测与信息共享……………………… 95
第三十条 突发公共卫生事件报告制度………………… 96
第三十一条 单位和个人的报告义务…………………… 100
第三十二条 责任豁免制度……………………………… 102
第三十三条 信息核实与报告流程……………………… 104
第三十四条 信息报告义务与禁止干预………………… 106
第三十五条 预警建议与发布程序……………………… 109
第三十六条 预警措施与动态调整……………………… 112
第五章 应急处置…………………………………………… 114
第三十七条 分级应急响应……………………………… 114
第三十八条 应急响应启动程序………………………… 117
第三十九条 应急处置措施……………………………… 118
第四十条 信息发布……………………………………… 121
第四十一条 流行病学调查……………………………… 123
第四十二条 医疗救治与转运…………………………… 124

第四十三条　药品紧急使用…………………………… 127
第四十四条　应急征用与补偿………………………… 128
第四十五条　应急运输保障…………………………… 130
第四十六条　基本民生保障与特殊照顾……………… 131
第四十七条　心理援助………………………………… 134
第四十八条　医疗废物应急处置……………………… 135
第四十九条　应急响应调整与解除…………………… 137
第 五 十 条　后期总结报告…………………………… 138
第六章　保障措施……………………………………… 139
第五十一条　应急经费保障…………………………… 139
第五十二条　救治基地与应急协作平台建设………… 141
第五十三条　资金统筹保障…………………………… 144
第五十四条　应急物资保障体系……………………… 147
第五十五条　对参与应急处置人员的保障措施……… 150
第七章　法律责任……………………………………… 155
第五十六条　政府和卫生健康、疾控部门未依法履职的法律责任 …………………………… 155
第五十七条　疾控、医疗及检验检测机构未依法履职的法律责任 …………………………… 158
第五十八条　涉事单位未依法报告的法律责任……… 161
第五十九条　违反应对措施的法律责任……………… 162
第 六 十 条　扰乱市场秩序从重处罚………………… 165
第六十一条　民事责任、治安管理处罚和刑事责任 …… 168
第八章　附则…………………………………………… 172
第六十二条　涉外适用………………………………… 172
第六十三条　法律适用衔接…………………………… 175
第六十四条　军队应对规则与信息通报机制………… 181
第六十五条　施行日期………………………………… 184

附　　录

中华人民共和国突发事件应对法(2024.6.28 修订) ………… 186
中华人民共和国传染病防治法(2025.4.30 修订) …………… 206
突发公共卫生事件应急条例(2011.1.8 修订) …………… 235
突发事件应急预案管理办法(2024.1.31) …………………… 244
突发公共卫生事件交通应急规定(2004.3.4) …………… 253
突发公共卫生事件与传染病疫情监测信息报告管理办法
(2006.8.22 修订) ………………………………………… 264
突发事件医疗应急工作管理办法(试行)(2023.12.8) ……… 273
国家卫生应急队伍管理办法(2024.3.19) ………………… 280
传染病疫情预警管理办法(试行)(2025.7.30) …………… 287

《中华人民共和国
突发公共卫生事件应对法》
适用提要

一、《突发公共卫生事件应对法》[①]的制定背景与制定历程

（一）制定背景

党的十八大以来，以习近平同志为核心的党中央就人民健康、公共卫生安全作出了一系列重大部署。习近平总书记高度重视依法防控、依法治理，多次对强化公共卫生法治保障作出重要指示，明确提出要完善疫情防控相关立法，构建系统完备、科学规范、运行有效的疫情防控法律体系，有针对性地推进《传染病防治法》《突发公共卫生事件应对法》等法律的制定和修订工作。现行《突发公共卫生事件应急条例》等为应对突发公共卫生事件、保障人民健康发挥了重要作用，但在监测预警、应急处置、制度协调衔接等方面存在短板和不足，需要有针对性地补短板、堵漏洞、强弱项，系统制定突发公共卫生事件应对制度，强化公共卫生法治保障。

（二）制定历程

2024 年 6 月，国务院向全国人大常委会提出《关于提请审议〈突发公共卫生事件应对法〉（草案）的议案》。2024 年 9 月，十四届全国人大常委会第十一次会议对《突发公共卫生事件应对法

---

① 为便于读者阅读，本书中的法律法规名称均省略“中华人民共和国”字样。

（草案）》进行了初次审议。2025年6月，十四届全国人大常委会第十六次会议进行了二次审议。2025年9月，十四届全国人大常委会第十七次会议进行了三次审议并通过了《突发公共卫生事件应对法》，自2025年11月1日起施行。自此，我国突发公共卫生事件应对有了专门法律，进一步完善了我国公共卫生法律体系，将更有力保障公众生命安全和身体健康。

二、《突发公共卫生事件应对法》的制定原则、主要内容与重点提示

（一）制定原则

制定《突发公共卫生事件应对法》，主要把握以下四个原则：一是明确突发公共卫生事件应对工作坚持中国共产党的领导，坚持人民至上、生命至上，防范化解公共卫生领域重大风险。二是认真总结疫情防控及突发公共卫生事件应对经验，完善突发公共卫生事件应对体制机制，提高突发公共卫生事件应对能力。三是坚持依法应对、科学应对，统筹突发公共卫生事件应对与经济社会发展。四是加强与有关法律的衔接配合，增强立法的系统性、整体性和协同性，形成制度合力。

（二）主要内容

《突发公共卫生事件应对法》共8章65条，各章主要内容如下：

第一章是总则。该章规定了立法目的、突发公共卫生事件的定义与法律适用、基本原则、防治体系与能力建设、社会动员与宣传教育机制、中西医协调作用、科研创新与技术应用、个人信息保护、应对措施合法适当原则、国际交流与合作、奖励机制等内容。该章规定适用于所有突发公共卫生事件应对的共性问题，属于“通则”性质，其他章节则为分则。

第二章是管理与指挥体制。该章规定了管理体制与责任体系、责任主体、信息报告与协同机制、应急指挥机构设置与职责、部

门职责分工、基层公共卫生应急职责、多元主体协同参与义务等内容。

第三章是预防与应急准备。该章规定了风险源头管理与控制、建立健全应急预案体系、重点单位的应急预案制定与演练、应急处置场所规划建设与设施保障、疾控机构能力建设及人员配备要求、医疗机构应急能力建设、建立健全应急医疗救治体系、卫生应急队伍建设、应急人才培养、应对培训与继续教育等内容。

第四章是监测预警。该章规定了监测预警体系建设、监测体系与哨点网络、联动监测与信息共享、突发公共卫生事件报告制度、单位和个人的报告义务、责任豁免制度、信息核实与报告流程、信息报告义务与禁止干预、预警建议与发布程序、预警措施与动态调整等内容。

第五章是应急处置。该章规定了分级应急响应、应急响应启动程序、应急处置措施、信息发布、流行病学调查、医疗救治与转运、药品紧急使用、应急征用与补偿、应急运输保障、基本民生保障与特殊照顾、心理援助、医疗废物应急处置、应急响应调整与解除、后期总结报告等内容。

第六章是保障措施。该章规定了应急经费保障、救治基地与应急协作平台建设、资金统筹保障、应急物资保障体系、对参与应急处置人员的保障措施等内容。

第七章是法律责任。该章规定了政府、卫生健康部门、疾控部门、疾控机构、医疗机构、检验检测机构、有关单位和个人等主体的法律责任。本章以行政责任为主，民事责任、刑事责任则通过本法第 59 条的引致条款进行集中规定，实现了民行刑衔接。

第八章是附则。该章规定了涉外适用、法律适用衔接、军队应对规则与信息通报机制、施行日期等内容。

（三）重点提示

1. 党的领导与综合管理体制。本法明确规定突发公共卫生事件应对工作实行党委领导、政府负责、部门协同联动、社会共同参与、属地管理和分类管理相结合的管理体制。县级以上人民政府对本行政区域突发公共卫生事件应对工作负责，设立应急指挥机构，组织、协调、指挥各部门和下级政府开展应对工作。当县级政府不能有效控制事件危害时，上级政府应当及时采取支持措施，必要时统一领导应对工作。毗邻地区应当建立协同应对机制，加强信息通报和协调应对措施。这体现了中国共产党对突发公共卫生事件应对工作的全面领导，充分发挥了党中央集中统一领导下统筹各方面力量的制度优势。属地管理、分级负责的原则确保了责任明确、响应迅速，而部门协同和区域协作机制则打破了条块分割的局限，形成了全国一盘棋的应对格局。该制度设计吸收了近年来我国疫情防控的成功经验，明确了各方责任边界，既保证了统一指挥，又赋予了地方必要灵活性，有助于提升整体应对效率。

2. 风险源头管理与预防体系。国家加强突发公共卫生事件风险源头管理，县级以上地方人民政府应当组织有关部门对本行政区域可能引发突发公共卫生事件的风险源进行调查、登记和风险评估，并对风险源的管理使用情况开展监督检查。可能引发突发公共卫生事件的风险源的管理使用单位应当加强风险管理，采取防范措施，消除隐患。这体现了预防为主、预防与应急相结合的原则，将管理关口前移，从源头上减少突发公共卫生事件的发生和危害。通过风险评估和监督检查，可以早期识别潜在风险，采取针对性防控措施，避免事件发生或减轻其危害程度。该制度强调了风险管理的前瞻性和系统性，要求政府和相关单位主动履行职责，改变了过去被动应对的局面，是现代公共卫生应急管理理念的重要体现。

3. 应急预案与演练制度。国家建立健全突发公共卫生事件应急预案体系。国务院组织制定国家应急预案，县级以上地方人民政府根据上级应急预案和本地区实际情况制定本行政区域应急预案。应急预案应当规定组织指挥体系、监测预警、信息报告、应急处置、物资储备等内容,并根据实际需要和情势变化及时修订。此外,医疗卫生机构、学校、托育机构、养老机构、车站、港口等八类单位应当制定本单位应急预案并组织开展演练。应急预案是突发公共卫生事件应对工作的行动指南和重要依据。通过构建分级分类、全覆盖的预案体系,确保从政府到关键单位均能有章可循、有序应对。预案的定期修订和演练要求,保证了预案的科学性、针对性和可操作性,有效避免预案成为一纸空文。通过演练,各单位可以检验预案效果,提高实战能力,确保一旦发生突发事件,能够迅速启动响应,有效控制事态发展。

4. 监测预警与信息报告制度。国家建立健全多点触发、反应快速、权威高效的突发公共卫生事件监测预警体系。通过建立监测哨点网络,多途径、多渠道开展监测,建立智慧化多点触发机制和监测信息共享机制,提高监测的敏感性和准确性。完善突发公共卫生事件报告制度,明确报告内容和时限,加强网络直报,畅通检验检测机构、社会公众等的报告渠道。多点触发机制利用多种渠道收集信息,提高了发现突发公共卫生事件的敏感性。智慧化监测系统则提升了预警的准确性和时效性。特别值得注意的是,本法建立了报告免责机制,禁止干预报告,这是实现早发现、早报告、早预警的关键举措。报告免责机制鼓励机构和个人及时报告,禁止干预报告则保证了信息的真实性和完整性,避免了瞒报、漏报等问题。这些制度设计充分吸取了历史经验,解决了过去监测预警中存在的反应迟缓、信息不畅等痛点,为及时发现和控制突发公共卫生事件提供了制度保障。

5. 应急处置与响应制度。提高政府应急处置能力,明确政府启动、解除应急响应的程序和可以采取的应急处置措施。采取突发公共卫生事件应对措施,应当依照法定权限和程序,与突发公共卫生事件的性质和可能造成危害的程度、范围等相适应。有多种措施可供选择的,应当选择有利于最大程度保护单位和个人合法权益,且对他人权益损害和生产生活影响较小的措施,并根据情况变化及时调整。这些内容确立了依法应对、科学应对的原则,明确了应急处置的比例原则,要求应对措施必须与事件危害程度相称,避免过度反应,即既要保障应急处置工作有力组织、有序开展,也要维护公民合法权益,努力用最小代价实现最大防控效果。这些规定体现了对公民权利的保护和对经济社会发展的统筹考虑,避免了“一刀切”式的粗放管理,推动突发公共卫生事件应对工作更加精细化、科学化、法治化。

6. 医疗救治与中西医结合制度。国家坚持中西医并重,加强中西医结合,充分发挥中医药在突发公共卫生事件应对中的作用。提高医疗救治能力,建立健全突发公共卫生事件应急医疗救治体系,明确超说明书用药和药品紧急使用规则,提高诊断和救治能力。组建卫生应急队伍,加强公共卫生应急领域人才培养。我国将中西医结合提高到法律层面,肯定了中医药在突发公共卫生事件应对中的独特价值,为发挥中西医各自优势、提高救治效果提供了制度保障。超说明书用药和药品紧急使用规定则为紧急情况下最大限度抢救生命提供了法律依据。通过建立应急医疗救治体系和专业队伍,能够确保在突发公共卫生事件发生时,迅速调动医疗资源,有效开展救治工作,降低死亡率和致残率,保护人民群众的生命安全和身体健康。

7. 民生保障与特殊群体保护制度。政府应当维持社会基本运行,保障基本生活必需品的供应,提供基本医疗服务。对未成年人、老年人等弱势群体给予特殊照顾和倾斜安排,并确保相关人员获得医疗救治。畅通求助途径,加强劳动者保障,提供心理援助服务。在应急处置过程中,要统筹突发公共卫生事件应对与经济社会发展。这些规定体现了人民至上、生命至上的理念,关注突发公共卫生事件中的民生需求和弱势群体保护。保障基本生活物资供应和医疗服务，是社会稳定和疫情防控的基础。对未成年人、老年人等弱势群体的照顾，体现了法律的温度和人文的精神。心理援助服务的提供，则关注了公众的心理健康需求，促进了全方位健康保护。这些制度设计确保在应对突发公共卫生事件时，不会忽视基本民生需求，特别是弱势群体的特殊需求，避免了次生灾害的发生。

8. 个人信息保护与隐私保障。在突发公共卫生事件应对中，收集、存储、使用、加工、传输、提供、公开、删除个人信息的，应当遵守《个人信息保护法》等法律规定，遵循合法、正当、必要和诚信原则，采取必要措施确保个人信息安全。不得非法收集、使用、加工、传输他人个人信息，不得非法买卖、提供或者公开他人个人信息。涉及敏感个人信息的，应当采取严格的保护措施。突发公共卫生事件应对结束后，应当及时删除为应对突发公共卫生事件所处理的个人信息。这有效平衡了公共卫生需要与个人隐私保护之间的关系，既为疫情防控中必要的个人信息处理提供了法律依据，又设置了严格限制，防止个人信息被滥用。要求事件结束后及时删除个人信息，体现了对个人信息权的尊重和保护。这些规定回应了社会对疫情防控中个人信息保护的重大关切，建立了信任机制，使公众更愿意配合疫情防控措施，反而有利于突发公共卫生事件的应对工作。

9. 物资储备与应急保障体系。建立健全公共卫生应急物资保障体系，加强医药储备，完善储备调整、调用和轮换机制。建设突发公共卫生事件医疗救治基地和区域公共卫生应急协作平台。加强政府经费保障，统筹医疗保障基金和公共卫生服务资金使用，促进公共卫生服务和医疗服务有效衔接。对参与应急处置的人员，按照国家规定采取有效的卫生防护措施和医疗保健措施，并给予适当的津贴。这构建了全方位的应急保障体系，包括物资储备、资金保障、人员防护等方面。完善的物资储备和调用机制确保了应急物资的及时供应。经费保障机制为应对工作提供了稳定的资金支持。对应急处置人员的防护和津贴规定，则体现了对一线工作人员的保护和关怀。这解决了以往应急工作中常见的物资短缺、资金不足、人员保障不到位等问题，为突发公共卫生事件应对提供了坚实的后勤保障，确保应对工作无后顾之忧。

10. 社会动员与公众参与机制。国家建立应对突发公共卫生事件的社会动员机制，组织动员单位和个人依法有序参与突发公共卫生事件应对工作。开展突发公共卫生事件应对知识和相关法律法规宣传教育工作，增强公众公共卫生风险防范意识和能力。单位和个人应当支持突发公共卫生事件应对工作，执行依法采取的突发公共卫生事件应对措施。志愿服务组织等在政府统筹协调下依法开展救助、志愿服务等活动。这强调了社会协同和公众参与在突发公共卫生事件应对中的重要作用，改变了单纯依靠政府力量的模式，形成了政府主导、社会协同、公众参与的群防群控机制。通过社会动员，可以整合社会资源，增强应对能力。通过宣传教育，可以提高公众的风险意识和自我防护能力。通过志愿服务，可以扩大应对力量，弥补政府资源的不足。这些制度设计充分体现了社会治理的现代理念，充分发挥了中国群众路线的优良传统，有利于形成全社会共同应对突发公共卫生事件的强大合力。

三、适用《突发公共卫生事件应对法》应当注意的问题

《突发公共卫生事件应对法》是我国公共卫生法律体系的重要组成部分，它构建了系统完备、科学规范、运行有效的突发公共卫生事件应对制度体系，既总结了我国以往应对突发公共卫生事件的宝贵经验，又针对存在的短板和不足进行了制度创新，为保护人民生命安全和身体健康提供了坚实的法治保障。全社会应当加强对这部法律的学习和理解，共同提高突发公共卫生事件应对能力。在这个过程中，有以下三个法律适用问题值得注意：

(一)处理好本法与《突发事件应对法》等上位法的法律适用关系

2007 年制定的《突发事件应对法》于 2024 年进行了第一次修订,对突发事件的预防与应急准备、监测与预警、应急处置与救援、事后恢复与重建等应对活动均作出了相关规定。《突发事件应对法》规定的突发事件包括自然灾害、事故灾难、公共卫生事件和社会安全事件四类,公共卫生事件属于一种典型的突发事件。我国于 2019 年出台的《基本医疗卫生与健康促进法》是卫生健康领域的一部基础法和综合法,对公共卫生法律法规均具指导意义和适用效力。由此可见,尽管从法律位阶的角度考察,《突发事件应对法》《基本医疗卫生与健康促进法》与《突发公共卫生事件应对法》处于同一位阶,但若从规定内容的角度考察,《突发公共卫生事件应对法》是《突发事件应对法》《基本医疗卫生与健康促进法》的特别法,对于《突发公共卫生事件应对法》有明确规定的,应当优先适用,对于没有规定的,需要适用《突发事件应对法》《基本医疗卫生与健康促进法》的相关规定,以发挥其作为一般法的指导作用和补位功能。

(二)处理好本法与《传染病防治法》等平行法的法律适用关系

2025 年,《传染病防治法》和《食品安全法》分别完成了修改工作。1984 年制定的《药品管理法》于 2019 年进行了第二次修订。在公共卫生法领域,突发公共卫生事件包括因传染病引发的突发公共卫生事件、因食品安全引发的突发公共卫生事件、因药品安全引发的突发公共卫生事件等。尽管《突发公共卫生事件应对法》与《传染病防治法》《食品安全法》《药品管理法》的法律位阶相同,但是从条文内容上考察,在因传染病、食品安全、药品安全引发的突发公共卫生事件这一问题上,《传染病防治法》《食品安全法》《药品管理法》属于特别法,应当优先适用,《突发公共卫生事件应对法》将作为一般法发挥指导作用和补位功能。

（三）处理好本法与《突发公共卫生事件应急条例》等下位法的法律适用关系

《突发公共卫生事件应对法》属于突发公共卫生事件应对的专门法律。在该法于2025年出台之前，国务院和卫生行政主管部门已经出台了《突发公共卫生事件应急条例》《国家突发公共卫生事件应急预案》《国境口岸突发公共卫生事件出入境检验检疫应急处理规定》《突发公共卫生事件与传染病疫情监测信息报告管理办法》《国家突发公共卫生事件相关信息报告管理工作规范（试行）》《突发公共卫生事件交通应急规定》《卫生部关于法定报告传染病疫情和突发公共卫生事件信息发布方案（试行）》等。由于这些文件均是在《突发公共卫生事件应对法》《传染病防治法》于2025年制定或修订之前出台的，若与《突发公共卫生事件应对法》《传染病防治法》的具体规定相冲突，则应当直接适用《突发公共卫生事件应对法》《传染病防治法》的相关规定，并择机尽快完成修改，以与这两部新法保持协调一致，避免给一线实务人员造成法律适用上的困扰。对于《突发公共卫生事件应对法》《传染病防治法》没有具体规定，则仍可继续适用《突发公共卫生事件应急条例》《突发公共卫生事件与传染病疫情监测信息报告管理办法》《国家突发公共卫生事件相关信息报告管理工作规范（试行）》等下位法的规定。

中华人民共和国
突发公共卫生事件应对法

（2025年9月12日第十四届全国人民代表大会常务委员会第十七次会议通过　2025年9月12日中华人民共和国主席令第52号公布　自2025年11月1日起施行）

第一章　总　　则

第一条　【立法目的】[①]为了预防和减少突发公共卫生事件的发生，控制、减轻和消除突发公共卫生事件的危害，提高突发公共卫生事件应对能力，规范突发公共卫生事件应对活动，保障公众生命安全和身体健康，维护国家安全、公共安全和社会秩序，根据宪法，制定本法。

条文注释

本条是关于本法立法目的的规定。本法的立法目的主要包括以下四个方面：

第一，预防和减少突发公共卫生事件的发生。近年来，突发公共卫生事件频发，反映出全球公共卫生体系面临持续挑战，截至2025

① 条文主旨为编者所加，下同。——编者注

年，世界卫生组织已宣布八次国际关注的突发公共卫生事件，包括2009年甲型H1N1流感、2014年西非埃博拉疫情、2020年COVID－19大流行及2023年脊髓灰质炎病毒传播风险等。制定《突发公共卫生事件应对法》，有助于建立系统化、常态化的重要公共卫生风险评估体系，对传染病、生物安全、环境健康等潜在威胁进行动态评估；推动政府、企业、学校等单位制定科学分级、切实可行的应急响应预案；同时强化全民公共卫生意识，规定学校与社区定期组织健康教育，鼓励公众主动报告异常健康事件，从而在源头上预防和降低突发公共卫生事件的发生风险。

第二，控制、减轻和消除突发公共卫生事件的危害。突发公共卫生事件（如传染病暴发、化学污染、生物恐怖袭击等）具有突发性、传播性和不确定性等特征，对人类社会、经济、心理及生态等多方面造成深远危害。如传染病可能导致大规模感染、重症和死亡，引发医疗资源挤兑，并带来长期健康后遗症；同时，易引发社会恐慌，扰乱正常的生产、生活与学习秩序，加重社会经济负担，尤其对老年人、儿童及慢性病患者等特殊群体产生更为显著的负面冲击。通过专门立法，能够为突发公共卫生事件的应对提供系统性、规范性的制度保障，从而控制、减轻和消除突发公共卫生事件的危害。

第三，提高突发公共卫生事件应对能力，规范突发公共卫生事件应对活动。只有通过专门立法，将突发公共卫生事件应对工作全面纳入法治化轨道，明确政府、社会及公民的责任与义务边界，构建信息畅通、指挥高效、响应迅速的法律制度体系，才能实现应急管理工作的规范化与程序化，推动应急处置机制的不断创新，强化体系协同与权利保障。

第四，保障公众生命安全和身体健康，维护国家安全、公共安全和社会秩序。这是我国突发公共卫生事件防控经验的总结与升华，是坚持以人民为中心的集中体现，是全面推进“健康中国”建设不可或缺的一环，发挥了精神引领和理念指导的作用，是本法的出发点和归宿。“公众生命安全和身体健康”具有两层含义：一是体现健康权的本质，既包括维持生命，又包括保障生存质量；二是体现本法对个体健康权和公众健康权的双重保护。"维护国家安全、公共安全和社会秩序"是保障国家稳定、人民幸福和社会发展的基石,三者相互关联、层层递进,共同构建起社会安全体系。"国家安全"是最高层级的公共安全,"公共安全"是"国家安全"在民生领域的具体体现,直接影响公众生活质量。

"保障公众生命安全和身体健康,维护国家安全"表述与《传染病防治法》第1条、《国境卫生检疫法》第1条及《突发公共卫生事件应急条例》第1条保持一致,"维护公共安全和社会秩序"与《突发事件应对法》第1条保持一致,体现立法技术的标准化和统一性要求。此外,本条明确规定以宪法作为本法的制定依据。我国宪法以法律的形式确认了中国各族人民奋斗的成果,规定了国家的根本制度和根本任务,是国家的根本法,具有最高的法律效力。《突发公共卫生事件应对法》作为应对突发公共卫生事件、保障公众健康安全的专项法律,必须以宪法为根本依据,确保其立法精神和具体条款与宪法原则相一致,进一步细化了宪法的相关规定。

适用要点

本条规定与《突发事件应对法》的规定一致,较《突发公共卫生事件应急条例》的规定更加精准和详细。

第一,风险防控前置化。强调"预防和减少突发公共卫生事件的发生",要求政府建立风险评估与监测体系。例如,通过传染病监测网络实时收集疫情数据,提前识别潜在风险点。

第二,危害控制精准化。明确"控制、减轻和消除突发公共卫生事件的危害",要求措施与危害程度匹配。如对一般传染病疫情采取社区健康监测,对重大疫情实施区域封锁。

第三,能力建设常态化。提出"提高突发公共卫生事件应对能力",要求各级政府定期组织应急演练、储备物资、培训人员。例如,开展突发公共卫生事件应急演练,覆盖医疗机构、疾控部门和社区等多个关键主体,以全面提升实战响应和协同处置水平。

关联法规

《传染病防治法》第1条;《突发事件应对法》第1条;《国境卫生

检疫法》第1条;《突发公共卫生事件应急条例》第1条

第二条 【定义与法律适用】本法所称突发公共卫生事件，是指突然发生，造成或者可能造成公众生命安全和身体健康严重损害，需要采取应急处置措施予以应对的重大传染病疫情、群体性不明原因疾病、群体性中毒以及其他严重影响公众生命安全和身体健康的事件。

突发公共卫生事件的应对，适用本法;《中华人民共和国传染病防治法》对重大传染病疫情的应对作出专门规定的，适用其规定。上述法律没有规定的，适用《中华人民共和国突发事件应对法》的规定。

突发公共卫生事件的分级标准由国务院卫生健康主管部门会同国务院疾病预防控制等部门制定。

条文注释

本条是关于突发公共卫生事件的定义与法律适用的规定。

本条第1款明确了本法的核心概念，即"突发公共卫生事件"。该定义沿用自《突发公共卫生事件应急条例》，其中有几个关键词语，即构成"突发公共卫生事件"的三个要件。第一，"突然发生"，强调事件发生和发展的不可预测性与紧迫性;第二，"公众生命安全和身体健康严重损害"，指事件已导致或潜在地可能导致大规模人员伤亡、社会恐慌或重大经济损失，必须采取紧急应对措施;第三，"群体性"，意味着影响范围涉及群体而非个体，如传染病暴发或大规模中毒。同时，该定义也明确了突发公共卫生事件的范围，包括重大传染病疫情、群体性不明原因疾病、群体性中毒以及其他严重影响公众生命安全和身体健康的事件。"其他严重影响公众生命安全和身体健康的事件"为兜底条款，旨在为未来可能出现的新型符合上述要件的事件提供法律认定依据，保持立法的前瞻性和适应性。

本条第2款明确了本法的法律适用规则。符合本法规定的"突发公共卫生事件"构成要件的，适用本法规定;若事件属于重大传染病，且《传染病防治法》对其有专门规定的——例如针对甲类传染病和突发不明原因传染病在疫情报告、监管措施、医疗救治等方面的特殊要求，则应适用《传染病防治法》的相关规定；对于不属于突发公共卫生事件或重大传染病范畴的其他突发事件，适用《突发事件应对法》的规定。

本条第3款规定了突发公共卫生事件分级标准的制定权限，明确由国务院卫生健康主管部门会同国务院疾病预防控制等部门共同制定。本法未在条文中直接规定事件的具体等级划分。如需要对事件进行分级，可依据《突发事件应对法》第3条执行，该条规定："按照社会危害程度、影响范围等因素，突发自然灾害、事故灾难、公共卫生事件分为特别重大、重大、较大和一般四级。法律、行政法规或者国务院另有规定的，从其规定。突发事件的分级标准由国务院或者国务院确定的部门制定。"

适用要点

关于法律适用层级具体如下：

第一，优先适用专门法。突发公共卫生事件应对首先适用《突发公共卫生事件应对法》《传染病防治法》等规定。例如，《突发公共卫生事件应对法》明确要求建立监测预警、物资储备等机制；《传染病防治法》则对重大疫情的特殊处置流程（如强制隔离、信息通报）作出专门约束。

第二，补充适用基础法。当专门法未规定时，适用《突发事件应对法》的通用条款。该法作为应急管理基础性法律，提供事件分级、资源调配、跨部门协作等框架性规则。例如，在非传染病类公共卫生事件（如环境污染健康威胁）中，即需援引其兜底条款。

关联法规

《传染病防治法》第3条、第4条；《突发事件应对法》第2条、第3条

第三条　【基本原则】突发公共卫生事件应对工作坚持中国共产党的领导，贯彻总体国家安全观，统筹发展和安全，坚持人民至上、生命至上。

突发公共卫生事件应对工作遵循预防为主、预防与应急相结合的原则，坚持依法应对、科学应对。

条文注释

本条是关于突发公共卫生事件应对基本原则的规定。

“坚持中国共产党的领导”“坚持人民至上、生命至上”“遵循预防为主、预防与应急相结合”“坚持依法应对、科学应对”等原则，与《突发事件应对法》《传染病防治法》所确立的基本原则保持一致。

“坚持中国共产党的领导”原则彰显了党在突发公共卫生事件应对中的核心地位，应贯彻到全过程及各方面。中国共产党领导是中国特色社会主义最本质的特征。中国共产党践行全心全意为人民服务的根本宗旨，以强烈的历史担当和强大的战略定力，最大程度保护人民生命安全和身体健康。

“人民至上、生命至上”原则是《宪法》《基本医疗卫生与健康促进法》对公民健康权保护原则在卫生健康单行法中的具体化，要求切实把保障人民健康放在优先发展的战略位置。“人民至上、生命至上”体现了“以人民为中心”的价值追求。

“依法应对、科学应对”原则包括两个方面：一是依法防控。我国已形成以《突发事件应对法》《传染病防治法》《突发公共卫生事件应对法》《突发公共卫生事件应急条例》为核心的应急法律法规体系，这些法律法规明确了突发公共卫生事件的定义及应急处置流程。“依法应对”是指明确政府、机构及公民的权责边界，应急处置措施（如隔离、交通管制）必须严格遵循法定授权范围，确保程序正当性；同时，法律赋予政府采取隔离、封锁疫区、紧急调集物资等措施的权力，但需严格遵循比例原则，避免过度干预公民权利。例如，强制隔离需以“必要且最小损害”为前提（本法第9条专门规定）；对未履行法定职责的政府、医疗机构或个人，法律设定了明确的责任条款。二是科学防控。依托流行病学调查、实验室检测、大数据分析等技术手段，精准识别公共卫生事件传播链、评估风险等级，为分级分类防控提供科学依据;“科学应对”还包括建立专家参与制度,组织专家对疫情趋势、防控策略进行专业评估,为科学动态制定、调整防控策略和优化配置资源提供依据。

“依法应对、科学应对”是突发公共卫生事件治理的“双轮驱动”。法律提供制度框架与责任约束,确保应急响应合法合规;科学提供技术支撑与决策依据,提升防控效率与精准度。二者协同,方能构建“平战结合”的公共卫生体系,有效应对未来突发公共卫生事件的挑战。

本条在原则中还特殊强调“贯彻总体国家安全观,统筹发展和安全”,突发公共卫生事件具有“复合型风险”特征,此类事件兼具自然属性(如病毒传播)与社会属性(如信息失真、群体恐慌),其影响跨越卫生、经济、政治、文化等多维度。将“贯彻总体国家安全观,统筹发展和安全”的理念融入突发公共卫生事件应对,体现了公共卫生安全已从传统单一领域升级为涵盖政治安全、经济安全、社会安全的复合型战略要素。

适用要点

本条第1款中的内容与《突发事件应对法》第4条确立的“坚持中国共产党的领导”原则相衔接和统一。本条第2款中的内容与《突发公共卫生事件应急条例》第5条所确立的“预防为主”原则相一致。

第一,坚持中国共产党的领导。明确党委在突发公共卫生事件应对中的领导地位,要求政府、部门、社会等各方在党委统一领导下协同行动。例如,在新冠疫情防控中,各级党委成立应急指挥机构,统筹调配医疗资源、物资保障和社会动员。

第二,贯彻总体国家安全观。要求将公共卫生安全纳入国家安全体系,统筹发展与安全。例如,在疫情防控中平衡经济停摆与民生保障,避免次生风险(如物资短缺、社会恐慌)。这也与《国家安全法》第3条所确立的“国家安全工作应当坚持总体国家安全观,以人民安全为宗旨,以政治安全为根本,以经济安全为基础,以军事、文化、社会安全为保障,以促进国际安全为依托,维护各领域国家安全,构建国家安全体系，走中国特色国家安全道路”的基本原则相衔接。

关联法规

《突发事件应对法》第4条、第5条；《突发公共卫生事件应急条例》第5条；《国家安全法》第3条

第四条 【防治体系与能力建设】县级以上人民政府应当将突发公共卫生事件应对工作纳入国民经济和社会发展规划，加强公共卫生风险防控和治理体系建设，提高应对突发公共卫生事件的能力。

条文注释

本条是关于突发公共卫生事件应对防治体系与能力建设的规定。

本条内容体现了法律框架下的顶层设计，与《突发事件应对法》第29条呼应，均规定县级以上人民政府需将突发公共卫生事件应对工作纳入国民经济和社会发展规划，明确其在国家治理体系中的战略地位。

公共健康应急管理中，政府具有主导作用。公共卫生突发事件具有突发性和公共性特征，要有效应对此类事件，必须依靠政府公权力发挥作用，通过优化资源配置和综合协调，才能切实采取有效的应对措施。

政府的应急处理责任体现在突发公共卫生事件的事前、事中、事后全过程。在事件发生前，政府应系统建设公共卫生危机管理的指挥体系与管理计划，完善预防机制，以减轻突发公共卫生事件暴发所带来的冲击；在事件发生时，应充分发挥现有资源作用，最大限度减少事件的负面影响，保障人民群众健康与其他合法权益，维护社会稳定与和谐；在事件结束后，应积极做好善后工作，总结应对经验，恢复因突发事件造成的健康及其他损失。应急处理的全过程应以保障公众健康权为根本宗旨。将突发公共卫生事件应对工作纳入规划，意味着将其从“临时性任务”升级为“国家长期战略”，符合

中国"十四五"规划中明确提出"强化公共卫生法治保障,完善公共卫生体系"的目标与任务要求。

首先,"纳入政府规划"意味着规划的制定要求政府以系统性思维统筹公共卫生与经济、社会、生态等领域的关系。例如,规划中纳入"分级诊疗体系完善""基层医疗能力提升"等内容,推动公共卫生治理从"被动应对"向"主动预防"转型。同时,规划将公共卫生投入纳入财政预算,确保资金稳定。

其次,"加强风险防控和治理体系建设"要求突发公共卫生事件应对需打破部门壁垒,形成合力。规划应将卫生健康、应急管理、财政、交通、科技等多部门纳入统一框架,明确职责分工与协作机制。例如,明确县级以上人民政府卫生健康委员会、应急管理局、交通运输局等多部门协同,覆盖公共卫生事件监测、医疗救治、物资保障全链条,提高应对突发公共卫生事件的能力。

适用要点

本条与《突发事件应对法》第 29 条"将突发事件应对工作纳入国民经济和社会发展规划"及《基本医疗卫生与健康促进法》第 19 条、第 20 条关于公共卫生体系建设规划的规定相衔接。规划需覆盖预防、监测、响应、恢复全链条,避免"重应急轻预防"。《政府信息公开条例》第 20 条关于"规划类信息主动公开"的要求规定,规划编制需公开征求意见,确保符合公众健康需求。政府需将应对能力纳入政府绩效考核,确保资源投入和措施落地。若政府未将应对工作纳入规划或规划执行不力,可能被认定为行政不作为,需承担整改责任。

将突发公共卫生事件应对工作纳入国民经济和社会发展规划,意味着该事项被提升至国家战略层面,获得系统性、长期性的政策支持与资源保障,可优先获得中央和地方财政资金支持。例如,党的十九届五中全会审议通过的《中共中央关于制定国民经济和社会发展第十四个五年规划和二〇三五年远景目标的建议》提出"提高应对突发公共卫生事件能力"的重大任务。这是中国共产党深刻总结新冠肺炎疫情防控经验教训,立足国情、放眼长远作出的重大决策,是对中国特色卫生健康发展道路的坚持与发展,也是对国家安全体系的巩固完善。

关联法规

《突发事件应对法》第29条;《政府信息公开条例》第20条

第五条 【社会动员与宣传教育机制】国家建立应对突发公共卫生事件的社会动员机制,组织动员单位和个人依法有序参与突发公共卫生事件应对工作。

国家开展突发公共卫生事件应对知识和相关法律法规宣传教育工作,增强公众公共卫生风险防范意识、提高防范能力。

条文注释

本条是关于突发公共卫生事件应对的社会动员与宣传教育机制的规定。

1. 社会动员机制。在突发公共卫生事件发生时,时间就是生命,快速响应对于控制疫情、减少损失至关重要。社会动员机制能够确保在第一时间调动所需的人力、物力、财力等资源,为应对工作提供有力支持。通过社会动员,能够激发社会力量的积极性、创造性和协作精神,将政府、企业、社会组织、志愿者等各方力量凝聚在一起,共同应对突发公共卫生事件。动员广大民众参与危机应对工作,能够迅速集结资源,提高响应速度。

社会动员机制的两个核心概念是"依法"和"有序"。"依法"体现在参与突发公共卫生事件应对工作的各主体职责均由法律所赋予,如《突发事件应对法》第23条明确规定"公民、法人和其他组织有义务参与突发事件应对工作",第77条中进一步要求"突发事件发生地的居民委员会、村民委员会和其他组织应当按照当地人民政府的决定、命令,进行宣传动员,组织群众开展自救与互救,协助维护社会秩序";《传染病防治法》第14条强调"国家支持和鼓励单位和个人参与传染病防治工作";《基本医疗卫生与健康促进法》第69条规定"公民是自己健康的第一责任人"等。"有序"是指公民、法人和其他组织应当配合政府采取的传染病防治措施。法律为动员提供强制力保障，明确单位和个人的权利义务，避免“无序参与”或“消极应对”。

2. 宣传教育机制。国家开展突发公共卫生事件应对知识和相关法律法规宣传教育工作，是提升公众公共卫生风险防范意识和防范能力的重要举措。通过宣传教育，公众对突发公共卫生事件的认知水平得以提高，能够正确理解和应对突发公共卫生事件。公众的风险防范意识得以增强，能够主动采取个人防护措施，减少感染风险。公众在突发公共卫生事件发生时的应急反应能力得以提升，能够迅速、有序地参与应急处置工作。同时，本条规定也与其他法律相关规定相呼应。《基本医疗卫生与健康促进法》第 67 条第 2 款规定，医疗卫生、教育、体育、宣传等机构、基层群众性自治组织和社会组织应当开展健康知识的宣传和普及。医疗卫生人员在提供医疗卫生服务时，应当对患者开展健康教育。新闻媒体应当开展健康知识的公益宣传。健康知识的宣传应当科学、准确。《传染病防治法》第 18 条第 1 款规定，国家开展传染病防治健康教育工作，加强传染病防治法治宣传，提高公众传染病防治健康素养和法治意识。

适用要点

本条与《突发事件应对法》第 6 条“国家建立有效的社会动员机制”的规定相呼应。“社会动员机制”要求国家通过法律、行政、经济等手段，调动社会力量参与应对工作。动员需以法律授权为基础，避免强制参与或越权指挥。动员和宣传教育的对象包括单位和个人。

动员的方式应当规范、合法、有序，动员措施需符合法定程序，避免侵犯公民、法人和其他组织的合法权益。不得强制单位或个人承担超出其能力的任务，或泄露参与者的个人隐私信息。对在应对工作中表现突出的个人和单位，可依法授予荣誉称号或给予物质奖励。例如，国家设立“抗疫先进个人”奖项，激励志愿者参与，与本法第 11 条相呼应。

应急宣传教育内容应具有针对性，涵盖传染病预防、急救技能、心理调适等方面。例如，通过短视频平台普及“七步洗手法”或“正确佩戴口罩方法”。同时，宣传教育应区分对象：第一，针对重点人群，如老年人、儿童、残疾人等，开展定制化教育；第二，针对高危行业人员，如医护人员、冷链从业者等，加强职业防护培训。宣传教育方式应多元化，包括传统媒体（利用电视、广播、报纸等覆盖广泛人群）、新媒体（通过短视频、直播、社交媒体等增强互动性）以及社区教育（依托居委会、村委会开展入户宣传或讲座）。

政府若未依法建立社会动员机制或未有效开展应急宣传教育工作，可能被认定为行政不作为，需依法承担相应的整改责任。企事业单位、社会组织等未依法参与突发事件应对或未配合宣传教育工作的，可能面临警告、罚款等行政处罚。

关联法规

《基本医疗卫生与健康促进法》第67～69条；《传染病防治法》第14条、第18条；《突发事件应对法》第6条

第六条　【中西医协调作用】国家坚持中西医并重，加强中西医结合，充分发挥中医药在突发公共卫生事件应对中的作用。

条文注释

本条是关于在突发公共卫生事件应对中，中西医协调作用机制的规定。

在突发公共卫生事件的风险监测、应急响应、医疗救治等全链条中，应建立中西医协同应对的工作机制。中西医协同发展是我国卫生法的基本原则之一。习近平同志在《论坚持全面深化改革》中强调，坚持中西医并重，推动中医药和西医药相互补充、协调发展，是我国卫生与健康事业的显著优势。中医药学是我国各族人民在长期生产生活和同疾病作斗争中逐步形成并不断丰富发展的医学科学，是我国具有独特理论和技术方法的体系。

中医药是包括汉族和少数民族医药在内的我国各民族医药的统称，是反映中华民族对生命、健康和疾病的认识，具有悠久历史传统和独特理论及技术方法的医药学体系。中国传统医药历史悠久，

在西方医学传入前，为中华民族的繁衍昌盛作出了重要贡献。中华人民共和国成立后，宪法明确了国家发展现代医药和传统医药的内容。中西医相互补充、协调发展既是国家卫生方针政策的内容之一，也是医药卫生与健康事业的重要特征和显著优势。中西医协调发展的原则要求正确处理好传统医学与现代医学的关系，在疾病的预防、诊疗和护理中，既要积极学习应用现代医学技术，也应深入研究、整理、挖掘和继承发展祖国传统医学，使中西医共同承担起维护和增进人民健康的重任。加强中西医结合是应对突发公共卫生事件的有效策略。

《基本医疗卫生与健康促进法》第9条规定，国家大力发展中医药事业，坚持中西医并重、传承与创新相结合，发挥中医药在医疗卫生与健康事业中的独特作用。该规定为本法关于突发公共卫生事件应对工作中坚持中西医协调发展的原则提供了依据；同时，也与《传染病防治法》第11条“国家坚持中西医并重，加强中西医结合，充分发挥中医药在传染病防治中的作用”的规定相衔接。

《中医药法》明确县级以上人民政府、医疗卫生机构在突发公共卫生事件应急工作中应发挥中医药的积极作用。中医药参与重大疫情防治的历史可追溯至商周时期，《黄帝内经》提出“五疫之至，皆相染易”的防疫观，张仲景《伤寒杂病论》更系统总结了疫病辨证论治体系。明代吴又可《温疫论》创制“达原饮”，成为治疗湿热疫的核心方剂；艾熏消毒、药囊佩戴等传统防疫方法，至今仍在基层广泛应用。这些历史经验为中医药在突发公共卫生事件中的应用提供了坚实的理论基础和实践依据。中医药在突发公共卫生事件中具有不可替代的协同作用，其核心价值体现在预防干预、临床救治、康复管理三大环节。我国近年来制定了大量的中医药管理法律法规，同时在其他卫生法律法规中也增加了中医药条款，初步形成以《中医药法》为核心的中医药管理法律体系，为保障中医药在我国卫生法治建设中发挥重要作用提供了制度支撑。

适用要点

本条规定与《基本医疗卫生与健康促进法》《传染病防治法》规

定相呼应。

党和政府高度重视中医药工作,中医药法律制度的价值取向日益契合中医药自身的发展规律与特点。特别是党的十八大以来,以习近平同志为核心的党中央将中医药工作摆在更加突出的位置,推动中医药改革发展取得显著成效,逐步形成了涵盖中医药专门法律规范、中西医共同适用的医药类法律规范以及涉及中医药的其他法律规范在内的中医药法律体系,为中医药医疗事业的高质量发展奠定了坚实的法治基础,开辟了广阔的发展前景与空间。

《基本医疗卫生与健康促进法》第 9 条进一步从法律层面确立中医药的战略地位。《传染病防治法》第 11 条将中西医协同纳入国家传染病防治的核心原则,赋予中医药在临床救治中更重要的责任。

关联法规

《基本医疗卫生与健康促进法》第 9 条;《传染病防治法》第 11 条

第七条　【科研创新与技术应用】国家支持和鼓励开展公共卫生应急领域的科学研究和技术创新,加强公共卫生应急科研攻关体系和能力建设,推广应用相关科研成果和先进技术。

国家支持和鼓励在突发公共卫生事件应对中运用现代信息技术等先进技术。

条文注释

本条是关于突发公共卫生事件应对的科研创新与技术应用的规定。

本条与《基本医疗卫生与健康促进法》《传染病防治法》《突发事件应对法》规定相呼应,体现了突发公共卫生事件的"科学应对"原则。

国家支持和鼓励开展公共卫生应急领域的科学研究和技术创新。在应急实践中,技术创新通过提升监测预警能力、优化资源配置、强化决策效率、推动中西医协同、完善应急管理体系以及促进相关产业高质量发展,为应对突发公共卫生事件提供了全方位、多层次的支撑。

国家在鼓励和支持推广应用相关科研成果和先进技术的同时,应加强对科学技术知识产权的保护。在应急技术推广过程中,知识产权保护是激励创新、保障权益、促进技术转化的关键环节,需从法律框架、管理体系、技术应用、国际合作及社会协同等多维度构建保护体系。《科技部、财政部关于国家科研计划项目研究成果知识产权管理的若干规定》明确,科研项目成果知识产权(除涉及国家安全、利益和重大公共利益外)原则上归承担单位所有,赋予其自主实施、许可、转让等权利,同时要求承担单位建立知识产权管理制度,对成果转化应用进行跟踪服务。2024 年修订的《科学技术普及法》明确支持科普成果知识产权保护,鼓励高质量科普作品创作,防止“千馆一面”的模仿现象,为应急科普技术转化提供法律支撑。我国各省、自治区、直辖市也相继颁布知识产权保护和促进条例,对科技创新和技术推广过程中的知识产权保护做出地方立法规定。鼓励企业、高校、科研机构将关键技术专利纳入专利池,推动技术共享与标准化。例如,在应急通信领域,通过专利池实现网络协议优化技术的开放许可,有助于提升行业整体水平。

由于突发公共卫生事件,尤其是传染病事件的暴发、流行,会具有国际性的特点,因此在国际合作中,应协调跨国保护标准,参与国际规则制定。在传染病疫情等全球性危机中,推动建立国际知识产权保护标准,平衡技术共享与权益保护。例如,在新冠疫苗研发中,通过世界卫生组织协调专利交叉许可,确保技术公平可及。同时,应加强跨境维权协作,深化与国际知识产权组织等机构的合作,建立健全跨境侵权投诉与处理渠道。

知识产权保护与健康权之间的冲突。在涉及公众健康的领域,知识产权保护与健康权之间存在显著的冲突与协调需求,这一冲突主要体现在药品专利保护与公共健康可及性之间的矛盾,需通过制度设计实现利益平衡。知识产权作为法定财产权,赋予创新者对其智力成果的独占权,旨在通过经济激励推动技术创新。健康权是基本人权，国际公约（如《世界人权宣言》第25条）明确要求保障公众获得医疗服务的权利。在公共健康危机中，药品的可及性直接关乎生命权，例如，在艾滋病、新冠疫情等突发公共卫生事件中，专利药品的高价可能导致发展中国家患者无法获得救治，从而损害其健康权。因此，应通过国家间协作、国际组织参与以及国内政策引导，以政府资助、税收优惠等措施，鼓励制药企业向发展中国家转让技术，提升其本地药品生产能力。同时，应加强知识产权与公共健康关系的科普宣传教育，推动社会形成“创新激励”与“健康公平”并重的价值观。

国家在突发公共卫生事件应对中明确支持并鼓励运用现代信息技术等先进技术，这一举措在法律保障、技术应用、国际合作及社会协同等方面形成了系统性支撑，并在公共卫生事件应对中通过推广应用相关科研成果和先进技术取得显著成效。国家卫生健康委办公厅发布的《关于做好信息化支撑常态化疫情防控工作的通知》进一步细化技术落地路径，要求强化疫情信息监测预警、完善预警指挥系统、优化防疫健康服务等。这些政策通过技术手段打通疾控、医疗、实验室等信息壁垒，实现疫情核心数据快速报送与共享，为精准防控提供数据支撑。

未来将实现突发公共卫生事件应对的智能化防控全流程覆盖。通过整合气象、地理、人口分布等多源数据，构建突发公共卫生事件监测体系，提升突发公共卫生事件应对的智能化水平。

适用要点

在具体措施方面，要求构建覆盖监测预警、风险评估、应急处置、医疗救治、康复管理的全链条体系。要加强重点实验室与平台建设，法律支持建设传染病防控基地、生物样本库、菌毒种库等平台，为病原学研究、药物筛选提供技术支撑。同时，《突发事件应对法》与《传染病防治法》在突发公共卫生事件应对技术支撑方面也充分衔接：这两部法律为突发公共卫生事件应对提供了基础性框架，其中《突发事件应对法》规定了“监测与预警”、“应急处置与救援”等制度，而《传染病防治法》则针对重大传染病疫情作出专门规定。在信息技术应用方面,二者共同构成法律支撑体系。

突发公共卫生事件应对要求组织疾控、医疗、科研、企业等多部门联合攻关,形成“分工协作、快速响应”的行动体系。建立跨部门信息共享与协同机制,打通医疗卫生、公安、交通等多渠道数据通道,实现风险信息的实时汇聚与分析。随着新技术的发展,逐步形成运用大数据分析疫情传播规律,通过人工智能模型预测疫情趋势,为决策提供科学依据的新的科技辅助应急模式和体系。

关联法规

《基本医疗卫生与健康促进法》第 8 条;《传染病防治法》第 12 条、第 13 条第 1 款;《突发事件应对法》第 56 条

第八条　【个人信息保护】突发公共卫生事件应对中,收集、存储、使用、加工、传输、提供、公开、删除个人信息的,应当遵守《中华人民共和国个人信息保护法》等法律、行政法规的规定,遵循合法、正当、必要和诚信原则,采取必要措施确保个人信息安全,不得非法收集、使用、加工、传输他人个人信息,不得非法买卖、提供或者公开他人个人信息;涉及敏感个人信息的,应当采取严格的保护措施。突发公共卫生事件应对结束后,应当及时删除为应对突发公共卫生事件所处理的个人信息。

条文注释

本条是关于突发公共卫生事件应对个人信息保护的规定。

第一,遵循比例原则。在突发公共卫生事件中,对个人信息的利用需在公共利益保护与个人信息权益保障之间寻求精准平衡,其核心逻辑在于通过法律规制、技术支撑和程序正义实现信息利用效益的最大化与风险的最小化。《个人信息保护法》第 6 条规定,处理个人信息应当具有明确、合理的目的,并应当与处理目的直接相关,采取对个人权益影响最小的方式。收集个人信息,应当限于实现处理目的的最小范围,不得过度收集个人信息。《民法典》第 999 条明确,为公共利益实施新闻报道、舆论监督等行为,可合理使用个人信

息,但需避免过度处理。这些规定从法理角度,称为“比例原则”。比例原则,又称目的明确原则,是指在进行个人信息处理时,应当采取对个人权益影响最小的方式,确保处理行为的合理性和必要性。这一原则要求在处理个人信息时,必须权衡个人信息的处理目的、方式、范围与对个人权益的影响,确保处理行为不会过度侵害个人权益。“比例原则”要求范围限定,即仅收集与防控直接相关的信息(如姓名、联系方式、行踪轨迹),避免收集无关信息(如婚姻状况、消费记录);方式透明,即明确告知信息收集目的、使用范围和安全保障措施,确保个人在知情情况下同意。

第二,不得非法收集、使用、加工、传输他人个人信息,不得非法买卖、提供或者公开他人个人信息。“非法收集他人个人信息”,是指行为人在无合法依据、未履行法定程序或超出必要范围的情况下,通过欺骗、胁迫、窃取、强制、滥用职权等手段,获取他人个人信息的行为。其本质是对信息主体知情权、选择权和控制权的侵犯,破坏了信息收集的合法性与正当性边界。“非法使用他人个人信息”,是指违反法律法规规定的知情同意规则或个人信息处理的目的和方式,在不存在公共利益、突发公共卫生事件、紧急情况等特定情形下,使用已掌握的他人个人信息实现特定目的的行为。“非法加工他人个人信息”,是指违反法律法规或约定规则,以非法目的或手段对个人信息进行录入、修改、比较、挖掘等操作的行为。“非法传输他人个人信息”,是指信息处理者未经信息所有人同意,擅自将信息传送或复制给第三方的行为。“非法买卖他人个人信息”,是指违反国家规定,以谋取不当利益为目的,未经信息主体同意,将其个人信息进行购买或出售的行为。“非法提供或者公开他人个人信息”,是指未经信息主体明确同意,违反国家法律法规或相关约定,擅自将他人的个人信息提供给第三方或向不特定公众披露的行为。这些信息通常包括姓名、身份证号、电话号码、住址、银行账号、健康状况等能够直接或间接识别特定自然人身份的内容。

以上行为侵犯了信息主体的合法权益,应承担相应的民事及行政法律责任;若造成严重后果(如重大财产损失、引发群体性事件等),还可能构成侵犯公民个人信息罪或其他相关犯罪。

第三,突发公共卫生事件应对结束后,应当及时删除为应对突发公共卫生事件所处理的个人信息。《个人信息保护法》第19条规定,除法律、行政法规另有规定外,个人信息的保存期限应当为实现处理目的所必要的最短时间。这一原则同样适用于突发公共卫生事件中的个人信息处理,要求信息处理者在事件结束后,及时删除不再需要的个人信息。

适用要点

公众健康以个人健康为前提和基础,指向的是全体社会成员的健康问题,而个人健康指的是每个社会成员的健康问题。个人健康是个人自主的领域;从公共健康的角度看,个人健康既是个人责任,同时也是社会责任。公共健康不仅在于保护个人不受他人不卫生或传染性疾病的影响,更在于提升和改善社会成员的居住卫生环境,维护和提升全体社会成员的健康素质。影响公共健康的因素往往就是影响个人健康的因素;反过来看,影响个人健康的因素也往往会成为影响公共健康的因素。

公民享有健康权利,但不得损害社会公共利益。《欧洲人权公约》中的健康权因素体现为公共健康例外条款,这类条款也对健康权构成一体化的保护。虽然健康权属于个体权利,但其实质要求国家采取合理措施保护全体公民的健康。健康既包括个人健康也包括公共健康,在健康权的实现过程中如何协调两者之间的关系是一个关键命题。通常认为,公共利益优于个人利益,以谋求社会全体成员共同福祉为目的的公共健康在健康权保护过程中也应优先得到实现。也就是说,公民个人即使是为了维护自身的健康权,也不得损害公共健康权益。

关联法规

《个人信息保护法》第13条;《传染病防治法》第13条第2款

关联案例

赵某与重庆某企业营销策划有限公司隐私权纠纷案①

要旨：自然人的个人信息及隐私权依法受法律保护，任何组织或个人不得非法收集、使用、加工、传输他人个人信息，更不得非法买卖、提供或公开。即便出于公共利益和疫情防控需要收集个人信息，亦不得用于其他用途，未经被收集者同意，不得公开其姓名、身份证号码、住址、电话号码等个人信息，经脱敏处理的除外。被告未经授权及原告赵某同意，以“配合防疫”为名擅自通过微信公众号发布并提供下载包含原告赵某等多人详细个人信息的名单，造成信息广泛传播，构成对原告赵某隐私权的侵害，应依法承担侵权责任。法院判决被告某企业营销策划有限公司在微信公众号及权威报纸上刊登道歉声明，并象征性支付精神损害赔偿金1元，明确了对疫情防控期间滥用个人信息行为的司法否定态度，平衡了公共利益与个人权益保护之间的关系。

第九条 【应对措施合法适当原则】采取突发公共卫生事件应对措施，应当依照法定权限和程序，与突发公共卫生事件的性质和可能造成危害的程度、范围等相适应；有多种措施可供选择的，应当选择有利于最大程度保护单位和个人合法权益，且对他人权益损害和生产生活影响较小的措施，并根据情况变化及时调整。

条文注释

本条是关于突发公共卫生事件应对措施合法适当原则的规定。

通过“法定权限 + 比例原则 + 最小损害 + 动态调整”的复合框架，构建了突发公共卫生事件应对措施的合法性审查标准。其核心在于：以法律授权为前提，以科学评估为基础，以权益保护为导向，以

① 参见重庆市渝北区人民法院（2020）渝0112民初24368号民事判决书。

灵活响应为保障,确保行政权力在公共卫生危机中既有效防控风险,又避免过度干预社会秩序。

“采取突发公共卫生事件应对措施,应当依照法定权限和程序”体现了突发公共卫生事件应对的程序合法性要求。在突发公共卫生事件应对中,依法采取措施是保障公众健康、维护社会秩序、保护公民权益的核心原则。程序合法性包括:采取应对措施的决策主体和执行主体的职权须由法律赋予;应对措施应遵循法定程序实施;并应赋予权利受损或受到影响的相对人相应的救济权利。例如,本法第12条规定了管理和指挥体制的主体,第13条至第17条规定了突发公共卫生事件发生后,指挥和执行应对措施的职责分工;《传染病防治法》明确了传染病的分类管理(甲类、乙类、丙类),并赋予政府在疫情暴发时依法采取隔离、封锁、停工停学等措施的权力;本法第40条第2款规定采取应急措施时应履行解释、说明、公告等程序。

应对措施“与突发公共卫生事件的性质和可能造成危害的程度、范围等相适应;有多种措施可供选择的,应当选择有利于最大程度保护单位和个人合法权益,且对他人权益损害和生产生活影响较小的措施,并根据情况变化及时调整”。体现了在突发公共卫生事件应对中,措施的适应性、选择的最优性以及动态调整的灵活性,是平衡公共利益与个人权利、实现科学防控的关键。“适应性”又称“比例原则”,即措施的严厉程度需与事件危害性成比例,避免“过度防御”或“防御不足”。例如,对甲类传染病(如鼠疫)可实施“区域封锁”,但对乙类传染病(如流感)则需限制为“重点场所消毒”,防止权力滥用。“选择的最优性”即最小损害原则,在多种可行措施中,优先选择对个人权利限制最小、对社会影响最低的方案。这体现了法律对公权力行使的审慎约束,旨在平衡公共利益与个人权利,避免“以防疫之名过度干预生活”。当政府为应对突发公共卫生事件采取强制措施时,必须满足两个条件:一是必要性,即措施为实现防控目标(如阻断传播链、减少死亡)的唯一或最优选择,不存在其他替代方案;二是最小侵害性,即在所有必要措施中,选择对个人自由、财产、隐私等权利限制最轻的方案。例如,在疫情防控中,应根据实际情况慎重选择“通过健康码提示风险”“直接限制人员流动”“对密切接触者采用居家隔离”“集中隔离”等措施。“动态调整的灵活性”,是指政府及相关机构在事件发展过程中,根据疫情态势、社会影响、资源状况等因素的变化,及时、科学地调整防控策略和措施的能力。这种灵活性是有效应对公共卫生危机的关键,既需避免“一刀切”的僵化管理,也要防止“朝令夕改”的混乱决策。动态调整适应性原则的时间维度延伸。突发公共卫生事件具有不确定性(如病毒变异速度、传播途径未知),传统“预测—控制”模式难以应对。动态调整灵活性符合适应性治理理论,强调通过持续监测、反馈和修正,构建“调整型”防控体系。《传染病防治法》第 43 条第 1 款规定,疾病预防控制机构对传染病的发生、流行以及影响其发生、流行的因素进行监测,及时掌握重点传染病流行强度、危害程度以及病原体变异情况。这为政府赋予临时性、灵活性权力提供了依据,但需通过程序约束(如听证、评估)平衡灵活性与合法性,避免权力滥用。

法律规定了“公众健康权优先”的原则,例如,在新冠肺炎疫情防控中,个人的健康权的行使不得有损于公共健康利益,个人的自由权、自主权、隐私权等权利可依法受到合理限制。公共健康利益的优先性体现在传染病防治过程中的强制治疗、强制隔离、信息公开等措施中。因此,在突发公共卫生事件发生时,公共健康权应当优先于其他权利。同时,国家对公共健康权承担尊重、保护、实现(促进)的义务,这些义务构成国家的核心义务和优先义务。因此,突发公共卫生事件应对的适应性,本质上是在科学、法律与人性的交汇点上寻求最优解。唯有遵循“风险分级、措施精准、动态调整”的原则,才能在保障公共健康安全的同时,最大限度减少对个体权利与社会秩序的冲击。这一过程不仅需要法律的刚性约束,更依赖于决策者的智慧与社会的共识。只有坚持“必要、最小、精准、动态”的标准,才能在突发公共卫生事件应对中实现“生命至上”与“权利保障”的双赢。

适用要点

本条明确了突发公共卫生事件应对措施的合法性、比例性、最小损害性及动态调整性四大核心原则，是法律对行政权力行使的约束性规范。

第一，本条体现了权力行使的合法性边界。县级以上人民政府及其卫生健康、应急管理等部门是经过法律授权的法定应对主体，其他单位或个人无权擅自采取强制措施。不同级别事件对应不同权限。在紧急状态下，可依据《突发事件应对法》第12条启动临时授权机制，但需符合合法定要求和程序。

第二，本条规定了采取措施与事件性质、危害程度的适应性，是比例原则的具体细化。《突发事件应对法》第3条规定，按照社会危害程度、影响范围等因素，突发自然灾害、事故灾难、公共卫生事件按病例数、传播速度、社会影响等指标划分等级分为特别重大、重大、较大和一般四级，分别对应不同强度的措施，这些措施具有强度上的梯度性，体现为非强制措施优先、区域差异化和行业针对性等特点。

第三，根据最小损害原则，权益保护具有优先次序。在任何情况下，生命健康权都应居于优先地位。例如，在疫情防控中，个人的自由权、财产权等需让位于公共健康权。因此，为防止疫情扩散所必需，可依法采取强制隔离等限制人身自由的措施。

第四，应对措施应体现灵活性，根据疫情变化趋势，结合新增病例数、传播链数量等核心指标，及时调整应对措施。

关联法规

《传染病防治法》第43条；《突发事件应对法》第3条

第十条　【国际交流与合作】国家支持和鼓励开展应对突发公共卫生事件的国际交流与合作。

条文注释

本条是关于应对突发公共卫生事件国际交流与合作的规定。

卫生与健康是全球性热门话题。进入21世纪以来，一方面经济全球化进程加速，另一方面新发传染病频发，诸如传染性非典型肺炎、人感染高致病性禽流感、埃博拉出血热、寨卡病毒感染、新型冠状病毒感染等,以及长期肆虐的艾滋病、耐药性结核等全球性公共卫生事件不断发生。公共卫生与外交的交融和碰撞日益显著,催生了全球卫生外交的新理念。当今世界面临着百年未有之大变局,粮食安全、资源短缺、气候变化、网络攻击、人口爆炸、环境污染、疾病流行、跨国犯罪等非传统全球性问题层出不穷,对国际秩序和人类生存都构成了严峻挑战。

在人类健康命运共同体的大背景下,通过国际合作,各国可以共享突发公共卫生事件的信息、防控经验与科研成果,从而更迅速地掌握事件发展动态,制定科学有效的防控措施。例如,在新冠疫情期间,世界卫生组织(WHO)作为重要的国际合作平台,积极推动了各国在疫情防控中的信息共享与经验交流。面对全球性公共卫生危机,各国需协同行动、形成合力。国际合作有助于协调各国的防控策略与行动,确保全球应对步伐一致。同时,通过国际合作能够优化资源配置,避免重复劳动与资源浪费,提升整体应对效率。

中国高度重视突发公共卫生事件的国际协作,将参与全球卫生治理视为大国责任的重要体现。随着"一带一路"建设的持续推进,人员往来日益频繁,我国与沿线国家传染性疾病暴发与传播等风险不断升高。加强我国与沿线国家在公共卫生领域的交流合作,提高联合应对突发公共卫生事件的能力,将为维护我国同沿线国家卫生安全、社会稳定和人民健康提供有力支撑,为"一带一路"倡议的顺利实施建设保驾护航。建设"健康丝绸之路",必须将疾病防控和公共卫生合作放在先行位置。近年来,我国不断拓展与"一带一路"沿线国家和区域的卫生合作内容:从加强与大湄公河次区域国家在艾滋病、疟疾、登革热、鼠疫、禽流感、流感和结核病等传染病防控方面的合作,到深化与中亚国家在棘球蚴病、鼠疫等人畜共患病防控领域的协作,再到与西亚国家推动脊髓灰质炎消除行动,我国逐步建立起与周边及沿线国家常见与突发急性传染病的信息沟通机制,强化跨境联防联控,建立并完善重大传染病疫情通报制度和卫生应急处置协调机制,加强防治技术交流,全面提升传染病防控的快速响应能力。在国际合作层面,中国积极参与全球卫生治理规则制定,推动达成《世界卫生组织大流行协定》，以弥补全球卫生安全体系的漏洞。该协定强调多边合作、信息共享和资源公平分配，为未来国际社会应对大流行疫情提供了重要法律框架。

适用要点

本条与本法总则第 1 条中“预防和减少突发公共卫生事件的发生”“保障公众生命安全”的目标相衔接，强调国际合作应服务于国内公共卫生安全需求。在对外合作内容上，适用本法第 2 条所定义的“重大传染病疫情、群体性不明原因疾病、群体性中毒”等事件，诸如新冠肺炎疫情、突发食品安全事件等均属合作范畴。同时，本条也是对《突发公共卫生事件应急条例》第 5 条“加强合作的原则”的具体化与发展，明确提出“国家支持和鼓励开展应对突发公共卫生事件的国际交流与合作”。

本条与《基本医疗卫生与健康促进法》第 14 条第 1 款规定的“国家鼓励和支持医疗卫生与健康促进领域的对外交流合作”以及《突发事件应对法》第 14 条规定的“中华人民共和国政府在突发事件的预防与应急准备、监测与预警、应急处置与救援、事后恢复与重建等方面，同外国政府和有关国际组织开展合作与交流”相呼应。《对外关系法》第 2 条与第 28 条明确国家发展同各国在卫生等领域的交流合作，并授权国务院、外交部等部门依职权开展对外事务。例如，外交部可协调跨国卫生信息共享，国务院可缔结国际卫生合作条约，形成“法律授权 + 部门执行”的协作机制。我国作为《国际卫生条例》IHR 等国际公约的缔约国，有义务履行包括及时通报疫情、共享技术资源等国际责任。国内法通过《对外关系法》第 30 条所规定的“善意履行条约义务”条款，确保我国在国际合作中所作承诺的有效国内转化与实施，避免国际法与国内法之间存在潜在冲突。

关联法规

《基本医疗卫生与健康促进法》第 14 条；《对外关系法》第 2 条、第 28 条

第十一条　【奖励机制】对在突发公共卫生事件应对工作中做出突出贡献的单位和个人，按照国家有关规定给予表彰、奖励。

条文注释

本条是关于突发公共卫生事件应对奖励机制的规定。

法律后果包括奖励与处罚。传统法学理论在描述法律对社会的调整机制时，通常着眼于法律通过规定主体的权利和义务，并依靠国家强制力对违反义务的行为予以制裁，从而将主体行为纳入法律轨道，以建立和维护法律秩序，实现法律目的。奖励性条款作为法律文本的重要组成部分，是指对公民、法人和其他组织的某些行为予以奖励的规定。完整的奖励条款应当包括授奖主体、受奖主体、奖励条件、奖励程序及奖励标准等内容。

在本条中，奖励的实施主体为政府及卫生行政部门等，奖励对象为"单位和个人"，奖励条件为"在突发公共卫生事件应对工作中做出突出贡献"，奖励程序应"按照国家有关规定"执行，奖励形式包括物质或精神的表彰、奖励（物质奖励可体现为奖金、奖品、保健津贴等；精神奖励如通令嘉奖、授予荣誉称号、颁发奖章或证书等）。具体奖励程序与标准需结合实际贡献程度，依法依规确定不同层级和形式的表彰与奖励。

表彰奖励的授予主体主要包括三方面：一是县级以上人民政府，二是卫生行政主管部门，三是人事部门与卫生行政部门联合表彰，例如，依据《国家突发公共卫生事件应急预案》相关规定，可对在应对工作中表现突出的先进集体和个人进行联合表彰，体现了多部门协同的奖励机制。

奖励机制旨在通过表彰与奖励，激励单位和个人主动、有序地参与突发公共卫生事件应急处置工作。国家建立社会动员机制，组织全社会力量构建联防联控体系，而奖励条款有助于增强公众参与的积极性与责任感。对在应急处置中作出突出贡献的单位和个人予以表彰奖励，是对其付出与牺牲的正式认可，体现对参与者合法权益的全方位保护。奖励制度契合“预防为主、常备不懈”的应急工作方针，通过正向激励推动社会形成常态化风险防范意识，提升整体应急能力，从而降低突发事件发生的概率及其可能造成的危害。

适用要点

本条与《基本医疗卫生与健康促进法》《突发公共卫生事件应急条例》《突发事件应对法》《传染病防治法》等相关法律法规相呼应，体现了法律规范中奖励与惩罚相结合的调整机制。这些法律法规通过明确表彰奖励的法律依据、实施主体、授予条件、奖励形式及程序要求，共同构建起一套完整的应急响应表彰奖励制度。该制度的核心在于：以行政法规和法律为双重依据，覆盖单位与个人多元主体，注重实质贡献与程序公正，结合精神奖励与物质激励，并辅以相应的责任追究机制。这一制度不仅有效激励各类主体积极参与突发公共卫生事件应对，也进一步强化了公共卫生法治的规范性和权威性。

《基本医疗卫生与健康促进法》第 13 条规定，对在医疗卫生与健康事业中做出突出贡献的组织和个人，按照国家规定给予表彰、奖励，其中，“医疗卫生与健康事业”包含突发公共卫生事件应对工作；《突发公共卫生事件应急条例》第 9 条明确规定，县级以上各级人民政府及其卫生行政主管部门应对参与应急处理并作出贡献的单位和个人给予表彰和奖励。该条例作为国务院制定的行政法规，构成了表彰奖励制度的核心依据。《突发事件应对法》第 15 条从更广泛的突发事件应对角度，规定对突出贡献者给予表彰、奖励，为突发公共卫生事件中的表彰奖励提供了上位法支持，强化了制度的合法性基础。《传染病防治法》第 20 条针对传染病防治工作，明确规定对做出显著成绩和贡献的单位及个人给予表彰和奖励，与突发公共卫生事件应对机制形成有效衔接，进一步拓展了表彰奖励制度的适用范围。

关联法规

《基本医疗卫生与健康促进法》第 13 条；《突发公共卫生事件应急条例》第 9 条；《传染病防治法》第 20 条

第二章　管理与指挥体制

第十二条　【管理体制与责任体系】突发公共卫生事件应对工作实行党委领导、政府负责、部门协同联动、社会共同参与、属地管理和分类管理相结合的管理体制，明确属地、部门、单位和个人责任，加强公共卫生应急指挥能力建设。

条文注释

本条是关于突发公共卫生事件应对工作的管理体制与责任体系的规定。

突发公共卫生事件应对工作应遵循“党委领导、政府负责、部门协同联动、社会共同参与”的综合治理模式，突出属地管理和分类管理原则，并明确责任主体划分。该模式旨在构建协同高效、依法有序的公共卫生应急管理体系，全面提升突发公共卫生事件的应急指挥与处置能力。

第一，“党委领导、政府负责”是提升公共卫生应急能力的重要机制，体现了中国特色社会主义制度下党组织与政府在危机治理中的分工协作关系。一方面，坚持党对突发公共卫生事件应对工作的全面领导，充分彰显了在党中央集中统一领导下统筹协调各方力量的制度优势。这是贯彻落实总体国家安全观，统筹发展与安全，坚持人民至上、生命至上原则的具体实践。党委的领导作用主要体现在政治引领、顶层设计和整体协调方面，负责把握应急工作的重大方向、制定战略决策，并动员和整合各类资源与力量，确保突发公共卫生事件应对工作符合党中央的决策部署和国家法律法规要求。另一方面，政府作为突发公共卫生事件应急管理的行政责任主体，必须严格依照法定权限和程序行使职权，确保各项防控措施合法合规。政府在党委确定的总体决策框架下依法履行职责，具体负责应急预案实施、资源调配、专业处置、信息发布和公共服务保障等工作，确保防控措施科学精准落地。

第二,“部门协同联动”强调各部门之间应建立紧密的协作关系,要求各级卫生健康主管部门、疾控机构、医疗机构等在突发公共卫生事件应对过程中打破传统业务壁垒,整合并协调分散的资源,以实现高效、科学、有序的应急处置。其内涵主要包括以下两方面:一是从纵向观察,上下级机构及部门之间应当协同行动,应急任务不应由某一级机构或某一机构的个别单位单独承担。这种上下联动机制也是对属地原则的补充。对于一般突发公共卫生事件,应由属地人民政府承担主要处置责任;对于超出属地人民政府应对能力的事件,则须及时请求上级人民政府乃至中央人民政府及时介入,并积极配合与协助上级指挥和协调工作。二是从横向观察,同级机构之间以及同一层级机构的不同职能部门应加强协作与配合。例如,在突发公共卫生事件应对中,卫生健康、公安、交通运输、市场监管等部门需协同开展流行病学调查、隔离管控、物资保障、市场秩序维护等多方面工作,形成跨部门合力,共同提升应急响应的整体效能。

第三,“社会共同参与”强调在政府主导下,通过多元主体协作、公众广泛动员和社会资源整合,形成全社会协同应对突发公共卫生危机的合力。全社会协同应对的核心在于正确处理政府与社会之间的关系,突破单一依赖行政力量的应急模式,推动构建“共建共治共享”的公共卫生应急管理体系。党的十六届四中全会首次提出“社会协同”的社会管理格局;党的十八大进一步将“社会协同”纳入法治保障内容,形成社会协同的治理机制。由此可见,突发公共卫生事件应对绝非仅凭政府或个别主体即可完成,必须依靠各方力量依法、有序参与,从而全面提升全社会的公共卫生应急能力。

第四,坚持属地管理和分类管理相结合的管理体制,既强调事件发生地政府作为本行政区域内应急管理的第一责任主体,应该负责统筹协调资源、组织实施防控措施,又要求根据事件的性质、危害程度和影响范围实施科学分类与分级响应,其核心内涵在于实现“责任属地化”与“措施精准化”的有机统一。

属地原则作为突发公共卫生事件应急管理的核心原则之一,是指由事件发生地的政府承担首要责任,负责统一指挥、协调资源、组织处置,并接受上级政府的指导和监督。分类原则是指根据突发公共卫生事件的性质、危害程度和发展态势,对其进行科学分类,以便采取针对性的应对措施。我国根据事件的性质和成因将突发公共卫生事件分为四大类,分别是重大传染病疫情、群体性不明原因疾病、重大食物和职业中毒,以及其他严重影响公众健康的事件。同时,根据突发公共卫生事件的性质、社会危害程度、影响范围的不同,又可将其分为特别重大、重大、较大和一般四个等级。这种属地管理与分类管理相结合的模式具有显著优势:一方面,通过属地管理确保应急响应的及时性和执行力,充分发挥地方政府熟悉本地情况的优势,实现快速决策和资源调配;另一方面,通过分类分级管理实现差异化防控,避免“一刀切”带来的资源浪费或防控不足,既提高了应急管理的科学性和精准度,又优化了资源配置效率。

第五,明确属地、部门、单位及个人的责任边界,使各方依法履职,从而加强公共卫生应急指挥能力建设。属地责任强调事发地人民政府承担主体责任,统筹本行政区域内的应急处置工作。部门责任要求各相关部门依法履行职责,协同构建联防联控机制,具体包括:卫生健康部门负责疫情监测、医疗救治和防控指导;公安部门实施社会管控和秩序维护;交通运输部门保障应急物资运输和交通检疫;市场监管部门监管防疫物资质量和市场价格;民政部门组织社会救助和社区防控;工信部门协调应急物资生产和通信保障;宣传部门负责信息发布和舆情引导;教育部门落实校园防控措施;财政部门确保应急资金到位;海关和民航铁路部门严控口岸和交通工具防控;农业农村部门做好动物疫病防控;生态环境部门监管医疗废物处置;外事部门处理涉外疫情事务;网信部门管理网络信息;军队和武警提供应急支援。单位责任则要求医疗卫生机构和其他企事业单位在突发公共卫生事件应急处置期间按照政府及相关部门的要求,落实各项防控措施,并且积极配合政府部门及专业机构开展应急处置工作。个人责任则强调公民的三个主要义务:一是在突发公共卫生事件应对中要积极配合各部门采取的各类应急处置措施；二是当发现突发公共卫生事件隐患或相关线索时应及时、如实、完整地向相关部门报告；三是牢固树立“健康第一责任人”理念，自觉履行个人防护责任。

适用要点

第一，“党委领导、政府负责”的关键在于党委不替代政府职能，而是通过科学决策提供政治保障；政府不机械执行，而是在党委领导下发挥专业优势，形成“党委定方向、政府抓落实”的协同格局。党委领导应遵循依法执政原则，确保其决策权限与程序符合党内法规和《突发事件应对法》等法律法规的规定，避免以政治决策替代法定行政程序。政府负责需明确行政机关的法定职责与问责边界，防止权力滥用或怠于履职，同时保障应急措施符合比例原则，避免过度限制公民权利。

第二，“属地管理和分类管理相结合”要求应急措施要正当合法、尊重差异。属地管理原则在突发公共卫生事件应对工作中处于主要地位，分类管理原则起辅助作用。依据《突发公共卫生事件应急条例》第20条的规定，县级人民政府作为突发公共卫生事件情况的首次接触行政主体，需在2小时内启动初步响应，并完成初步信息上报。同时，依据本法第13条规定，虽然属地政府是第一责任主体，但当突发公共卫生事件涉及两个以上行政区域或超出突发事件发生地县级人民政府应急处置能力时，须由上级政府协调处置。对于涉及两个以上行政区域的，由有关行政区域共同的上一级人民政府负责，或者由各有关行政区域的上一级人民政府共同负责。对于超出突发事件发生地县级人民政府应急处置能力的，须及时向上级人民政府报告。有关单位和人员因未及时上报导致事态扩大，且构成迟报、谎报、瞒报、漏报的，将被依法追责。

关联法规

《突发事件应对法》第4条、第6条、第16条；《传染病防治法》第2条、第6条、第26条、第48条、第50～51条；《食品安全法》第3～7条、第8条第2款、第9条、第103条、第108条、第120～121

条;《基本医疗卫生与健康促进法》第20条;《传染病防治法实施办法》第2条、第3条第1款;《突发公共卫生事件应急条例》第3条、第5条、第8条、第15条;《突发事件应急预案管理办法》第4条、第5条;《国家突发公共卫生事件应急预案》

第十三条　【责任主体、信息报告与协同机制】县级人民政府对本行政区域突发公共卫生事件应对工作负责;涉及两个以上行政区域的,由有关行政区域共同的上一级人民政府负责,或者由各有关行政区域的上一级人民政府共同负责。

突发公共卫生事件发生后,发生地县级人民政府应当立即开展应对工作,同时向上一级人民政府报告,必要时可以越级上报。突发公共卫生事件发生地县级人民政府不能消除或者不能有效控制突发公共卫生事件危害的,上级人民政府应当及时采取支持措施,必要时统一领导应对工作。

行政区域毗邻的县级以上地方人民政府应当建立应对突发公共卫生事件的协同机制,加强信息通报,开展风险会商,协调应对措施。

条文注释

本条是关于突发公共卫生事件应对工作的责任主体、信息报告及协同机制的规定。

本条第1款规定了突发公共卫生事件应对工作的责任主体,明确了属地管理原则以及跨行政区域突发公共卫生事件应对工作的责任主体归属。具体而言:其一,突发公共卫生事件应急体制以属地管理为主。事发地县级人民政府享有先期处置权力,是突发公共卫生事件应急管理的权责重心,对本行政区域内的突发公共卫生事件承担主要应对责任。县级人民政府作为我国行政管理体系中最贴近突发事件发生现场的行政主体,具有快速响应、精准施策的天然优势。这种制度设计既符合行政效率原则,也体现了权责一致的法治要求。其二,“涉及两个以上行政区域的”突发公共卫生事件,是指同时跨越两个或两个以上不相隶属的行政区域的突发公共卫生事件。当发生此类跨行政区域的突发公共卫生事件时,应急管理的权责重心由属地人民政府转向共同的上一级人民政府,或者由有关行政区域的上一级人民政府共同负责。这种“上级介入”的应对思路具备可操作性,体现了跨行政区域协调机制的灵活性,有助于提升突发公共卫生事件的应急处置效率。

通过明确属地责任和建立跨域协调责任机制,可有效防止各部门或不同地区因权责不清而导致响应延迟或相互推诿,进而提升响应速度、优化行政资源配置、强化问责机制。

本条第2款规定了突发公共卫生事件的信息报告机制。具体内容涉及信息上报要求、越级上报情形,以及上级政府的支持与领导义务。这一规定凸显了公共卫生事件应急响应的基本程序性要求,即各级人民政府在应对突发公共卫生事件时应遵循分级响应、上下联动的原则。首先,突发公共卫生事件发生地的县级人民政府是应急管理的基本单元,有义务依法立即开展应对工作,如采取启动应急预案、统筹调配辖区应急资源等先期处置措施。同时,发生地县级人民政府必须严格执行信息报告制度,及时向上一级人民政府报告事件信息。其次,在必要时,各级人民政府享有自由裁量权,可以根据实际情况自主决定是否越级上报事件信息。最后,对于处于发生地县级人民政府应急能力范围内的突发公共卫生事件,原则上由属地人民政府主要负责应对。当事件超出属地政府的综合协调能力时,由中央政府或属地人民政府的上级人民政府提供指导和帮助,既实现应对工作的“重心下移”,保障属地政府切实履行职责,又能以较小的反应半径确保公共卫生应急工作的灵敏性和有效性。

本条第3款是关于突发公共卫生事件应对工作的跨区域协同机制的具体规定。建立突发公共卫生事件协同机制是行政区域毗邻的县级以上人民政府的强制性义务。该协同机制不只是形式上的合作,更有实质上的法律义务,包括加强信息通报、开展风险会商、协调应对措施三项实质举措。加强信息通报是协同的基础,要求建立高效、透明、互信的信息共享渠道。通报内容应包括但不限于：突发公共卫生事件实时数据、风险等级调整情况、防控政策变化、重要物资储备与需求信息、成功经验和典型案例等。信息通报必须强调及时性、准确性和完整性，任何迟报、瞒报、谎报、漏报都可能贻误时机，导致风险扩散。开展风险会商是协同机制运转的核心，要求毗邻政府定期或应急状态下即时召开联合风险评估会议。各方应基于共享的信息，共同分析公共卫生突发事件的发展趋势，研判输入性风险和本地扩散风险，识别区域协同应对的薄弱环节。会商的目的是形成对区域风险态势的统一认知，为后续采取协调一致的应对措施奠定科学决策基础。协调应对措施是协同机制的落脚点和最终目标，指在前两项工作的基础上，就关键防控措施达成一致，避免出现冲突对抗和治理空白。这有利于突破行政管理的属地化桎梏，在科层制之外构建应急资源与防治力量由区域统筹的横向公共卫生应急协同机制。

适用要点

第一，属地县级人民政府在突发公共卫生事件应对中的能力具有边界限制。虽然属地管理原则是我国突发公共卫生事件应急管理的基本原则，但是根据本条规定可知，实践中也存在某些特殊事件不由属地人民政府独立处置，这些事件或因为跨行政区域，或因为超出属地政府的应急能力范围。此类情况下，即使由上级人民政府统一指挥应对，也并不意味着地方政府可以免除责任，地方人民政府此时应当积极配合并提供必要的支持。

第二，突发公共卫生事件本身的级别并非确定采取公共卫生应急响应措施政府的唯一影响因素。具体而言，响应主体应综合考量事件是否跨行政区域，以及事件的性质、特点、可能造成的危害程度和影响范围等多方面因素。若由各相关行政区域的上一级人民政府共同负责，则这些政府之间应强化横向协作，建立健全信息共享与协调配合机制。此外，各相关行政区域的上一级人民政府共同负责，与共同上一级人民政府负责两种机制之间并无优先适用之分，这意味着两种协调机制在法律地位上是平行的，并未设定适用优先级。

第三,“必要时”这一要件是判断属地人民政府能否进行越级上报的关键裁量标准。能否进入“越级上报”阶段,应严格依据客观事实和程序规范进行判断。例如,重大风险事件发展速度远超常规行政流程应对能力、常规报告后未获得及时响应,或上级政府部门缺乏有效研判与防范风险的能力等情形,均可视为符合越级上报的条件。在报告的具体要求方面,突发公共卫生事件责任报告单位应按照有关规定,做到及时、准确、全面地报告事件信息及处置进展。此外,“属地人民政府可以越级上报”的表述表明,越级上报属于一项授权性规定,属地人民政府对是否启动越级上报享有充分的自由裁量权。

第四,上级人民政府在属地县级人民政府无法消除或有效控制突发公共卫生事件时,不应直接接管事件应对的指挥权。应基于事件的发展趋势、级别、性质、危害程度以及应急资源缺口等因素,综合研判属地政府的应急响应能力是否充分,进而决定是采取物资调配、人员支援等辅助性支持措施,还是接过指挥权,统一领导突发公共卫生事件应对工作。

第五,公共卫生事件跨区域协同机制的建立需重点关注以下三个要点。其一,建立主体为行政区域毗邻的县级以上地方人民政府,乡镇政府可在获得县级政府授权的前提下参与协作。其二,此处“行政区域毗邻”不仅指陆地接壤,还包括水域交界、空港共用(如跨市机场)等特殊情形。例如,京津冀三地通过签署卫生应急合作协议,实现了疫情信息与医疗资源的共享,并联合开展流调溯源工作。其三,协同机制的核心内容涵盖信息通报、风险会商以及协调应对措施。信息通报要求毗邻地区建立实时数据共享平台,确保病例轨迹、检测结果等关键信息在短时间内实现跨区域同步;风险会商应实现制度化运作,通过季度联席会议与突发事件即时研判机制,为科学决策提供依据;协调应对措施则强调防控标准的区域统一,遵循“就高不就低”原则,防止因行政分割造成防控漏洞。上述三项义务通常通过书面协议予以固化,并纳入政府绩效考核体系,以保障跨区域协作的规范性与实效性。

关联法规

《突发事件应对法》第17～19条;《传染病防治法》第7条、第8条第2款、第28条、第45条、第49条第2款;《食品安全法》第16条、第103～104条、第119条;《突发公共卫生事件应急条例》第8条、第19～23条;《传染病防治法实施办法》第34～40条;《突发公共卫生事件与传染病疫情监测信息报告管理办法》第7条、第16～20条;《传染病信息报告管理规范》;《突发事件应急预案管理办法》第5条;《国家突发事件总体应急预案》;《国家突发公共卫生事件应急预案》

第十四条　【应急指挥机构设置与职责】县级以上地方人民政府设立由本级人民政府主要负责人、有关部门负责人、参与突发公共卫生事件应对的中国人民解放军和中国人民武装警察部队有关单位负责人等组成的突发公共卫生事件应急指挥机构,组织、协调、指挥本级人民政府各有关部门和下级人民政府开展突发公共卫生事件应对工作。

国务院根据应对突发公共卫生事件的需要设立国家突发公共卫生事件应急指挥机构,领导突发公共卫生事件应对工作;必要时,国务院可以派出工作组指导有关工作。

突发公共卫生事件应急指挥机构开展突发公共卫生事件应对工作,可以依照本级人民政府的权限发布有关突发公共卫生事件应对的决定、命令、措施。

突发公共卫生事件应急指挥机构根据工作需要组建专家组,为突发公共卫生事件的形势研判、应急处置等提供咨询意见。

条文注释

本条是关于突发公共卫生事件应急指挥机构的设置与职责的规定。

本条第1款规定地方层面突发公共卫生事件应急指挥机构的设立与职责。县级以上地方人民政府是突发事件应对管理工作的行政领导机关，其设立突发公共卫生事件应急指挥机构，统一领导、协调、指挥本级人民政府各有关部门和下级人民政府开展突发公共卫生事件应对工作。本款同时明确了突发公共卫生事件应急指挥机构的组成人员，具体包括本级人民政府主要负责人、有关部门负责人、参与突发公共卫生事件应对的中国人民解放军和中国人民武装警察部队有关单位负责人。其主要目的就是通过整合应急力量、建立扁平化的组织指挥架构，破除部门间各自为政、协调不畅等弊病，确保突发公共卫生事件应对工作能够快速、高效、协调开展。

本条第2款是对国务院在突发公共卫生事件应对工作中指挥权限的具体规定。在我国应急管理体系中，国务院作为最高行政领导机关，有权根据突发公共卫生事件的规模、影响范围等因素，裁量是否成立国家级应急指挥机构。国务院履行应对职责的方式多样，其中派出工作组是一项重要机制。此类工作组通常由国务院总理或相关部委负责同志担任组长，代表国务院深入一线、靠前指挥，这一做法已在历次突发公共卫生事件防范与处置过程中被证明为行之有效的宝贵经验。

本条第3款规定了突发公共卫生事件应急指挥机构的职责权限。授权应急指挥机构在紧急情况下履行相关权力，同时也对权力行使作出明确限制：其一，权力行使须限于开展突发公共卫生事件应对工作期间，通常涵盖自公共卫生危机发生至处置结束的全过程；其二，应急指挥机构必须“依照本级人民政府的权限”行使职权，不得超越法律授权范围；其三，所发布的决定、命令和措施应当与突发公共卫生事件应对直接相关，如公共卫生风险的紧急处置、应急资源的统一调配等。本款从法律层面明确了应急指挥机构在事件应对过程中依法发布有关决定、命令和措施的权力。

本条第4款对突发公共卫生事件应急指挥中的专家决策咨询机制作出规定。鉴于公共卫生事件应对工作专业性强、社会影响广泛、涉及多方利益，党和政府在决策过程中必须充分依靠专业人员的科学评估、精准建议和应急处置方案。依据《突发事件应对法》《突发公共卫生事件应急条例》《国家突发公共卫生事件应急预案》及《国家突发公共事件医疗卫生救援应急预案》的规定，省级卫生健康行政部门负责组建突发公共卫生事件专家咨询委员会，充分发挥专家在决策咨询、技术指导等方面的专业作用，提升突发公共卫生事件应对能力。因此，有效发挥专家在科学决策和专业支持中的作用，是增强突发公共卫生事件应急工作的专业性、科学性和有效性的关键举措。

适用要点

第一，依照我国相关法律的规定，政府设立突发公共卫生事件应急指挥机构应遵循"需要"原则。从行政组织法的角度而言，突发公共卫生事件应急指挥机构在性质上属于议事协调机构。设立突发公共卫生事件应急指挥机构需要满足三个实质要件：一是事实要件，即突发公共卫生事件已经发生，造成或者可能造成严重社会危害，需要采取应急处置措施予以应对。二是行为要件，事件已超出各行政机关的职责范围，需要有新的机构承担职责。同时，因常规行政程序难以满足突发事件应对的效率要求，有必要简化流程、提升响应速度。三是目的要件，设立应急指挥机构不仅旨在保护已严重受损的权益，也包括对那些正受到损害或可预见将受损害的权益实施及时、有效的保护。

第二，中央与地方在突发公共卫生事件应急指挥方面的权责应当清晰界定。在中央层面，国务院通过设立国家突发公共卫生事件应急指挥机构行使最高决策权，负责全国疫情防控的战略规划、资源统筹和跨区域协调，其具体权限包括制定国家标准、调配中央储备物资以及发布全国性防控指令等。在地方层面，县级以上地方人民政府设立的应急指挥机构承担属地管理职责，依法组织实施本行政区域内的应急处置工作。央地权责划分遵循"权限法定、能力适配"原则：中央侧重于宏观政策制定和重大事项审批，地方则负责具体执行监测预警、流行病学调查和社区防控等任务。国务院工作组的指导职能体现"中央监督不替代"的治理逻辑，通过技术指导和督查机制确保地方行动与国家战略保持一致，同时尊重地方政府在法定权限内的自主决策空间。

第三，县级以上地方人民政府及其设立的突发公共卫生事件应急指挥机构虽拥有发布有关突发公共卫生事件应对的决定、命令、措施的权力，但是应该按照法律规定接受国家权力机关的监督。

第四，专家决策咨询是提升公共卫生治理科学性和合理性的重要机制。该机制适用于专业性、技术性强，涉及重大公共利益或具有高度争议性的决策事项。尽管我国多部公共卫生法律法规已对专家咨询制度作出原则性规定，但目前尚未出台统一立法，相关单行法中也缺乏对专家决策咨询的具体规则设计。在实践层面，专家咨询制度的应用仍主要集中于公共卫生风险应对环节，其制度建设的实体要件和程序规则尚未形成系统化规范。具体表现为：制度启动条件不够明确、专家选任标准尚未统一、咨询程序规范性不足、咨询意见效力认定模糊等方面。

关联法规

《突发事件应对法》第19～20条、第25条、第57条；《传染病防治法》第9条、第10条第3款；《食品安全法》第17条第2～3款、第23条、第28条第2款；《中医药法》第51条；《重大动物疫情应急条例》第26条、第32条、第34条；《突发公共卫生事件应急条例》第3条、第4条第1款、第26条、第28条

第十五条　【部门职责分工】国务院卫生健康主管部门牵头组织协调全国重大传染病疫情应对工作，负责全国其他突发公共卫生事件应对工作。国务院疾病预防控制部门负责全国重大传染病疫情应对相关工作。国务院其他有关部门在各自职责范围内负责突发公共卫生事件应对有关工作。

县级以上地方人民政府卫生健康主管部门牵头组织协调本行政区域重大传染病疫情应对工作，负责本行政区域其他突发公共卫生事件应对工作。县级以上地方人民政府疾病预防

控制部门负责本行政区域重大传染病疫情应对相关工作。县级以上地方人民政府其他有关部门在各自职责范围内负责突发公共卫生事件应对有关工作。

条文注释

本条是关于突发公共卫生事件应对工作中部门职责分工的规定。

本条的核心在于科学分工、权责法定,其含义有三:一是明确国家卫生健康主管部门和地方各级人民政府卫生健康主管部门对各类突发公共卫生事件应对工作的主体地位;二是规定了国务院及地方各级卫生健康主管部门、疾病预防控制部门之间的职责范围;三是强调了各级政府其他有关部门的履职配合职能。本条既依据突发公共卫生事件的级别对不同层级卫生健康主管部门的职能职责进行纵向划分,也对同级相关部门的职能职责作出横向规定,其核心在于建立"统一领导、分级负责、部门协同"的公共卫生应急管理体系,确保重大传染病疫情及其他突发公共卫生事件得到高效应对。这与《基本医疗卫生与健康促进法》第7条中所规定的国务院和地方各级人民政府领导医疗卫生与健康促进工作的基本要求相呼应。

本条第1款规定国务院卫生健康主管部门、国务院疾病预防控制部门及国务院其他有关部门在全国重大传染病疫情应对工作中的组织领导和职责划分。一方面,对于全国重大传染病疫情应对工作,国务院卫生健康主管部门负责牵头组织协调,其角色定位是"指挥中枢",而非执行主体。此时,国务院卫生健康主管部门的核心职能是"统一领导、综合协调"。例如,组织医疗机构、疾病预防控制机构和卫生监督机构开展突发公共卫生事件的调查与处理、事件评估、应急控制措施、督导检查、发布信息与通报、制订技术标准和规范、卫生知识普及等工作。国务院疾病预防控制部门则直接负责为全国重大传染病疫情应对工作的开展提供专业技术支撑。例如,承担突发公共卫生事件信息报告、开展流行病学调查、实验室检测、开展科研与国际交流、制订技术标准和规范、开展技术培训等工作。其他有关部门在职责范围内履行法定职责，并对相关部门应急工作予以支持配合。另一方面，对于其他突发公共卫生事件应对工作，国务院卫生健康主管部门除了统筹协调，还应履行公共卫生或者医疗救助的职能职责。

本条第2款规定县级以上地方人民政府卫生健康主管部门、县级以上地方人民政府疾病预防控制部门及县级以上地方人民政府其他有关部门在本行政区域重大传染病疫情应对工作中的组织领导和职责划分。根据属地管理原则，县级以上地方人民政府对本行政区域发生的突发公共卫生事件负首要责任，当本行政区域发生重大传染病疫情时，本行政区域的县级以上地方人民政府应该立即启动应急响应。特别重大级别以下的突发公共卫生事件应急处理工作由地方各级人民政府负责组织实施。超出本级应急处置能力时，地方各级人民政府应及时报请上级人民政府和有关部门提供指导和支持。

适用要点

第一，重大传染病疫情，是指突然发生，造成或者可能造成公众生命安全和身体健康严重损害的传染病疫情，这类传染病是指在短时间内发生、波及范围广泛，出现大量的病人或死亡病例，其发病率远远超过常年的发病率水平的情况。发生重大传染病疫情，构成突发公共卫生事件的，国务院和县级以上地方人民政府依照有关突发公共卫生事件应对的法律、行政法规规定，设立应急指挥机构并启动应急响应。根据突发公共卫生事件性质、危害程度、涉及范围，突发公共卫生事件划分为特别重大（Ⅰ级）、重大（Ⅱ级）、较大（Ⅲ级）和一般（Ⅳ级）四级。

第二，卫生健康主管部门与疾病预防控制机构的职责既有明确分工又紧密衔接。从横向条块划分看，卫生健康主管部门除牵头组织协调重大传染病疫情应对工作外，还需负责其他突发公共卫生事件的应对，而疾病预防控制机构的职责是负责重大传染病疫情应对相关工作。因此，卫生健康主管部门具有行政指挥权，承担行政决策与综合协调职责。疾病预防控制机构主要负责提供技术支持，无行政指挥权，不可直接发布行政命令。从纵向层次观察，中央和地方分级响应、分工明确。在中央层面，国务院卫生健康主管部门统筹全国性应对，国务院疾病预防控制部门提供技术支持。在地方层面，县级及以上地方人民政府卫生健康主管部门落实属地责任，县级以上地方人民政府疾控机构执行技术任务。疾病预防控制部门虽实行垂直业务管理，但也需要依赖卫生健康主管部门协调。

第三，“其他有关部门在各自职责范围内负责突发公共卫生事件应对有关工作”的规定，通过法定职责划分实现专业化分工，避免出现“多头管理”或“责任真空”的现象。在实践中，其他有关部门的突发公共卫生事件应对工作主要包括两个方面：其一，依据相关法律法规，在职责范围内履行专业职能，例如，突发公共卫生事件发生后，公安部门负责维护社会治安与秩序稳定，市场监管部门负责防疫物资价格与质量监管，交通运输部门负责应急物资运输保障与交通管制协调等；其二，发挥本部门的层级和专业优势，对下级人民政府及有关部门的突发公共卫生事件应急管理工作予以指导与协助。县级以上人民政府各部门的指导与协助职责并不局限于应急处置阶段，而是贯穿于事件应对的全过程。从日常预防与监督阶段的行政管理工作，到事件发生时的紧急处置与应急救援，再到事后的恢复与重建，各有关部门均应当依法全面履职，实现对突发公共卫生事件的全周期管理。

关联法规

《突发事件应对法》第19条第2款、第21条；《基本医疗卫生与健康促进法》第7条；《传染病防治法》第8~9条、第63条、第66条、第69条、第92条；《食品安全法》第6条；《行政处罚法》第49条；《传染病疫情应急预案管理办法》第4条、第8条；《卫生健康行政处罚程序规定》第24条；《国家疾病预防控制局职能配置、内设机构和人员编制规定》第4条；《国家突发公共卫生事件应急预案》

第十六条　【基层公共卫生应急职责】街道办事处、乡镇人民政府应当指导居民委员会、村民委员会协助开展突发公共卫生事件应对有关工作，推动居民委员会、村民委员会与基层医疗卫生机构协同联动。

居民委员会、村民委员会协助做好应对突发公共卫生事件的宣传教育和健康提示，组织城乡居民依法有序参与城乡社区的突发公共卫生事件应对活动。

县级以上人民政府及其有关部门应当为城乡社区开展突发公共卫生事件应对有关工作提供必要的支持和保障，加强基层公共卫生应急能力建设。

条文注释

本条是关于基层公共卫生应急职责的规定。

基层是应急管理工作的重点，加强基层公共卫生应急能力建设既是推进基层治理体系和治理能力现代化的关键抓手，也是健全国家大安全大应急框架的必然要求，更是筑牢人民生命健康安全防线、维护社会大局稳定的基础工程。我国一直重视基层公共卫生应急能力建设，早在2006年，卫生部办公厅就根据一系列法律法规、政策和预案制定并颁布了《突发公共卫生事件社区（乡镇）应急预案编制指南（试行）》，该指南明确将"提高基层卫生应急能力"作为制定预案目的之一。2021年12月，国务院印发的《"十四五"国家应急体系规划》中指出，我国当前还面临"基层应急能力薄弱，公众风险防范意识、自救互救能力不足等问题比较突出，应急管理体系和能力与国家治理体系和治理能力现代化的要求存在很大差距"的严峻形势。对此，2024年9月，中共中央办公厅、国务院办公厅印发的《关于进一步提升基层应急管理能力的意见》，从加强预案编制和演练、加强值班值守和信息报告发布、开展先期处置、统筹做好灾后救助等四个方面就提升基层应急处置能力作出部署。2025年2月，中共中央、国务院印发的《国家突发事件总体应急预案》亦对基层有效发挥先期处置作用作出了相关规定。基层公共卫生应急能力建设是基层应急能力建设的重要一环,如何全面提升基层组织和单位的突发事件应对能力,切实做到预防在先、发现在早、处置在小,更好保障人民群众生命健康安全,已成为摆在我们面前的重要时代课题。

本条第1款规定街道办事处、乡镇人民政府在突发公共卫生事件应对中的职责,强调基层政府在突发公共卫生事件应对工作中的义务:一是指导基层自治组织开展突发公共卫生事件应对有关工作;二是协同促进作用,推动基层自治组织与基层医疗卫生机构协同联动,提升基层公共卫生应急能力。

首先,街道办事处、乡镇人民政府作为基层行政主体,需将公共卫生应急管理纳入基层治理体系,通过培训村(居)委会成员、完善应急预案、组织定期演练等方式,提升基层应急处理能力。同时,基层行政主体应在法律框架内指导居民委员会、村民委员会开展应急工作,具体包括传达上级政策、制定应急预案、组织风险排查、落实防控措施(如隔离、消杀)等。

其次,街道办事处、乡镇人民政府应建立健全居民委员会、村民委员会与基层医疗卫生机构之间的协同联动机制。居民委员会、村民委员会熟悉社区情况,能够迅速摸排人员信息、动员群众配合防控;基层医疗卫生机构则贴近群众,掌握社区健康基础信息,在提供基本医疗服务、实施健康监测、开展防疫宣传等方面具有专业优势。两者在基层政府的协调下加强协作,能够显著提升突发公共卫生事件的响应效率,优化公共卫生服务资源配置,并共同强化社区健康教育与风险防范能力。

本条第2款规定基层群众性自治组织在突发公共卫生事件应对工作中承担的组织协调义务。居民委员会、村民委员会作为基层群众性自治组织,是政府与群众之间的重要纽带,在突发公共卫生事件应对工作中发挥着基础性作用。其在突发公共卫生事件应对工作中的协助义务主要包括宣传教育、健康提示、依法有序组织动员三个方面:在宣传教育方面,居民委员会、村民委员会不仅可以向居(村)民普及公共卫生应急防控知识,还可以宣传相关应急政策法规与实用技能，提升居(村)民的公共卫生法律意识和应急处置能力。在健康提示方面，居民委员会、村民委员会在开展突发公共卫生事件应对工作时，应根据政府要求或专业机构指导，及时向辖区居民提供有针对性的健康风险告知和防护建议，如说明事件性质、张贴防护指南、传播权威健康信息等。在依法有序组织动员方面，居民委员会、村民委员会应依据相关法律法规，协助引导居民、村民依法依规配合防控工作，包括流行病学调查、疫苗接种、社区消杀等工作，避免无序聚集和恐慌行为。

本条第3款规定县级以上人民政府及其有关部门在基层突发公共卫生事件应对中的法定职责和义务。县级以上人民政府承担领导责任和统筹协调职责，负责制定政策、划拨经费、调配区域资源，确保支持和保障工作落到实处。县级以上人民政府的有关部门包括但不限于卫生健康、应急管理、财政、民政、公安、交通运输、工信等部门。各部门需在政府统一领导下，依据自身职能协同履职，形成支持保障的合力。城乡社区指城市中的居民委员会辖区和农村中的村民委员会辖区，是社会治理和应急响应的最基础单元，是公共卫生应急措施执行的"最后一公里"，也是直接面对村民、居民，收集一线信息、实施具体防控措施的关键环节。"提供必要的支持和保障"是应对突发事件的即时性、基础性措施，意味着支持保障措施应满足城乡社区突发公共卫生事件应对工作的最低需求和关键需求，确保其能正常运转。这一强制性法律规范旨在强化基层公共卫生应急能力，要求县级以上人民政府及其有关部门不仅要解决眼前的公共卫生紧急状态，还要注重基层公共卫生应急治理机制的长期发展，构建平战结合、可持续的基层公共卫生应急能力体系。

适用要点

在法律适用上，本条与本法第5条第2款规定的国家提升突发公共卫生事件应对能力的规范目的相契合，即国家开展突发公共卫生事件应对知识和相关法律法规宣传教育工作，增强公众公共卫生风险防范意识、提高防范能力。同时，本条也是对《突发事件应对法》中有关基层应急职责和能力建设要求在公共卫生领域的具体细化，并与《传染病防治法》《突发公共卫生事件应急条例》等法律法规形成衔接与配套。因此，对本条的理解与适用须坚持体系化思维，避免孤立解读。

基层政府和村(居)委会的职责有明确的边界。根据本条规定，基层政府应切实履行城乡社区治理主导职责，承担指导支持、资源保障和机制建设等义务，具体包括提供政策支持、财力物力保障、能力建设指导，并加强对基层群众性自治组织建设的规范与引导，不断提升依法指导城乡社区治理的水平。但同时应注意，街道、乡镇政府对村(居)委会的职责定位是"指导"而非替代，应避免过度行政干预。村(居)委会的职能是"协助"政府及专业机构开展工作，其行为须在政府指导下依法有序进行，不得超越法定权限，并应充分尊重其自治属性。基层医疗卫生机构同样应在基层政府协调下，在其职能范围内开展健康教育、预防接种、疫情报告、患者健康管理以及社区疫情防控指导等专业工作。这种职责划分模式层级清晰、分工明确，有助于实现政府、自治组织与专业机构在基层公共卫生应急工作中的协同配合，从而全面提升基层公共卫生应急能力的整体水平。

"必要的支持和保障"中"必要"的界定标准应以满足城乡社区开展突发公共卫生事件应对工作的最低需求和关键需求为依据。同时，需要注意的是，支持保障不等于责任下放，具体开展应急处置工作时，必须严格区分政府的决策、保障责任与社区的执行、报告责任，严禁将本应由上级承担的工作无限下压给城乡社区。此外，县级以上人民政府及其有关部门在履行支持和保障义务时，须充分考虑城乡差异，对应急资源薄弱的老旧小区、农村地区给予重点倾斜和支持，确保应急网络全覆盖、无短板。政府各部门之间也应该协同联动，破除壁垒，发挥好统筹协调作用，共同筑牢基层公共卫生应急管理的第一道防线。

关联法规

《突发事件应对法》第 22 条、第 42 条、第 77 条、第 80 条；《传染病防治法》第 15 条、第 26 条第 2 款；《食品安全法》第 10 条第 1 款；

《基本医疗卫生与健康促进法》第 10 条、第 34 条、第 35 条第 1 款；《突发公共卫生事件应急条例》第 40 条；《国家突发事件总体应急预案》；《国家突发公共卫生事件应急预案》

第十七条　【多元主体协同参与义务】单位和个人应当支持突发公共卫生事件应对工作，执行依法采取的突发公共卫生事件应对措施。

各级人民政府应当提供便利措施，引导单位和个人依法有序参与应对突发公共卫生事件的宣传教育、信息报告、志愿服务等活动。

志愿服务组织等应当在县级以上地方人民政府的统筹协调、有序引导下依法开展应对突发公共卫生事件的救助、志愿服务等活动。

条文注释

本条是关于各主体在突发公共卫生事件应对工作中协同参与义务的规定。

完善的公共卫生应急法治责任体系在公共卫生应急过程中承担着界定权责边界、规范应急行为、保障公民权利的核心责任。公共卫生应急领域的立法通过明确政府、社会组织和个人的权利义务关系，既赋予行政机关必要的紧急处置权限（如实施强制隔离措施），又通过比例原则和程序正义约束权力行使（如建立应急措施事后报告机制），同时确立社会组织及公民配合应急工作的法定义务与救济渠道，有助于在保障公共健康安全与维护基本权利之间形成动态平衡，最终实现应急管理的合法性、有效性与正当性统一。

从各款条文序列设计上看，本条首先规定个人与单位的基础性义务，其次设定政府提供便利措施的义务，最后明确专业组织的参与义务。这一逻辑链条有效避免责任单一化的倾向，强调多元主体在治理中的作用，体现了权利义务一致性的法治原则，也从结构上防止了不同主体间责任的混同。

本条第1款明确规定单位和个人具有支持、配合公共卫生事件应对工作的法定义务。任何单位和个人均有义务配合突发公共卫生事件应对工作，但其所执行的公共卫生应急措施须以法律明确授权为依据。由于突发公共卫生事件类型多样、表现形式复杂且存在高度不确定性，仅依靠政府部门和专业机构难以全面应对。单位和个人依法有序参与，有助于协助政府有效开展应对工作，提升公共卫生应急综合能力。具体而言：其一，单位和个人应主动接受并学习公共卫生应急教育，提升自身应急能力。如发现可能发生突发公共卫生事件的异常情况，应当立即向所在地人民政府、有关主管部门或指定的专业机构报告。其二，单位和个人报送信息应当确保及时、客观、真实，不得迟报、谎报、瞒报、漏报，不得授意他人迟报、谎报、瞒报，也不得阻碍他人报告。其三，单位和个人在公共卫生应急中的行为不得超过必要限度，所采取的措施需符合法律规定。

本条第2款是关于各级人民政府在突发公共卫生事件应对工作中负有支持性、引导性义务的规定。一方面，各级人民政府应当为单位和个人参与突发公共卫生事件应对工作提供政策支持与资金保障。例如，规定公民在参加应急救援工作或协助维护社会秩序期间，其所在单位应保证其工资待遇和福利不变，并可按规定给予相应补助；对在应急救援工作中伤亡的人员，应依法落实工伤待遇、抚恤或其他保障政策，并组织做好致病人员的医疗救治；甚至应为参与应对工作人员的家属权益提供相应政策支持等。另一方面，个人应当依法服从人民政府、居民委员会、村民委员会或所属单位的指挥和安排，配合人民政府采取的应急处置措施，积极参加应急救援工作，协助维护社会秩序。

本条第3款规定了志愿服务组织等在突发公共卫生事件中的义务。应急志愿服务是突发公共卫生事件应对中的重要参与力量，而组建志愿服务组织是开展应急志愿服务的重要方式。应急志愿服务作为志愿服务在突发事件应对中的特殊形态，是指志愿者、志愿服务组织及其组织者在自然灾害、事故灾难、公共卫生事件和社会安全事件等突发公共事件应对过程中所提供的志愿服务。相比其他类型的突发事件,公共卫生事件对志愿服务提出了更高要求,志愿服务组织应当在县级以上地方人民政府的协调和指引下开展救助与服务活动。当发生突发公共卫生事件需迅速开展救助时,有关人民政府应当建立协调机制,提供需求信息,引导志愿服务组织和志愿者及时、有序地开展志愿服务活动。志愿服务组织及志愿者在开展应对突发公共卫生事件的志愿服务过程中,应当接受有关人民政府设立的应急指挥机构的统一指挥和协调。

适用要点

本条规定进一步明晰了突发公共卫生事件应对工作的责任主体,是对各主体开展突发公共卫生事件应对工作职责规定进行具体化。从法律适用角度看,本条内外关联条文众多,涵盖责任主体划分、权利义务配置等多个方面。从内部体系观察,本条对本法第5条第1款中关于突发公共卫生事件社会动员机制的内容进行了细化规定,同时也是对本法第12条中“明确属地、部门、单位和个人责任”原则的实际落实,单位和个人、各级人民政府、志愿服务组织等均有义务依法有序参与公共卫生应急工作。从外部体系观察,本条与《突发事件应对法》《基本医疗卫生与健康促进法》《传染病防治法》《食品安全法》等关联法律,以及《突发公共卫生事件应急条例》等配套法规中关于部门、单位和个人权利义务的规定相衔接。同时,本条在吸收关联法规核心意涵的基础上进行了创新,通过条款逻辑与语序的精心安排,突破了政府单一主导的传统应急管理模式,是指引突发公共卫生事件应对工作中责任划分的核心条款。

突发公共卫生事件应对是全社会的共同责任。本条第1款将单位和个人的公共卫生事件应急责任置于首要位置,强调发挥单位和个人作为社会基本单元的健康能动作用,体现了“健康第一责任人”的理念。这是对《基本医疗卫生与健康促进法》第69条关于“公民是自己健康的第一责任人,树立和践行对自己健康负责的健康管理理念”规定的具体践行。同时,条款中要求“执行依法采取的突发公共卫生事件应对措施”,也体现出公民在参与应急工作时应当尊重他人的健康权利和公共利益,不得损害他人健康和社会公共利益的价值导向和法治底线。随后条款进一步规定了政府的支持与引导义务,以及志愿服务组织等主体的协同义务。这一结构体现了落实主体责任、强化多元共治的制度设计,有助于实现应对过程中的综合协调与统一指挥,全面提升公共卫生应急体系的整体能力。

开展突发公共卫生事件应对工作要做到"依法有序"。首先,单位和个人应严格按照相关法律法规的授权行使公共卫生应急处置权利。其次,行政机关要坚持职权法定,本法第9条清晰地对行政机关在突发公共卫生事件中的职权行使做了限定和指引,要求"采取突发公共卫生事件应对措施,应当依照法定权限和程序,与突发公共卫生事件的性质和可能造成危害的程度、范围等相适应;有多种措施可供选择的,应当选择有利于最大程度保护单位和个人合法权益,且对他人权益损害和生产生活影响较小的措施,并根据情况变化及时调整"。行政机关须始终明确,其权力来源于法律授予,即使在应急状态下权力的非常态扩张,也仅为应对突发公共卫生危机的特殊安排,绝不能以主观判断或"紧急需要"为由擅自逾越法定边界。最后,志愿服务组织作为应急救援的重要力量,在提供服务过程中应当依法履行义务,服从统一指挥和协调。除《志愿服务条例》中有相关规定外,多个省份也在其突发事件志愿服务地方性法规中设立专门条款,对志愿服务组织及志愿者参与应急活动作出细致规范,确保其行为在法治框架内有序开展。

关联法规

《突发事件应对法》第6条、第35条、第37条、第39条第2款、第52条、第72条第3款、第79条;《食品安全法》第10条第1款;《传染病防治法》第14条、第36条、第48条、第50~51条、第62条;《基本医疗卫生与健康促进法》第12条第1款、第13条、第67条第1款;《突发公共卫生事件应急条例》第40条;《志愿服务条例》第24条

第三章　预防与应急准备

第十八条　【风险源头管理与控制】国家加强突发公共卫生事件风险源头管理，减少突发公共卫生事件的发生，减轻突发公共卫生事件的危害。

县级以上地方人民政府应当组织卫生健康主管部门、疾病预防控制部门和其他有关部门对本行政区域可能引发突发公共卫生事件的风险源进行调查、登记和风险评估，对风险源的管理使用情况开展监督检查。

可能引发突发公共卫生事件的风险源的管理使用单位应当依照有关法律、行政法规的规定加强风险管理，采取防范措施，消除引发突发公共卫生事件的隐患。

条文注释

本条是关于突发公共卫生事件风险源头管理与控制的规定。

本条的核心在于加强突发公共卫生事件风险源头管理，其含义包括四个方面：一是明确国家在加强突发公共卫生事件风险源头管理的总体职责；二是规定县级以上地方人民政府对本行政区域可能引发突发公共卫生事件的风险源管理的组织职责；三是厘清卫生健康主管部门、疾病预防控制部门及其他有关部门对本行政区域可能引发突发公共卫生事件的风险源管理的职责范围；四是明确可能引发突发公共卫生事件的风险源的管理使用单位的依法配合职责。

本条第 1 款规定了国家在突发公共卫生事件风险源头管理方面的职责。风险源头管理要求各级政府坚持“预防为主”的原则，将其纳入核心职能范畴，通过强化风险监测、隐患排查和早期干预，最大限度减少突发公共卫生事件的发生或减轻其危害。国家加强突发公共卫生事件风险源头管理，体现在加强健康风险源头管理的各领域。如在环境健康方面,2025 年 7 月 11 日,国家疾控局会同国家发展改革委、工业和信息化部、民政部、财政部、生态环境部等 15 个部门联合印发了《健康中国行动—健康环境促进行动实施方案(2025—2030 年)》,该方案明确指出,“各地有关部门要强化对健康环境促进行动的组织领导,加强统筹协调,集中力量,为实施各项行动提供必要的支持和保障;强化环境健康风险源头防控,建设健康支持性环境,确保各项行动取得实效;加强健康环境促进行动与健康中国行动其他专项行动的有机融合、一体推进;强化宣传引导,充分调动社会力量广泛参与,营造有利于打造健康环境的良好氛围”。

本条第 2 款规定了县级以上地方人民政府应承担的组织职责。地方政府应当组织卫生健康主管部门、疾病预防控制部门和其他有关部门共同对风险源进行调查、登记和风险评估,对风险源的管理使用情况开展监督检查。《国家突发公共卫生事件应急预案》明确规定,地方各级人民政府卫生行政部门依照职责和该预案的规定,在本级人民政府统一领导下,负责组织、协调本行政区域内突发公共卫生事件应急处理工作,并根据突发公共卫生事件应急处理工作的实际需要,向本级人民政府提出成立地方突发公共卫生事件应急指挥部的建议。各有关部门和单位要通力合作、资源共享,有效应对突发公共卫生事件。同时,要广泛组织、动员公众参与突发公共卫生事件的应急处理。这种架构设计体现了突发公共卫生事件风险来源的复杂性及应对工作的跨部门协同需求,旨在打破部门壁垒,通过地方政府的统筹组织与多方协作,形成应对合力。

本款明确规定的风险监管任务包括以下三种:第一,风险源调查、登记。这是管理的基础工作。政府需组织协调相关部门,对辖区内所有可能引发突发公共卫生事件的各种因素进行全面、系统、深入地排查。“风险源”通常指可能导致人身伤害、健康损害、财产损失、工作环境破坏或其组合的根源、状态或行为。第二,风险评估。疾病预防控制等部门需运用风险识别与评估的专业方法及模型,评估每一风险源引发特定突发公共卫生事件的可能性、一旦发生可能造成的健康损害程度、社会影响程度、扩散速度与范围等。评估结果应明确风险等级,并确定需优先管理的重点对象。该过程应是动态的,需依据新的科学认识、环境变化和监测数据不断更新。风险评估报告是后续分级管理、资源配置和政策调整的核心依据。第三,监督检查。政府及其部门需实施监督检查,持续关注风险源的实际管理和使用状况。监督检查是推动风险防控措施落地见效的关键环节,是政府履行监管责任的具体体现,也为依法采取后续处置措施提供事实依据。

本条第3款规定了可能引发突发公共卫生事件的风险源的管理使用单位作为责任主体所应承担的法定义务,旨在将风险管理责任落到实处。凡是其设施、活动、产品或环境状态可能成为突发公共卫生事件肇始点的单位,如医疗机构、病原实验室、制药企业、化工厂、养殖场、农贸市场管理方等,均为直接和首要的责任主体。此处所指"依照有关法律、行政法规的规定",包括《传染病防治法》《生物安全法》《食品安全法》《动物防疫法》《固体废物污染环境防治法》《放射性污染防治法》《病原微生物实验室生物安全管理条例》等诸多法律法规及规章。本款明确规定的风险监管任务包括以下三项:第一,加强风险管理。建立并运行完善的、与其风险等级相适应的风险管理制度体系,包括风险识别与评估机制、人员培训与健康监护制度、应急预案等。第二,采取防范措施。投入必要资源,落实如围墙、围栏、负压装置、消毒设备等物理性防范措施;自动化操作、监控报警系统等技术性防范措施;以及岗位职责划分、流程优化等组织性防范措施。第三,消除隐患。单位应主动排查自身运营中可能引发事件的一切缺陷、不合规现象或薄弱环节,及时投入资源进行彻底整改、维修或升级,将风险水平控制在最低限度。

适用要点

第18条作为本法第三章的首条,强调国家加强突发公共卫生事件风险源头管理。对可能引发突发公共卫生事件的风险源及时进行调查、登记和风险评估,并加强对其管理使用情况的监督检查,有助于防范部分突发公共卫生事件的发生。在法律适用方面,本条不仅涉及与本法其他条款(如第20条)之间的联系,也涉及与《突发事件应对法》《传染病防治法》《食品安全法》等相关法律条文的衔接。

本条构建了“国家、地方政府及部门、风险源单位”三级责任体系。国家应当侧重于宏观规划、制度建设和资源保障，如制定全国性的风险源识别指南、风险评估技术标准，建设信息共享平台等，为地方工作提供依据和支持。在地方层面，侧重于具体实施和属地管理。县级以上地方政府是组织实施的枢纽和关键，其履职能力是实现本条立法目的的重要基础；应避免将“组织”责任简单理解为“转发文件”，而应切实发挥领导、协调和督办职能。在单位层面，侧重于全面落实主体责任。风险源单位是风险防控的重要防线，其法定义务是主动的、持续的，而非被动的、应付式的。

关联法规

《突发事件应对法》第33条；《传染病防治法》第25条；《食品安全法》第14条；《动物防疫法》第20条、第58条；《放射性污染防治法》第33条、第55条

第十九条　【建立健全应急预案体系】国家建立健全突发公共卫生事件应急预案体系。

国务院组织制定国家突发公共卫生事件应急预案。县级以上地方人民政府根据上级人民政府的突发公共卫生事件应急预案和本行政区域的实际情况，组织制定本行政区域的突发公共卫生事件应急预案，并按照国家有关规定报送备案。县级以上人民政府卫生健康、疾病预防控制等部门依据各自职责制定本部门的突发公共卫生事件应急预案，并按照国家有关规定报送备案。

突发公共卫生事件应急预案应当根据本法和其他有关法律、法规的规定，针对突发公共卫生事件的性质、可能造成的危害，规定突发公共卫生事件应对的组织指挥体系、监测预警、信息报告和通报、应急处置、人员调集、物资储备和调用、信息发

布等内容。应急预案制定机关应当广泛听取有关部门、单位、专家和社会各方面意见，增强应急预案的科学性、针对性和可操作性，并根据实际需要、情势变化、应急演练中发现的问题等及时修订。

县级以上人民政府应当根据突发公共卫生事件应急预案组织开展演练。

条文注释

本条是关于国家建立健全突发公共卫生事件应急预案体系的规定。

本条第1款是对突发公共卫生事件应急预案的原则性规定。应急预案是各级人民政府及其部门、基层组织、企事业单位和社会组织等为依法、迅速、科学、有序应对突发公共卫生事件，最大限度地减少事件及其造成的损害而预先制定的计划或方案。本质上，应急预案是有关部门实施应急管理的具体执行依据，其核心内容可概括为“由谁制定、分类制定、确定对象、设计制度”。应急预案是应急保障体系的重要组成部分，也是我国“一案三制”（即应急预案、应急体制、应急机制和应急法制）建设的起点。建立健全突发公共卫生事件应急预案体系，是推进应急管理法治化的必然要求。2006年，国务院发布《国家突发公共卫生事件应急预案》，标志着全国应急预案体系开始大规模建设。应急预案具有多方面的重要作用：它有助于识别潜在突发公共卫生事件，了解突发公共卫生事件的发生机理，明确应急救援的范围和体系，为应急预防、预警和财物保障等工作提供依据；有利于及时响应和处置突发公共卫生事件；能够避免或防止事件扩大或升级，最大限度减少损失；同时也有助于增强全社会居安思危、积极防范社会风险的意识。

本条第2款分别规定了国务院、地方各级人民政府及有关部门的职责。国家突发公共卫生事件应急预案分两个层次：一是中央一级的突发公共卫生事件应急预案；二是地方一级突发公共卫生事件应急预案和部门应急预案。

首先，作为全国公共卫生应急预案体系的总纲和指导性文件，《国家突发公共卫生事件应急预案》由国务院直接制定，适用于涉及跨省级行政区划的，或者超出事发地省级人民政府处置能力的特别重大突发事件应对工作。该预案的制定旨在有效预防、及时控制和消除突发公共卫生事件及其危害，指导并规范各类突发公共卫生事件的应急处理工作，最大限度减少突发公共卫生事件对公众健康造成的危害，保障公众身心健康与生命安全。其适用范围包括突然发生、可能对社会公众身心健康造成严重损害的各类情况，如重大传染病、群体性不明原因疾病、重大食物和职业中毒，以及因自然灾害、事故灾难或社会安全事件引发的严重影响公众健康的公共卫生事件。

其次，县级以上地方人民政府的职责是根据“上级人民政府的突发公共卫生事件应急预案和本行政区域的实际情况”制定本地预案并备案。这体现了《国家突发公共卫生事件应急预案》强调的“统一领导、分级负责”原则，即根据突发公共卫生事件的范围、性质和危害程度，对突发公共卫生事件实行分级管理。各级人民政府负责突发公共卫生事件应急处理的统一领导和指挥，各有关部门按照预案规定，在各自的职责范围内做好突发公共卫生事件应急处理的有关工作。

最后，县级以上人民政府卫生健康、疾病预防控制等部门依据职责制定部门预案并备案。部门应急预案是人民政府有关部门根据总体应急预案、专项应急预案和部门职责，为应对本部门（行业、领域）可能发生的突发事件，或者针对重要目标保护、重大活动保障、应急保障等涉及部门工作而预先制定的方案。

本条第3款对突发公共卫生事件应急预案的内容作出了具体规定。预案必须“根据本法和其他相关法律、法规”制定，并应针对事件的性质和潜在危害，详细规定组织指挥体系、监测预警、信息报告和通报、应急处置、人员调集、物资储备和调用、信息发布等内容。根据2024年1月国务院办公厅印发的《突发事件应急预案管理办法》第24条规定，应急预案在审核过程中应重点关注以下内容：预案是否符合有关法律、法规、规章和标准等规定；预案是否符合上位预案要求并与有关预案有效衔接；框架结构是否清晰合理，主体内容是否完备；组织指挥体系与责任分工是否合理明确，应急响应级别设计是否合理，应对措施是否具体简明、管用可行；各方面意见是否一致；以及其他需要审核的事项。另外，本款规定了应急预案的征求意见及动态修订要求，强调制定预案应广泛听取意见并及时修订，这体现了对预案科学性、针对性、可操作性的要求。

本条第4款规定，县级以上人民政府应当根据应急预案组织开展演练。应急预案编制单位应当建立应急预案演练制度，采取多种形式和方法，定期组织应急预案所涉及的单位、人员、装备、设施等开展演练。通过演练发现问题、解决问题，从而对应急预案进行修改和完善。应急预案演练组织单位应当加强对演练效果的评估，评估内容主要包括：演练执行情况，应急预案的实用性与可操作性，指挥协调和应急联动机制的运行效果，应急人员的处置情况，演练所用设备装备的适用性，以及对完善应急预案、应急准备、应急机制和应急措施等方面的意见和建议。

适用要点

本条要求各级人民政府及有关部门依法制定内容完备的突发公共卫生事件应急预案，并组织开展应急演练。应急预案的制定有助于及时控制突发公共卫生事件，为后续应急处置工作提供专业且有针对性的指导。在法律适用方面，本条不仅涉及与本法其他条款（如第35条、第38条）的衔接，也涉及与《突发事件应对法》《传染病防治法》《食品安全法》《安全生产法》等相关条文的协调配合。

本条构建了一个多层次、全覆盖的应急预案体系。从纵向职能来看，体现了“统一领导、分级负责”的原则。国家预案是总纲，侧重于宏观指导和跨区域协调；地方预案的制定必须以国家预案和上级预案为依据，关键在于结合本行政区域的实际情况，进行本土化、具体化设计，确保预案在本地切实可行。从横向条块划分来看，体现了“分工负责、协调联动”的原则。政府总体预案侧重于全面统筹、资源调配和跨部门协同；卫生健康、疾病预防控制等部门的专项应急预案，则应依据各自职责，在政府总体框架下进一步细化，突出专业特点和可操作性，确保在应急响应时能够迅速、专业、高效地采取应对措施。

应急预案本质上是风险管理的重要工具，也是提升突发事件处置效率的有效手段。地方政府及有关部门在制定各类突发事件应急预案时，应把握以下原则：一是符合相关法律、法规和规章的规定；二是与上级政府及有关部门的应急预案保持衔接一致；三是因地制宜，符合本地实际情况。各类应急预案制定完成后，不应保持固定不变，而应建立动态更新机制，针对突发事件应急管理实践中暴露出的问题，不断进行修订、完善，以便进一步增强其针对性、可操作性、实用性。

关联法规

《突发事件应对法》第 26 ~ 28 条；《传染病防治法》第 28 ~ 30 条；《食品安全法》第 102 条；《动物防疫法》第 45 条；《突发公共卫生事件应急条例》第 10 ~ 12 条；《基本医疗卫生与健康促进法》第 19 条；《突发事件应急预案管理办法》；《国家突发事件总体应急预案》；《国家突发公共卫生事件应急预案》

第二十条　【重点单位的应急预案制定与演练】下列单位应当评估本单位发生突发公共卫生事件的风险，针对可能发生的突发公共卫生事件，制定相应的应急预案，并组织开展演练：

（一）医疗卫生机构；

（二）学校、托育机构；

（三）养老机构、康复机构、福利机构、未成年人救助保护机构、救助管理机构；

（四）大型体育场馆；

（五）监管场所；

（六）车站、港口、机场；

（七）可能引发突发公共卫生事件的风险源的管理使用单位；

（八）法律、行政法规以及国务院卫生健康主管部门、疾病预防控制部门规定的其他应当制定突发公共卫生事件应急预案的单位。

鼓励前款规定以外的其他单位根据本单位的实际情况制定突发公共卫生事件应急预案，并组织开展演练。

县级以上地方人民政府卫生健康主管部门、疾病预防控制部门应当对有关单位制定突发公共卫生事件应急预案、组织开展演练予以指导。

条文注释

本条是关于重点单位应急预案制定与演练的规定。

本条的核心在于强化重点单位对应急预案的制定与演练，以提升其应对突发公共卫生事件的能力。其含义包括以下三个方面：一是明晰应当加强应急预案制定与演练的重点单位的范围；二是鼓励、引导法定范围以外的其他单位制定应急预案与组织演练；三是明确县级以上地方人民政府卫生健康主管部门、疾病预防控制部门的指导职责。

突发公共卫生事件中“需要制定应急预案的重点单位”，是指在公共卫生风险防范和应急处置中具有特殊地位的单位。因其人员密集性、社会功能关键性或行业特殊性，一旦发生突发公共卫生事件，可能造成严重健康损害或社会影响，故负有制定应急预案的义务，以提升公共卫生应急防控能力。

本条第1款对重点单位进行了列举规定，各重点单位应当评估本单位发生突发公共卫生事件的风险，针对可能发生的突发公共卫生事件，制定相应的应急预案并组织演练。本款为法定责任主体设定了三项紧密关联、循序渐进的职责，共同构成一个闭环式的应急能力建设过程。第一，风险评估作为前置基础，是制定有效预案的科学依据。各单位必须对本单位面临的具体突发公共卫生事件风险进行全面、动态、科学地评估。第二，制定应急预案作为核心措施，要求各单位基于风险评估的结果，制定专门的、可操作的应急预案。此预案并非形式文件，而是科学处置的路线图和应急响应的行动指南。第三，组织开展演练是检验预案效能、锻炼队伍、发现问题、磨合机制的关键环节。

本条第2款鼓励前款规定以外的其他单位根据自身实际情况，制定应急预案并开展演练，如一般企业、写字楼、物业公司、商场、餐厅、社区服务机构等。这一规定旨在强化社会韧性、降低扩散风险。突发公共卫生事件的应对是全社会的共同责任，鼓励其他单位参与应急准备，有助于提升社会整体对突发公共卫生事件的快速反应能力。此外，任何单位都可能成为突发公共卫生事件发生的场所，主动做好准备的单位能够更早发现风险、及时采取措施，从而有效降低事件的扩散速度、影响范围和规模。

本条第3款明确了政府部门的责任，规定县级以上地方人民政府卫生健康主管部门、疾病预防控制部门应当对有关单位制定预案和组织演练予以指导。突发公共卫生事件应对是一项专业性强、涉及事项复杂、系统而又需要相互衔接、紧密配合的整体工程。重点单位应急预案的编制须考虑与其他单位及主管部门相关管理要求的衔接。县级以上地方人民政府卫生健康主管部门、疾病预防控制部门是指导突发公共卫生事件应急预案体系建设的主管部门。这项要求有助于弥补各重点单位在突发公共卫生事件应急预案制定与演练方面的能力缺口，提升其应急预案的专业性。

适用要点

本条规定了部分重点单位应针对可能发生的突发公共卫生事件制定相应的应急预案、组织演练，并鼓励全社会参与。本条规定有助于提升社会整体在突发公共卫生事件中的快速反应能力。在法律适用上，本条主要涉及与《突发事件应对法》《传染病防治法》等相关规定的衔接。例如，本条第1款强调重点单位应针对本单位可能发生的突发公共卫生事件制定相应应急预案并开展演练，其要求高于《突发事件应急预案管理办法》第32条第3款所规定的单一演练义务。

第一，法定单位的应急预案制定义务具有强制性与主体特定性。主体范围需动态识别，除第1～6项明确列出的机构类型外，第7项“风险源的管理使用单位”需依据《传染病防治法》《生物安全法》《病原微生物实验室生物安全管理条例》等法律法规进行具体认定，例如涉及放射性物质、高危化学品、病原微生物实验室等相关单位；此外，兜底条款的适用需以明文规定为依据，第8项授权国务院卫生健康主管部门、疾病预防控制部门通过部门规章或规范性文件等方式扩展责任主体范围，不得擅自增设或扩大适用范围。

第二，应急预案须具备实操性。其一，内容要件需完整：预案须明确组织指挥体系、预警机制、处置流程、物资储备清单、人员职责及信息报告程序等内容；其二，分级响应与触发条件应具体化，避免使用“视情况处理”等模糊表述，应设定量化指标启动不同响应级别。

关联法规

《突发事件应对法》第37条；《传染病防治法》第29条、第30条；《突发事件应急预案管理办法》第16条、第29条、第30条、第32条、第33条；《未成年人保护法》第37条；《养老机构管理办法》第31条

关联案例

绍兴市上虞区某养老院未依法制定突发事件应急预案受行政处罚案①

要旨：本案中，绍兴市上虞区综合执法局发现当事人绍兴市上虞区某养老院作为养老机构只制定了新冠肺炎防疫和消防安全应急预案，未依法完整地制定自然灾害、事故灾难、公共卫生事件、社会安全事件等突发事件应急预案。当事人的行为违反《养老机构管理办法》第31条第1款的规定，已构成养老机构未依法制定突发事件应急预案的违法行为。鉴于当事人及时改正违法行为，违法行为影

① 参见绍兴市上虞区综合执法局虞综执罚决字〔2023〕第001199号处罚决定书。

响较小,参照《浙江省民政行政处罚裁量基准》有关裁量基准的规定,根据《养老机构管理办法》第46条第1款第6项的规定,绍兴市上虞区综合执法局给予当事人警告的行政处罚。

第二十一条 【应急处置场所规划建设与设施保障】县级以上地方人民政府应当将突发公共卫生事件临时应急处置场所建设纳入国土空间规划等相关规划,依法推进公共设施平急两用改造。

县级以上地方人民政府应当完善大型体育场馆、会展场馆、市民活动中心、学校等公共设施,根据公共卫生应急需要预留改造条件,便于紧急需要时迅速改造用于突发公共卫生事件应急处置。

条文注释

本条是关于应急处置场所规划建设与设施保障的规定。

本条的核心在于加强突发公共卫生事件中临时应急处置场所的规划建设及平急转换改造与预留,其含义包括两个方面:一是明确县级以上地方人民政府应将突发公共卫生事件临时应急处置场所的建设纳入国土空间规划;二是规定县级以上地方人民政府负有完善特定公共设施并推动其实现平急转换改造的职责。

本条第1款规定了应将突发公共卫生事件临时应急处置场所(如方舱医院、集中隔离点、临时检测中心等)纳入国土空间规划等相关规划,目的是通过空间规划实现应急空间资源的科学布局、高效转换和长效保障。建设临时应急处置场所,要求县级以上人民政府科学评估、快速选址建设并实现功能保障,以有效应对突发公共卫生事件;推进公共设施"平急两用"改造,则要求县级以上人民政府针对不同设施分类组织实施,使其适用于突发公共卫生事件的应对需要。国家在国土空间总体规划层面支持公共设施的平急两用改造:2024年4月28日,为贯彻落实党中央、国务院决策部署,发挥"多规合一"的改革优势,加强规划与土地政策融合,支持并推动"平急两用”公共基础设施建设，打造宜居、韧性、智慧城市，自然资源部办公厅组织制定了《平急功能复合的韧性城市规划与土地政策指引》，该指引明确指出，将韧性评估纳入规划实施“体检评估”。依托国土空间基础信息平台，整合、梳理多部门多领域基础数据，重点识别新时期城市面临的自然灾害、事故灾难、公共卫生、社会安全等风险特征，鼓励运用大数据、人工智能等新技术新方法，多维度综合评估城市安全韧性水平，找出城市空间布局和基础设施配置问题和短板。

“依法推进公共设施平急两用改造”是体现公共卫生应急管理韧性、实现快速响应和恢复的核心硬件保障。“平急两用”是指公共设施在日常状态与应急状态之间实现功能转换。具体实施过程中，需重点明确适用于突发公共卫生事件“平急两用”需求的设施范围，并确保其基础条件满足应急运行需要。应依据相关法律法规要求，综合考虑人口分布、土地资源、产业布局、地理环境及基础设施抗灾能力等因素，落实韧性城市建设目标，从医疗救治隔离、避难安置、疏散救援、物资供应等应急保障功能出发，科学推进平急两用设施的改造与建设。

本条第 2 款聚焦于具体设施的完善与弹性预留，规定应针对特定公共设施，根据公共卫生应急需要提前预留改造条件。这与《平急功能复合的韧性城市规划与土地政策指引》所强调的“充分发挥城市各类设施应急保障作用”的理念一致：以安全等级高、空间容量大、交通便捷的大型体育场馆、会展场馆、市民活动中心、学校等场所为重点，明确其“平时”与“急时”的规划设计要求。此外，本款并非简单要求设施保持完好，而是通过前瞻性设计，使其能够满足公共卫生应急需求。完善设施意味着地方政府须评估这些场所应对突发公共卫生事件的适宜性。

适用要点

本条要求县级以上地方人民政府将临时应急处置场所建设纳入国土空间规划，依法推进公共设施平急两用改造，并通过完善公共设施、预留应急改造条件，确保其在紧急情况下能够快速转换为应急处置场所。本条规定有助于实现规划层面的应急空间保障，提升公共设施的应急适配能力。在法律适用方面，本条主要涉及与《突发事件应对法》相关规定的衔接。

第一，县级以上地方人民政府将临时应急处置场所建设纳入国土空间规划，不仅是履行法定义务，更体现了应急管理的战略前瞻性。规划应结合人口分布、交通枢纽、医疗资源布局等要素进行科学选址，避免应急场所与居民区、污染源等敏感区域重叠。规划方案需通过人大审议等法定程序赋予其法律效力，确保不会因财政压力或其他因素被搁置或削弱。

第二，公共设施的平急两用改造应明确责任主体、改造标准、资金保障机制及验收程序等方面的要求。预留改造条件的具体标准需基于风险评估确定，不能简单理解为空间预留，而应结合本地区突发公共卫生事件的历史数据、脆弱性分析等，制定具体的技术指标。相关技术标准应由卫生健康、应急管理、住房和城乡建设等部门联合制定，并纳入公共设施改建、扩建项目的审查清单之中。

关联法规

《突发事件应对法》第30条、第31条；《城乡规划法》第4条；《城乡公共卫生应急空间规划规范》；《平急功能复合的韧性城市规划与土地政策指引》；《企业事业单位突发环境事件应急预案评审工作指南（试行）》；《关于建立健全智慧化多点触发传染病监测预警体系的指导意见》

第二十二条　【疾控机构能力建设及人员配备要求】疾病预防控制机构应当提高突发公共卫生事件监测预警、流行病学调查、检验检测和应急处置能力，配备与其职责相适应的专职人员。

条文注释

本条是关于疾病预防控制机构能力建设及人员配备要求的规定。

本条规定了疾病预防控制机构在应对突发公共卫生事件方面的能力提升与专职人员配备职责。其含义包括两个方面：一是明确疾病预防控制机构应当提升应对突发公共卫生事件的各项能力;二是规定疾病预防控制机构应当配备与其职责相适应的专职人员。

第一,“突发公共卫生事件监测预警”是防范和化解突发公共卫生事件风险、保护人民健康、保障公共卫生安全、维护经济社会稳定的重要手段。它是指长期、连续、系统地收集人群中与突发公共卫生事件相关的资料,经过科学分析和解释后获得关键公共卫生信息,并及时反馈给相关机构或人员,用以指导制定、完善和评价公共卫生干预措施与策略的过程。其目的在于为决策者提供科学依据,并评估决策实施效果。突发公共卫生事件监测预警包含三个阶段的工作任务:其一,连续、系统地收集与健康事件相关的资料,以识别公共卫生问题的分布特征和变化趋势;其二,对收集的原始资料进行科学整理、分析和解释,将其转化为有价值的公共卫生信息;其三,及时将公共卫生信息反馈给有关部门和人员,并推动其合理利用,以实现监测的最终目标。

此外,突发公共卫生事件监测的目的包括以下两个方面:其一,描述健康相关事件的分布特征和变化趋势。通过连续、系统的监测,可以全面了解特定地区或人群中健康相关事件的分布特征及其动态变化,从而有助于实现以下目标:定量评估公共卫生问题的严重程度,识别主要公共卫生问题;及时发现健康事件分布中的异常情况,调查原因并采取干预措施,有效控制不良健康事件的扩散与蔓延;预测健康事件的发展趋势,科学预估卫生服务需求;研究行为危险因素、环境污染物及疾病发生的影响机制,确定高风险人群。其二,评价公共卫生干预策略和措施的效果。突发公共卫生事件监测是一个持续、系统的观察过程,其提供的趋势性数据能够为干预策略和措施的效果评估提供最为直接和可靠的依据。

第二,“流行病学调查”是指运用流行病学方法开展的调查研究,主要用于探讨健康与卫生事件、疾病的分布特征及其影响因素,并据此提出科学合理的预防保健对策和健康服务措施,同时评估这些对策和措施的实施效果。在突发公共卫生事件发生时,只有规范应用流行病学方法,才能迅速查明事件原因,有针对性地采取及时、有效的处置措施，防止疾病进一步传播和危害扩大。一般先采用描述性流行病学研究，掌握疾病的时间、地区和人群分布特征，确定高危人群并获取病因线索，从而初步建立病因假设；再借助分析流行病学方法（如病例对照研究与队列研究），检验和验证病因假设，研究疾病自然史，并评估干预措施的效果；在某些情况下，还需通过实验流行病学方法进一步验证病因假设并综合评价干预措施的有效性。

第三，“检验检测”是识别健康影响因素、确认诊断、指导个体治疗和群体防控的重要依据。各级疾病预防控制机构应具备的检测检验能力：国家级疾病预防控制机构应针对国内外新发再发、罕见病原、不明原因疾病、少见理化危险因素等，开展检测方法研究、试剂评价以及分析技术的建立和储备；关注国内外突发事件处置新需求，研究、制定新标准和检测方法，对已成熟的标准和技术开展培训推广。省级疾病预防控制机构应对国内新发以及辖区内可能出现的病原微生物和理化危险因素建立检测能力，承担辖区内突发事件的实验室检测技术指导和支持。地市级和县级疾病预防控制机构须具备辖区内常见病原微生物和理化危险因素的检测能力。

第四，“配备与其职责相适应的专职人员”是前述四项能力得以实现的重要保障。其内涵包括：其一，“职责相适应”：首先是规模适配，人员编制数量、结构应严格基于国家或地方的疾病控制机构标准化建设要求，综合考虑辖区服务人口、既往事件负担、承担的国家或区域任务等多重因素确定；其次是专业适配：人员必须具备完成其岗位任务所需的专业知识与技能，如流行病学、统计学、应急管理、卫生检验等核心专业能力；最后是能力适配，应持续加强人员培训、演练和继续教育，确保其专业能力与时俱进。其二，“专职”要求需要配备核心公卫岗位，如监测预警骨干、流行病学调查专员、实验室核心技术人员以及应急处置指挥人员等，这些岗位应实现专岗专职，保障其对专业工作的专注投入、技能的精深化发展，并确保应急响应的及时性与稳定性。区别于兼职或其他岗位临时抽调的做法，专职配备可有效避免在突发公共卫生事件应急管理中出现的资源挤兑问题,防止在应对复杂、持续和高强度事件时因人力不足而影响响应质量与可持续性。

适用要点

本条要求疾病预防控制机构需重点强化监测预警、流行病学调查等关键能力,并配备与职责相匹配的专职人员,确保专人专岗承担专业任务,本条规定有助于为突发公共卫生事件早期发现、精准处置提供核心支撑,稳定的人员配置有利于保障各项应急能力有效落实,支撑机构履行公共卫生应急核心职能。在法律适用上,该条主要涉及与《突发事件应对法》《传染病防治法》等相关条文的衔接。

第一,疾病预防控制机构能力建设的核心是构建"四位一体"的综合应急能力体系。监测预警、流行病学调查、检验检测和应急处置四项能力需协同发展,不可偏废。

第二,"配备与其职责相适应的专职人员"需综合考虑辖区人口规模、流行病学特征、突发公共卫生事件历史发生频率及机构核心职能等因素。

第三,政府与财政部门对疾病预防控制机构能力建设负有法定财政投入责任。本条虽直接规定了疾病预防控制机构的义务,但实现能力提升依赖于财政投入、基础设施建设和政策支持。各级疾病预防控制机构应制定能力建设规划,明确经费投入比例,政府需将疾病预防控制机构能力建设纳入考核指标并给予经费支持。

关联法规

《突发事件应对法》第50条;《传染病防治法》第25条;《医师法》第45条;《全国疾病预防控制机构卫生应急工作规范(试行)》

第二十三条 【医疗机构应急能力建设】二级以上医疗机构应当指定科室、配备专职人员承担卫生应急工作,组建本机构的卫生应急队伍。基层医疗卫生机构应当指定人员负责卫生应急工作。

医疗机构应当优化诊区布局和诊疗流程,科学规划应急医

疗救治床位和设施、设备、物资储备，做好突发公共卫生事件应急医疗救治准备工作。

条文注释

本条是关于医疗机构应急能力建设的规定。

本条的核心在于加强医疗机构的应急能力建设，具体包含以下三方面含义：一是明确二级以上医疗机构指定科室、配备专职人员、组建应急队伍的职责；二是明确基层医疗卫生机构指定专人负责卫生应急工作的职责；三是明确医疗机构优化诊区布局、优化诊疗流程以及科学规划应急资源的职责。

本条第1款规定了二级以上医疗机构与基层医疗卫生机构在专门科室设置和专人配备方面的要求。二级以上医疗机构应当指定专门科室及专职人员，负责处理突发公共卫生事件应急事务，避免临时性和分散性的响应模式。专职人员应从机构现有人才队伍中选拔，具备应急管理、灾难医学、传染病防控等专业背景，组成本机构的卫生应急队伍，并接受常态化培训，以持续提升应急响应能力。医疗机构主要承担疾病诊治，特别是急危重症和疑难病症的诊疗、突发事件的医疗处置与救援、健康教育等医疗卫生服务，并开展医学教育、医务人员培训、医学研究及对基层医疗卫生机构的业务指导等工作。二级以上医疗机构作为卫生应急的中坚力量，在人员储备和技术能力方面优于基层医疗卫生机构。指定专门科室有助于整合内部资源，推动多专业团队在事件发生时实现快速协同响应。组建本机构常备性卫生应急队伍，应涵盖临床医生、护士、消杀人员及其他辅助人员，定期开展预案演练和技能培训，从而全面提升突发公共卫生事件的应对效率。

另外，考虑到基层医疗卫生机构在人员与资源配置方面的局限性，因其职能主要集中在预防、保健、健康教育、疾病管理、居民健康档案建立、常见病与多发病诊疗、部分疾病康复和护理，以及承接上下转诊等基本医疗卫生服务，本款要求社区卫生服务中心、乡镇卫生院和村卫生室等基层机构指定专人负责突发公共卫生事件应对工作,而非组建专职队伍。本款的核心逻辑在于明确二级以上医疗机构承担专业主力职能,基层机构发挥网底作用,通过差异化的资源配置与制度设计实现有效衔接,从而全面提升医疗救治体系的整体应急能力。

本条第2款转向物质资源的系统化准备,强调应"优化诊区布局和诊疗流程",指通过空间安排与操作流程的改进实现快速转换,以有效应对突发事件的冲击;同时,"科学规划应急医疗救治床位和设施、设备、物资储备"是硬性资源保障的关键,体现了"平战结合"原则的核心要义,即日常诊疗与应急响应需实现一体化设计,确保在突发公共卫生事件时能够迅速切换。本款旨在推进医疗机构能力建设,要求机构主动通过科学规划提升系统韧性,而非被动等待指令。

适用要点

本条要求医疗机构明确专职科室和人员承担卫生应急工作并组建应急队伍,基层医疗卫生机构应指定专人负责,同时,医疗机构应优化诊区布局与诊疗流程。本条规定有助于夯实突发公共卫生事件医疗救治的应急响应基础,从硬件设施和流程机制两方面加强准备。在法律适用上,本条主要涉及与《突发事件应对法》《传染病防治法》等相关条文的衔接。就医疗机构能力建设的要求结构而言,本条第1款适用于卫生应急资源的配置,而《传染病防治法》第26条则适用于传染病防控等公共卫生工作中的资源配置,即"二级以上医疗机构应当有专门的科室并指定专门的人员,承担本机构的传染病预防、控制和传染病疫情报告以及责任区域内的传染病预防工作。基层医疗卫生机构应当有专门的科室或者指定人员负责传染病预防、控制管理工作,在疾病预防控制机构指导下,承担本机构的传染病预防、控制和责任区域内的传染病防治健康教育、预防接种、传染病疫情报告、传染病患者健康监测以及城乡社区传染病疫情防控指导等工作"。

第一,医疗机构应急能力建设的责任主体具有层级化与差异化特征。二级以上医疗机构必须设立指定科室、配备专职人员并组建应急队伍,而基层医疗卫生机构仅要求“指定人员负责”,体现立法对医疗资源分配的合理区分。

第二,“优化诊区布局和诊疗流程”的核心在于实现分区管控。医疗机构通过物理改造等方式建立平急转换机制,利用信息化等手段实现线上分诊,减少人员现场聚集。此外,应急救治床位与物资储备需遵循“动态储备、弹性调度”的原则。床位规划不仅要满足常规需求,还需按最大收治容量预留扩展空间;储备物资须定期轮换更新,避免过期失效,且储备方案需报属地卫生健康行政部门备案并接受监督检查。

关联法规

《突发事件应对法》第 39 条;《传染病防治法》第 26 条;《突发公共卫生事件应急条例》第 17 条第 2 款;《突发事件医疗应急工作管理办法(试行)》第 13 条;《全国医疗机构卫生应急工作规范(试行)》

第二十四条 【建立健全应急医疗救治体系】国家建立健全突发公共卫生事件应急医疗救治体系。县级以上地方人民政府应当确定各类突发公共卫生事件的定点救治医院,形成由定点救治医院、其他医院和基层医疗卫生机构、院前急救机构、临时性救治场所、血站等组成的突发公共卫生事件应急医疗救治网络。

条文注释

本条是关于建立健全应急医疗救治体系的规定。

本条的核心在于建立健全突发公共卫生事件应急医疗救治体系,具体包含三方面含义:一是明确国家负有建立健全突发公共卫生事件应急医疗救治体系的职责;二是明确县级以上地方人民政府应当确定各类突发公共卫生事件定点救治医院的职责;三是明确县级以上地方人民政府应当组建由各类医疗机构共同参与的突发公共卫生事件应急医疗救治网络的职责。

第一，本条规定的是国家建立健全突发公共卫生事件应急医疗救治体系的职责。早在2003年9月9日，我国发展改革委与卫生部便联合发布了《突发公共卫生事件医疗救治体系建设规划》，规划指出彼时的目标为“基本建成符合国情、覆盖城乡、功能完善、反应灵敏、运转协调、持续发展的医疗救治体系，加强应对重大传染病、新发突发群体性不明原因疾病、重大食物和职业中毒等突发公共卫生事件的能力建设，有效提高治愈率、降低病死率，构筑起保护人民群众健康和生命安全的屏障”。本条对已建立的突发公共卫生事件应急医疗救治体系规定了健全与优化的要求。

另外，基于伤病情况、转运时间、救治条件等多救治因素考量，我国《突发事件医疗应急工作管理办法（试行）》第13、14条规定，在确保安全的前提下，按照“最快到达”原则将伤病员迅速转送至具备治疗条件的医疗机构，对于传染病患者，应根据《传染病防治法》等相关法律法规要求转送至指定的救治医疗机构。在医疗应急救援中，应综合考虑伤病员情况、地理环境、医疗救治条件和能力等因素，科学选择转运方式和收治医院。需要远距离转运的，协调民航、铁路、交通等部门协助解决医疗救援有关交通事宜。伤病员现场经治的医疗文书要与接纳后送伤病员的医疗机构做好交接。伤病员救治应按照集中资源、集中专家、集中伤病员、集中救治的“四集中”原则，首选收治在医疗救治能力和综合水平强的二级以上综合医院、中医医院和中西医结合医院，成立医疗救治工作组，统一指挥、统一部署、统筹资源开展医疗救治工作。

第二，明确“县级以上地方人民政府”的属地责任，旨在构建一个多层次医疗救治网络，通过整合各类机构，实现协同响应。本条可分解为两个关键要求：其一，确定各类定点救治医院。地方政府应以事件分类为基础，结合应急预案评估医院资质，指定具备相应救治能力的专项医院。“各类”这一限定词，要求地方政府实施分类管理，确保救治工作的针对性。该规定强化了专业医疗机构定点救治的高效性，与《突发事件医疗应急工作管理办法（试行）》第

11条第1款一致：卫生健康行政部门根据现场医疗救治需求，按照预案要求制订医疗救援方案，统一指挥调动医疗资源，迅速开展医疗救援工作。对伤病员进行检伤分类，开展现场救治、合理转运，分级分类开展救治，危险化学品、核辐射事件的伤病员应及时转运到专业医疗机构救治。其二，组建应急医疗救治网络。“形成网络”旨在构建一个功能互补、协同联动的综合性架构，确保各环节紧密衔接、不可或缺。定点救治医院承担核心枢纽职能，负责集中收治和专项救治；其他医院发挥协同作用，分担一般救治任务；基层医疗卫生机构实现应急关口前移，承担初步筛查、社区防控和快速响应职责；院前急救机构负责现场应急处置与安全转运；临时性救治场所提供应急状态下的空间保障；血站则确保血液及血液制品的稳定供应。

适用要点

本条要求国家搭建健全的应急医疗救治体系，县级以上地方人民政府需明确各类突发公共卫生事件的定点救治医院，并构建一个涵盖定点救治医院、基层医疗卫生机构、院前急救机构等多主体的救治网络。本条规定有助于确保不同类型事件均有专属救治主体负责，并通过多元机构之间的协同配合，实现应急医疗救治的全面覆盖与高效联动。在法律适用上，本条主要涉及与《突发事件应对法》《传染病防治法》《基本医疗卫生与健康促进法》等相关条文的衔接。

第一，应急医疗救治网络须由多种类型机构共同构成。院前急救机构负责现场急救与分级转运，定点医院承担特定类型突发公共卫生事件的专门救治任务，其他医院和基层医疗卫生机构提供综合医疗服务，血站则负责保障血液及血浆制品的应急供应与调配。

第二，县级以上地方人民政府的责任不仅限于“确定”定点医院，更包括一系列保障该体系有效运行的持续性义务：其一，规划与投入义务，应将应急医疗救治网络建设纳入本级经济社会发展规划，明确其在财政投入、基础设施建设和资源配置中的优先地位；其二，监督与考核义务，须对定点医院及其他网络组成单位的应急准备情况、救治能力进行定期评估、监督与考核，确保其具备持续应对能力。

关联法规

《突发事件应对法》第50条、第51条；《基本医疗卫生与健康促进法》第19条；《传染病防治法》第75条、第76条；《突发公共卫生事件应急条例》第17条；《突发事件医疗应急工作管理办法(试行)》第11条第1款、第13条、第14条

第二十五条　【卫生应急队伍建设】县级以上人民政府卫生健康主管部门、疾病预防控制部门、中医药管理部门应当加强卫生应急队伍建设，组建包括形势研判、流行病学调查、医疗救治、检验检测、消毒处理、社区指导、心理援助、物资调配等领域人员的卫生应急队伍，定期组织开展演练。

条文注释

本条是关于卫生应急队伍建设的规定。

本条的核心在于推动县级以上人民政府相关部门加强卫生应急队伍建设。具体包含以下三方面含义：一是明确县级以上人民政府卫生健康主管部门、疾病预防控制部门、中医药管理部门加强卫生应急队伍建设的属地责任；二是明确所建卫生应急队伍应当涵盖本条所规定的各领域人员；三是明确相关部门定期组织队伍开展演练的职责。

本条的核心要求"组建包括形势研判、流行病学调查、医疗救治、检验检测、消毒处理、社区指导、心理援助、物资调配等领域人员的卫生应急队伍"。形势研判人员主要负责开展事件早期风险分析、趋势预测，并提出防控策略建议；流行病学调查人员负责追踪传染源、传播链和密切接触者，开展深入流行病学调查；医疗救治人员主要负责现场诊疗；检验检测人员主要聚焦致病源头；消毒处理人员主要执行环境消毒和污物清理；社区指导人员主要进行健康宣教、行为干预和社区动员；心理援助人员主要提供创伤干预、压力疏

解和心理健康服务；物资调配人员主要从事管理应急资源，执行采购、仓储和分发。由多类专业人员共同组成的卫生应急队伍，能够全面覆盖突发公共卫生事件应对中的多个领域和环节，有利于实现多群体协同配合与快速高效处置。

2006年2月，国务院印发的《国家突发公共事件医疗卫生救援应急预案》指出，突发公共事件应急医疗卫生救援机构和队伍的建设，是国家突发公共卫生事件预防控制体系建设的重要组成部分，各级卫生行政部门应遵循“平战结合、常备不懈”的原则，加强突发公共事件医疗卫生救援工作的组织和队伍建设，组建医疗卫生救援应急队伍，制订各种医疗卫生救援应急技术方案，保证突发公共事件医疗卫生救援工作的顺利开展。各级卫生行政部门组建综合性医疗卫生救援应急队伍，并根据需要建立特殊专业医疗卫生救援应急队伍。各级卫生行政部门要保证医疗卫生救援工作队伍的稳定，严格管理，定期开展培训和演练，提高应急救治能力。本条强调针对突发公共卫生事件建立有针对性的卫生应急队伍，且由县级以上人民政府卫生健康主管部门、疾病预防控制部门、中医药管理部门各部门协同负责。

2021年6月，为加强国家中医应急医疗队伍建设与管理，提升国家中医应急医疗队伍的应急救治能力和水平，国家中医药管理局组织制定了《国家中医应急医疗队伍建设与管理指南（试行）》，第33条明确规定，国家中医应急医疗队伍由国家中医药管理局统一领导和调度指挥。发生突发公共卫生事件时，省级中医药主管部门经国家中医药管理局授权同意后，可指挥和调度本省（区、市）国家中医应急医疗队伍在当地突发事件应急指挥机构统一领导下开展中医应急医疗救治工作。发生特别重大突发公共卫生事件时，国家中医药管理局向省级中医药主管部门发出指令，由省级中医药主管部门在规定时间内，组织国家中医应急医疗队伍前往突发事件现场开展中医应急医疗救治工作；紧急情况下，可采取先调用，后补手续的方式。

适用要点

本条要求卫生健康、疾病预防控制等部门加强卫生应急队伍建设，按照形势研判、流行病学调查、医疗救治等多个领域配齐专业力量，并定期组织应急演练。通过实战化演练检验和提升各专业领域人员的协同处置能力。本条规定有助于确保应急队伍覆盖处置全环节，保障其在突发公共卫生事件中能够高效、有序履行职责。在法律适用上，本条主要涉及与《突发事件应对法》《传染病防治法》等相关条文的衔接。

第一，卫生应急队伍组建主体具有多元性。县级以上人民政府卫生健康主管部门承担主导责任，但疾病预防控制部门与中医药管理部门必须同步履行组建职责，形成“三位一体”的协同建设机制。实践中需避免将队伍建设责任单一归属于卫生健康部门，而应明确各部门在专业队伍组建中的具体分工。

第二，本条明确列举多个领域构成卫生应急队伍，缺一不可。其中，形势研判团队应纳入数据科学家、公共卫生专家及气象与环境专业人员等多学科人才；流行病学调查队伍需配备现场流调人员、实验室检测专家和信息技术等复合型专业力量；医疗救治队伍应实行多学科协作模式，涵盖重症医学、呼吸病学、感染病学等相关专业医务人员；心理援助队伍应包括危机干预专家、精神科医师及社会工作者等多类人才。

关联法规

《突发事件应对法》第50条、第51条、第81条；《传染病防治法》第80条；《突发公共卫生事件应急条例》第6条；《突发事件医疗应急工作管理办法（试行）》第15条；《国家中医应急医疗队伍建设与管理指南（试行）》

第二十六条 【应急人才培养、应对培训与继续教育】国家采取措施，加强公共卫生应急领域人才培养。

县级以上人民政府应当组织开展突发公共卫生事件应对的培训工作，提高人民政府及其有关部门负有突发公共卫生事件应对职责的工作人员以及居民委员会、村民委员会有关人员突发公共卫生事件应对能力。

县级以上人民政府卫生健康主管部门、疾病预防控制部门、中医药管理部门应当将突发公共卫生事件应对理论、知识和技能纳入医疗卫生人员继续教育内容。

条文注释

本条是关于对公共卫生应急人才培养、突发公共卫生事件应对培训与继续教育的规定。

本条的核心在于加强公共卫生应急领域人才培养、推动突发公共卫生事件应对的人才培训与继续教育工作，具体包含以下四方面含义：一是明确国家负有加强公共卫生应急领域人才培养的职责；二是明确县级以上人民政府负有组织开展突发公共卫生事件应对培训工作的职责；三是明确县级以上人民政府承担提高人民政府及其有关部门工作人员、基层工作人员应对突发公共卫生事件能力的职责；四是明确县级以上人民政府卫生健康主管部门、疾病预防控制部门、中医药管理部门负有加强医疗卫生人员应对突发公共卫生事件继续教育的职责。

本条第1款规定了国家应当加强公共卫生应急领域人才培养的总体职责，体现国家对公共卫生人才储备和保障的重视。“加强”则要求政策保障与资源投入。本款旨在弥补突发公共卫生事件应对中的人才短板，推动人才培养的系统化、专业化，以提升应急管理体系的可持续性。

本条第2款规定了县级以上人民政府组织开展突发公共卫生事件应对培训工作的职责。此类培训旨在提升应对突发公共卫生事件所需的知识与技能。县级以上人民政府应负责统筹组织培训工作，明确培训内容、标准与方式，充分运用多种方法和手段，扎实推进公共卫生应急培训，并加强对培训资质的管理。

培训对象包括政府及其有关部门中负有突发公共卫生事件应对职责的工作人员，以及居民委员会、村民委员会的相关人员。通过系统化培训，增强应急队伍的整体素质，打造一支能够应对各类突发公共卫生事件、适应现代化建设需要的高素质、专业化应急队伍。

本条第3款规定了县级以上人民政府卫生健康主管部门、疾病预防控制部门及中医药管理部门作为医疗卫生人员的主管部门，应承担为医疗卫生人员提供应对突发公共卫生事件继续教育的职责。《突发事件医疗应急工作管理办法（试行）》第20条进一步明确，各级卫生健康行政部门负责医疗应急培训工作，具体包括制订并组织实施培训规划，以及开展相应的绩效评估。培训工作应坚持"预防为主、平急结合、突出重点、学以致用"的原则，结合实际需求，充分利用广播电视、远程教育等现代化技术手段，并辅以情景模拟、案例分析等多种教学方法，采取灵活多样的形式组织开展。培训对象和主要内容包括：(1)医疗应急管理干部培训。重点是增强应急管理意识和公共安全意识，掌握相关法律、法规、预案和工作制度，提高医疗应急常态化管理水平、组织协调和指挥处置突发事件能力。(2)医疗应急专业队伍培训。重点掌握医疗应急预案、技术规范和标准，精通医疗应急专业知识和技能，提高现场处置能力。以重点突发急性传染病、中毒、核和辐射损伤、各类重大突发事故和自然灾害等突发事件的医疗应急工作相关专业知识、理论、技能和应急处理程序、救治方法、安全防护为重点内容。(3)医务人员培训。重点掌握应急预案以及重点急性传染病、新发传染病、不明原因疾病、中毒、核和辐射损伤等诊断治疗技术和安全防护技能，熟练掌握各类突发事件中伤病员的急救处理技术，提高应对各类突发事件的发现报告、现场处置、医疗救援及与疾控机构协同处置能力。(4)相关部门医疗应急管理干部培训。重点掌握国家医疗应急相关法律、法规和预案以及《国际卫生条例》等，熟悉本部门突发事件医疗应急处置职责，了解突发公共卫生事件的报告标准和程序、应急措施、事后恢复重建以及能力评估等。(5)医疗应急救援志愿者培训。重点是掌握医疗应急救援及自救、互救、个人防护的技能以及协助专业救援队伍参与医疗应急处置的能力。

本款要求县级以上人民政府卫生健康主管部门、疾病预防控制部门及中医药管理部门，应组织开展符合突发公共卫生事件特性的针对性培训，强调将相关理论、知识与技能纳入医疗卫生人员继续教育内容。

本条的立法核心在于系统化推进公共卫生应急能力建设。三款内容相互衔接，构成有机整体：第1款明确国家在公共卫生应急领域人才培养方面的总体职责；第2款明确县级以上人民政府的组织职责，确保培训覆盖政府各部门及基层工作人员；第3款规定卫生健康等相关主管部门应重点提升医疗卫生人员的专业应对水平。三者协同作用，共同构筑起突发公共卫生事件应急处置与医疗救治能力的坚实基石。

适用要点

本条要求国家加强公共卫生应急领域的人才培养；县级以上人民政府需组织针对性培训，提升自身及相关部门、村（居）委会中负有应对职责人员的突发公共卫生事件处置能力；同时，卫生健康、疾病预防控制等部门应将突发公共卫生事件理论、知识和技能纳入医疗卫生人员继续教育内容，通过常态化学习更新专业储备，本条规定有助于强化基层应急响应基础，保障应急处置的专业性。在法律适用上，本条主要涉及与《突发事件应对法》《医师法》等相关条文的衔接。

第一，培训责任主体与对象范围需明确界定。县级以上人民政府是组织开展培训工作的责任主体，需统筹财政、人社等部门建立跨部门协作机制，而非将职责简单移交卫生健康主管部门、疾病预防控制部门、中医药管理部门。培训对象涵盖三类核心群体：一是政府及有关部门中负有应急职责的公务人员；二是居委会、村委会等负有应急职责的基层自治组织成员；三是医疗卫生从业人员。

第二，应为医疗卫生人员开展强制、系统的继续教育。其一，纳入继续教育内容，意味着突发公共卫生事件的应对知识不再是选修，而成为医疗卫生人员必须完成的能力提升要求。其二，培训内容应构成一个完整的体系，包括理论知识（如流行病学理论、突发公共卫生事件应对方案及相关法律法规）与实操技能（如重症急救、样本采集、应急心理干预、穿脱防护服等)。其三,继续教育不应止于理论学习,还须与考核评估、应急演练等实践环节紧密结合,确保学以致用。

关联法规

《突发事件应对法》第38条;《医师法》第37条;《突发事件医疗应急工作管理办法(试行)》第20条;《突发事件应急预案管理办法》第30条

第四章　监测预警

第二十七条　【监测预警体系建设】国家建立健全多点触发、反应快速、权威高效的突发公共卫生事件监测预警体系。

条文注释

本条是关于突发公共卫生事件监测预警体系建设的规定。

突发公共卫生事件的发生通常不是一蹴而就,而是需要经历一个或长或短的过程。监测预警是这一过程的开端,处于突发公共卫生事件从常态向应急状态转化的关键阶段,是有效应对突发公共卫生事件的重要环节。当前,为了建立健全突发公共卫生事件监测预警体系,迫切需要在其扩面、提质和增效上下功夫,以充分发挥出最大效能。

2024年8月23日,国家疾控局、国家卫生健康委、国家发展改革委、教育部、民政部、财政部、农业农村部、海关总署、国家林草局联合发布了《关于建立健全智慧化多点触发传染病监测预警体系的指导意见》。该意见明确指出,"到2030年,建成多点触发、反应快速、科学高效的传染病监测预警体系,新发突发传染病、群体性不明原因疾病、重点传染病监测预警的灵敏性、准确性明显提升,疫情早期发现、科学研判和及时预警能力达到国际先进水平"。这为我国建立健全突发公共卫生事件监测预警体系提出了明确而具体要求,指明了未来的发展方向。

一是多点触发。在优化传染病网络直报系统的同时,重点强化哨点医院、监测站点和网络实验室等主动监测预警网络,布局多部门协同、社会感知、全球疫情监测等多源渠道,实现人、动物、环境等领域信息的相互贯通与印证,达成多点触发和早期预警的目标。实践中,我国不断拓宽监测渠道,建立健全兼顾常态和应急、入境和本土、城市和农村、一般人群和重点人群的多渠道监测体系,基本上实现全方位和实时性监测。在食品安全引发的突发公共卫生事件监测中,江西、湖北等地已建立起食源性疾病多点触发监测预警系统或多点触发机制,通过多维度、多渠道开展信息收集,并对多源信息进行交叉印证与综合分析,有效提高了突发公共卫生事件监测预警的效能。

二是反应快速。无论是我国《突发公共卫生事件应对法》,还是《突发事件应对法》《传染病防治法》等,均十分重视现代高新技术在应对突发公共卫生事件时的应用。通过运用大数据、云计算、人工智能等信息技术手段,构建多维度监测预警指标、数据库和模型库,实现异常信号的自动触发、自动捕获、自动预警,形成监测预警"一张图",不断加快反应速度,不断提升判断能力,不断优化决策实效。同时,我国推进传染病监测预警与应急指挥信息平台建设,逐步实现二级以上医疗机构与疾控信息系统数据的自动交换,实现由"被动监测"向"主动监测"转变,构建保障人民生命安全和身体健康的坚固防线。此外,《突发公共卫生事件应对法》《突发公共卫生事件与传染病疫情监测信息报告管理办法》《国家突发公共卫生事件相关信息报告管理工作规范(试行)》等法律法规,还对信息报告的时限和应急处理的程序作出明确规定,不断提高对突发公共卫生事件的反应速度与应对处置能力。

三是权威高效。国家通过健全传染病监测、风险评估、预警管理、信息公布等制度,完善医防协同、平急转换机制,依法及时发布健康风险提示、警示信息通报和预警建议,强化与疫情防控、应急响应的联动,从而高效防范和化解疫情风险。同时,推进跨部门监测数据和信息共享,定期开展多部门联合会商,共同开展传染病疫情风险研判。由此可见,监测预警的程序条件较为严格,体现了监测预警的权威性。此外,我国突发公共卫生事件应对的管理和指挥体制,也在很大程度上彰显了监测预警的权威性。例如,实施党委领导、政府负责、部门协同联动等机制,并赋予相关主体明确的法律责任。监测预警体系的高效性,主要体现于依托多点触发机制和快速反应能力,实现信息最大化共享与资源最大化调动。该体系不仅强调响应速度,更注重实际效能,致力于全力控制、减轻和消除突发公共卫生事件的危害,提升整体应对能力,规范相关应对活动,从而保障公众生命安全与身体健康,维护国家安全和社会秩序稳定。

适用要点

第 27 条作为本法第四章的首条,具有总括性的功能,在很大程度上发挥着一般条款的作用。本章第 28 条至第 36 条均围绕第 27 条逐步展开,是对其核心内容的具体细化。在法律适用方面,该条不仅涉及与本法其他条款(如第 12 条)的内部衔接,也涉及与《突发事件应对法》《传染病防治法》《食品安全法》等法律的横向协调,同时还与《基本医疗卫生与健康促进法》《突发公共卫生事件应急条例》等形成纵向联动。因此,在理解与适用本条时,应秉持一种“立体化”的体系思维,避免孤立地进行解释和运用。

《中华人民共和国国民经济和社会发展第十四个五年规划和 2035 年远景目标纲要》中明确指出,“改革疾病预防控制体系,强化监测预警、风险评估、流行病学调查、检验检测、应急处置等职能。建立稳定的公共卫生事业投入机制,改善疾控基础条件,强化基层公共卫生体系。落实医疗机构公共卫生责任,创新医防协同机制。完善突发公共卫生事件监测预警处置机制,加强实验室检测网络建设,健全医疗救治、科技支撑、物资保障体系,提高应对突发公共卫生事件能力”。早发现的重要举措就是监测,是早报告、早预警、早处置的前提和关键,凸显了建立健全突发公共卫生事件监测预警体系的重要性。

关联法规

《突发事件应对法》第 58 条;《传染病防治法》第 41 条;《食品

安全法》第 14 条;《突发公共卫生事件应急条例》第 10 条、第 14 条;《关于建立健全智慧化多点触发传染病监测预警体系的指导意见》

第二十八条　【监测体系与哨点网络】国家加强突发公共卫生事件监测,建立突发公共卫生事件监测哨点,多途径、多渠道开展监测,建立智慧化多点触发机制,提高监测的敏感性和准确性,及时发现突发公共卫生事件。

县级以上地方人民政府组织建立覆盖医疗卫生机构、学校、托育机构、养老机构、检验检测机构、药品经营企业、互联网健康服务企业、车站、港口、机场、饮用水供水单位、食品集中交易市场、物流仓储中心、医疗和生活污水处理单位、医疗废物处置单位等的突发公共卫生事件监测哨点网络,收集患者就医症状、群体性不明原因疾病、异常健康事件等突发公共卫生事件相关信息。监测哨点应当按照规定报告信息,配合疾病预防控制机构开展突发公共卫生事件监测工作。

疾病预防控制机构负责开展突发公共卫生事件监测工作,收集、分析、报告突发公共卫生事件监测信息。

条文注释

本条是关于突发公共卫生事件监测体系与哨点网络的规定。

突发公共卫生事件监测主要是指对可能严重影响公众健康的重大传染病疫情、群体性不明原因疾病、重大食物中毒等公共卫生事件进行及时发现与跟踪。我国历来高度重视突发公共卫生事件监测工作,并通过政策和立法予以规定。本条第 1 款明确提出,“国家加强突发公共卫生事件监测”,实际上就是对既有政策在立法上的确认,保持了立法上的延续性。为了实现“加强突发公共卫生事件监测”这一目标,我国实施的主要举措主要有三大类:一是建立突发公共卫生事件监测哨点,二是多途径、多渠道开展监测,三是建立智慧化多点触发机制,目的就是提高监测的敏感性和准确性,及时发现突发公共卫生事件,形成科学高效的监测体系和坚实有力的哨点网络。

在上述体系和网络中,医疗卫生机构、学校、托育机构、养老机构、检验检测机构、药品经营企业、互联网健康服务企业、车站、港口、机场、饮用水供水单位、食品集中交易市场、物流仓储中心、医疗和生活污水处理单位、医疗废物处置单位等属于重点场所,是突发公共卫生事件监测哨点网络中的重要支点。通过上述重点场所的监测哨点,实现有重点地收集患者就医症状、群体性不明原因疾病、异常健康事件等突发公共卫生事件相关信息,有利于提升监测力度和及时发现突发公共卫生事件,为事前预防、事中控制与处置提供坚实基础。

需要注意的是,本条第 2 款和第 3 款进一步明确了监测哨点和预防控制机构的职责,将其作为法定义务进行规定。具体而言,监测哨点应当按照规定报告信息,配合疾病预防控制机构开展突发公共卫生事件监测工作,疾病预防控制机构负责开展突发公共卫生事件监测工作,收集、分析、报告突发公共卫生事件监测信息,与本法第七章规定的因义务不履行或者不完全履行引起的法律责任相对应。这为突发公共卫生事件监测制度的顺畅运行,提供了坚实的法治保障。

适用要点

本条第 2 款明确规定了监测哨点的报告义务和配合义务,若是违反上述义务,将有可能按照本法第 59 条、第 61 条的规定承担法律责任。本条第 3 款明确了疾病预防控制机构收集、分析、报告突发公共卫生事件监测信息的义务,若是违反上述义务,将有可能按照本法第 57 条、第 61 条的规定承担法律责任。在涉及传染病疫情监测时,其有可能优先适用《传染病防治法》第 47 条的相关规定。同样,在涉及食品安全引起的突发公共卫生事件时,其还有可能优先适用《食品安全法》第 137 条的相关规定。一言以蔽之,与《突发公共卫生事件应对法》相比,《传染病防治法》《食品安全法》等相关条款属于特别规定,具有优先适用的效力。

关联法规

《突发公共卫生事件应对法》第57条、第59条、第61条;《传染病防治法》第47条;《食品安全法》第137条;《突发公共卫生事件应急条例》第13条

关联案例

固镇县食品药品监督管理局对安徽某食品有限公司申请执行案①

要旨:申请执行人固镇县食品药品监督管理局以被执行人安徽某食品有限公司"生产的仙草挂面加入霍山石斛鲜榨汁未通过安全性能评估"和"生产的人参挂面标签未标注不适应人群和食用限量"为由,认为其行为违反《食品安全法》的相关规定,于2017年8月3日对安徽某食品有限公司作出:(1)对生产仙草挂面未经安全性能评估行为,给予没收违法所得90.40元,罚款70000元行政处罚;(2)对生产人参挂面标签未标注不适应人群和食用限量行为,给予没收违法所得108.80元,罚款30000元行政处罚。以上合并处罚款100000元,没收违法所得199.20元。法院认为,被执行人安徽某食品有限公司的违法事实有现场检查笔录、询问笔录、现场照片、委托加工合同、情况说明及出库单等证据证明。固镇县食品药品监督管理局作出的行政处罚决定,已依法送达被执行人,被执行人安徽某食品有限公司未申请行政复议,也未向人民法院提起行政诉讼。固镇县食品药品监督管理局已于2018年2月27日依法催告当事人履行义务。申请执行人固镇县食品药品监督管理局作出的行政处罚决定在行政主体、行政权限、行政程序、法律适用方面合法。被执行人安徽某食品有限公司在法律规定的期限内不申请行政复议,也未提起行政诉讼,又未完全履行行政处罚决定,固镇县食品药品监督管理局申请法院强制执行,符合法律规定。

① 参见安徽省固镇县人民法院(2018)皖0323行审20号行政裁定书。

第二十九条　【联动监测与信息共享】国家建立跨部门、跨地域的突发公共卫生事件监测信息共享机制，加强卫生健康、疾病预防控制、生态环境、农业农村、海关、市场监督管理、移民管理、林业草原等部门的联动监测和信息共享。

条文注释

本条是关于突发公共卫生事件联动监测和信息共享的规定。

本条要求国家建立跨部门、跨地域的突发公共卫生事件监测信息共享机制，加强多部门联动监测和信息共享，这是构建现代应急管理体系的必然要求和重要标志，体现了从单一部门应对到多元协同治理的理念转变。

联动监测是指卫生健康、疾病预防控制、生态环境、农业农村、海关、市场监督管理、移民管理、林业草原等多个部门通过协同合作，对突发公共卫生事件建立联合监测、预警和防控的机制，其核心是通过明确各部门职责分工，建立常态化的协作流程，实现对公共卫生风险的全面覆盖和快速响应。2025年发布的《国家突发事件总体应急预案》明确要求建立健全统一指挥、专常兼备、反应灵敏、上下联动的应急管理体制和综合协调、分类管理、分级负责、属地管理为主的工作体系，完善应急预案体系，压实各方责任，完善大安全大应急框架下应急指挥机制，深入推进应急管理体系和能力现代化。在实践中，联动监测主要表现为三个方面：一是构建层级化协同体系，二是强调专业化分工与协作，三是实现区域联防联控。例如，豫鲁苏皖四省十市建立气象联防机制，构建"上游预警、中游响应、下游联动"体系，通过跨区域视频会商、数据共享和联合预警，实现协同应对。这种联动监测模式同样适用于公共卫生事件的跨地域监测。

信息共享是指通过建立统一平台和标准，实现不同部门、不同地域之间突发公共卫生事件相关数据的互联互通，为风险评估和决策提供支持，其核心是解决"数据孤岛"问题，提升整体应急响应效率。信息共享的有效实施，需要满足以下四个方面的条件：一是技术支撑。主要包括智慧化多点触发机制、大数据分析平台、人工智能辅助决策等技术的应用。二是制度保障。主要包括信息采集标准、隐私保护规则、数据安全管理制度、责任追究机制等。三是基层能力建设。着重解决基层医疗卫生机构信息报送的“最后一公里”问题。法律明确要求不具备网络直报条件的机构需要通过电话、传真等渠道报告,实践中还需配套相应的资源支持。四是社会参与。新闻媒体应当无偿开展突发公共卫生事件预防与应急、自救与互救知识的公益宣传,这是信息共享机制向社会延伸的重要体现。

适用要点

本条规定的突发公共卫生事件联动监测与信息共享机制,不仅是对《突发事件应对法》第59条的细化,也将成为《传染病防治法》第44条的一般条款,充分反映了现代公共卫生治理的“整体性政府”理念。通过法律强制、政策引导和技术创新,这一机制正在实践中不断完善。未来,本条要真正得以贯彻实施,需要从以下三个方面作出更大的努力:一是进一步细化部门责任清单,二是进一步推动跨地域信息共享平台的标准化建设,三是进一步加强基层医疗机构的监测与报告能力。这些举措的最终目标是构建一个覆盖全面、反应灵敏、协同高效、保障有力的突发公共卫生事件应对体系,切实维护公共安全和人民健康。

关联法规

《突发事件应对法》第59条;《突发公共卫生事件应对法》第3条、第16条、第28条;《传染病防治法》第44条;《国家突发事件总体应急预案》

第三十条　【突发公共卫生事件报告制度】国家建立健全突发公共卫生事件报告制度。国务院卫生健康主管部门会同国务院疾病预防控制部门制定突发公共卫生事件报告规范。

医疗卫生机构及其执行职务的人员发现突发公共卫生事件报告规范规定应当报告的有关情形,以及发现发生或者可能

> 发生突发公共卫生事件时，应当于两小时内通过网络直报系统进行报告；不具备网络直报条件的，应当通过电话、传真等方式向所在地疾病预防控制机构报告。
>
> 检验检测机构发现突发公共卫生事件报告规范规定应当报告的有关情形，以及发现发生或者可能发生突发公共卫生事件时，应当于两小时内向所在地疾病预防控制机构报告。
>
> 有关单位发现本单位发生或者可能发生突发公共卫生事件时，应当立即采取措施防止危害扩大，并立即向所在地疾病预防控制机构和有关行业主管部门报告。

条文注释

本条是关于突发公共卫生事件报告制度的规定。

突发公共卫生事件报告制度对构建国家现代化的公共卫生应急管理体系至关重要，它不仅关乎国家的安全稳定，更与公民的生命健康紧密相连。因此，本条第1款开宗明义地提出“国家建立健全突发公共卫生事件报告制度”，一是凸显了突发公共卫生事件报告制度本身的重要性；二是说明该报告制度虽取得一些成绩，但仍存在一些短板，需要不断补强和完善。

国务院卫生行政主管部门曾于本世纪初制定过《国家突发公共卫生事件相关信息报告管理工作规范（试行）》《突发公共卫生事件与传染病疫情监测信息报告管理办法》等突发公共卫生事件报告规范，这对我国突发公共卫生事件报告起到了较好的引导和规制作用。但是随着国家机构改革的不断推进，尤其是2021年5月13日国家疾病预防控制局的正式挂牌，其作为疾病预防控制的主管部门的地位得以确立，成为国家卫生健康委员会管理的副部级国家局。在新的时代背景下，国家卫生健康委员会需要会同国家疾病预防控制局制定或者修订突发公共卫生事件报告规范，这就不可避免地涉及突发公共卫生事件报告制度的理念提升和内容更新。

本条第1款规定，“国务院卫生健康主管部门会同国务院疾病预防控制部门制定突发公共卫生事件报告规范”，正是为了进一步强化国家疾病预防控制部门的专业性和权威性，充分发挥其主管部门的职责与功能，为后续相关立法和政策的出台提供法律依据。

本条第 2 款和第 3 款规定，当发现突发公共卫生事件报告规范规定应当报告的有关情形，以及发现发生或者可能发生突发公共卫生事件时，医疗卫生机构应当通过网络直报系统、检验检测机构应当向所在地疾病预防控制机构及时报告，尽管报告的渠道有所差别，但两种情形下的报告时限均为 2 小时内，具有紧迫性，这与《突发公共卫生事件与传染病疫情监测信息报告管理办法》第 19 条和《国家突发公共卫生事件相关信息报告管理工作规范(试行)》关于“报告方式、时限和程序”的规定保持一致。同时，考虑到现实中仍有部分医疗卫生机构不具备网络直报条件，因此本法在本条第 2 款作出特别规定，允许该部分医疗卫生机构通过电话、传真等方式向所在地疾病预防控制机构报告，将信息报告的归口集中到所在地疾病预防控制机构。

本条第 4 款规定，“有关单位发现本单位发生或者可能发生突发公共卫生事件时，应当立即采取措施防止危害扩大，并立即向所在地疾病预防控制机构和有关行业主管部门报告”。这一规定契合了现实情况，因为有关单位往往是第一发现主体，最有时间、最有能力采取一定的措施防止危害扩大，这是一项法定义务。本款之所以规定需要“立即向所在地疾病预防控制机构和有关行业主管部门报告”，主要是考虑到专业和行业的特性，赋予有关单位“双报告”义务，即既要立即向所在地疾病预防控制机构报告，又要立即向有关行业主管部门报告。在有关单位出现应对突发公共卫生事件困难时，不仅可以及时寻求所在地疾病预防控制机构的专业指导和技术支持，而且可以及时寻求有关行业主管部门的人力、财力等支持，有利于通过资源整合集中应对突发公共卫生事件，实现早发现、早报告、早处置，将危险和损害降到最低。

适用要点

2005 年 12 月 27 日，原卫生部出台了《国家突发公共卫生事件相关信息报告管理工作规范(试行)》。该工作规范对编制依据、基本原则、组织机构及其职责、报告范围与标准、报告内容、报告方式、时限和程序等作出详细规定。尽管该部门规章至今仍有效,但由于其编制依据如《传染病防治法》《职业病防治法》《食品卫生法》已修订或废止,因此该部门规章将面临修改。

2006 年 8 月 22 日,原卫生部公布了修订后的《突发公共卫生事件与传染病疫情监测信息报告管理办法》,其第三章专章规定了报告制度。该管理办法第 20 条规定,突发公共卫生事件及传染病信息报告的其它事项按照《突发公共卫生事件相关信息报告管理工作规范(试行)》及《传染病信息报告管理规范》有关规定执行。为适应传染病防控工作新形势需要,进一步加强全国传染病信息报告管理,提高报告质量,原国家卫生计生委于 2015 年 10 月 29 日印发了《传染病信息报告管理规范(2015 年版)》,宣布原卫生部于 2006 年 5 月 19 日印发的《传染病信息报告管理规范》同时废止。

本条第 1 款中明确规定,"国务院卫生健康主管部门会同国务院疾病预防控制部门制定突发公共卫生事件报告规范"。同时,我国《传染病防治法》已于 2025 年完成了"大修",因此,《突发公共卫生事件与传染病疫情监测信息报告管理办法》《国家突发公共卫生事件相关信息报告管理工作规范(试行)》将在本法、《传染病防治法》等指导下进行修改。在《国家突发公共卫生事件相关信息报告管理工作规范(试行)》《突发公共卫生事件与传染病疫情监测信息报告管理办法》未完成修改之前,这两个规范性文件仍具有法律效力,在不与本法、《传染病防治法》等上位法相冲突的情况下,医疗卫生机构及其执行职务的人员、检验检测机构、有关单位仍须按照其相关规定履行报告义务。若是与本法、《传染病防治法》等上位法相冲突,则需要直接适用本法、《传染病防治法》的相关规定。

关联法规

《突发事件应对法》第 60 条;《传染病防治法》第 45 ~ 48 条;《突发公共卫生事件与传染病疫情监测信息报告管理办法》第 19 条;《突发公共卫生事件应急条例》第 15 条;《国家突发公共卫生事件相

关信息报告管理工作规范(试行)》;《传染病信息报告管理规范(2015年版)》

第三十一条 【单位和个人的报告义务】任何单位和个人发现发生或者可能发生突发公共卫生事件时,应当立即通过热线电话等渠道向所在地人民政府、有关主管部门或者疾病预防控制机构报告。

条文注释

本条是关于单位和个人报告义务的规定。

我国应对突发公共卫生事件,实行党委领导、政府负责、部门协同联动、社会共同参与、属地管理和分类管理相结合的管理体制。在社会共同参与中,单位和个人是非常重要的主体,在现实中,其还有可能是突发公共卫生事件的第一发现者。因此,在法律上赋予单位和个人向所在地人民政府、有关主管部门或者疾病预防控制机构报告的法定义务,既是落实"四方责任"的必然要求,也是快速高效应对突发公共卫生事件的现实需要,是构建人人有责、人人尽责、人人享有的社会治理格局的具体要求,是突发公共卫生安全事件应对坚持群防群控、贯彻群众路线的生动体现。

鉴于当前通讯方式较为便捷,单位和个人在发现发生或可能发生突发公共卫生事件时,通过热线电话向所在地人民政府、有关主管部门或疾病预防控制机构报告,具有直接、迅速的特点。同时,也可通过网络等其他途径进行报告。因此,在立法条文的具体表述中使用"等"字,目的就是涵盖其他但并非占据主要地位的报告渠道,既保持了条款的开放性,也增强了其包容性,做到主次分明,考虑周全。

适用要点

本法第30条第4款规定,"有关单位发现本单位发生或者可能发生突发公共卫生事件时,应当立即采取措施防止危害扩大,并立即向所在地疾病预防控制机构和有关行业主管部门报告"。该款主要适用于有关单位发现本单位发生或者可能发生突发公共卫生事件时的报告义务，而第31条并不局限于本单位，同时贯彻属地原则，明确要求向所在地人民政府、有关主管部门或者疾病预防控制机构报告。由此可见，第30条构成第31条的特别规定，具有优先适用的效力。

实践中需要注意的是，当单位和个人将发现发生或者可能发生突发公共卫生事件的信息报告至所在地人民政府、有关主管部门或者疾病预防控制机构时，就涉及所在地人民政府、有关主管部门或者疾病预防控制机构的处理责任。属于自身职责范围的，应当立即进行调查、核实和处理，不属于自身职责范围的，也不能推诿，需要按照法定权限和程序移送至有权处理的单位，以免贻误应对突发公共卫生事件的有利时机。

此外，若因有关单位和个人没有及时报告导致突发公共卫生事件发生，将有可能根据本法第61条、《突发事件应对法》第100条、《传染病防治法》第112条等相关规定，追究其相应的法律责任。

关联法规

《突发事件应对法》第60条、第96条、第100条；《传染病防治法》第48条；《突发公共卫生事件应对法》第5条第1款、第12条；《生物安全法》第29条第1款；《突发公共卫生事件应急条例》第20条、第21条

关联案例

温州市永嘉县卫生健康局对胡某卫生行政处罚案①

要旨：2020年1月27日，国务院应对新型冠状病毒感染的肺炎疫情联防联控机制发布了《关于印发近期防控新型冠状病毒感染的肺炎工作方案的通知》，明确了完善病例发现和报告制度。患者林某于2020年1月25日至27日期间均在胡某经营的卫生室就诊，胡某作为医务人员，应当具备职业敏感性，在浙江省宣布进入重大公共突发卫生事件一级状态的前提下，胡某却在接诊病患后未及时履

① 参见浙江省温州市龙湾区人民法院(2020)浙0303行初182号行政判决书。

行传染病疫情上报的义务，故法院认为温州市永嘉县卫生健康局依据《突发公共卫生事件应急条例》的相关规定，并参照《浙江省卫生行政处罚自由裁量标准》，对胡某经营的永嘉县××镇××村××室作出吊销《医疗机构执业许可证》的决定并无不妥。

第三十二条 【责任豁免制度】对单位和个人的报告，经调查不属于突发公共卫生事件的，报告的单位和个人不承担法律责任。

条文注释

本条是关于责任豁免制度的规定。

由于突发公共卫生事件实行属地管理，并需要落实“四方责任”，因此离不开单位和个人的积极参与。单位和个人积极参与的主要方式之一，就是对发生或者可能发生的突发公共卫生事件进行及时报告。关于这一点，本法第31条已经作出了明确规定。此外，我国《传染病防治法》第48条第1款亦有明确规定，即“任何单位和个人发现传染病患者、疑似患者时，应当及时向附近的疾病预防控制机构、医疗机构或者疾病预防控制部门报告”。

现实中，绝大部分单位和个人并非专业机构或者专家，难以对是否实际发生突发公共卫生事件作出最终的事实判断，而只能依据现场情况作出可能存在风险的初步判断。此时，通过报告相关信息向政府及其有关部门提供线索，能够有效应对可能发生的突发公共卫生事件，让有关单位和部门提前介入。若是单位和个人报告的信息不实，则可以通过有关部门的调查、核实予以排除，将损害或者危险降至最低，能够保障人民群众的生命安全和身体健康，同时避免不必要的社会恐慌，此时线索提供价值高于事实判断价值。换言之，在应对突发公共卫生事件时，应当秉持“宁可信其有，不可信其无”的原则，做到防患于未然，而不能因为要求过高而放过任何一个可疑线索。

为了实现上述价值目标，必然在法律制度设计上设置相对宽松的容错机制，在一定范围内对善意报告者予以责任豁免，以最大限度地消除单位和个人因报告突发公共卫生事件存在信息偏差或者事实误判，而可能需要承担法律责任的顾虑。只要这种顾虑不消除，单位和个人就可能不敢报告或者迟疑报告，甚至出现隐瞒不报等异化现象，这反而有可能酿成更大的风险，导致更为严重的损害后果，最终得不偿失。

适用要点

2020年8月26日，深圳市第六届人民代表大会常务委员会第四十四次会议通过《深圳经济特区突发公共卫生事件应急条例》，这是我国地方层面首部专门的突发公共卫生事件应急条例。该条例第40条第1款规定，“鼓励公民、法人和其他组织通过公共卫生热线、互联网政府网站、政务新媒体等途径反映突发公共卫生事件信息，举报有关迟报、谎报、瞒报、漏报突发公共卫生事件行为。有关部门应当对举报人的个人信息和人身安全提供必要保护；对非恶意报告的单位和个人，不予追究法律责任”。该条例从地方立法的层面建立了责任豁免制度，体现出立法的先进性。

与《深圳经济特区突发公共卫生事件应急条例》相比，本法第32条在国家立法层面上进一步明确了责任豁免制度，这是地方立法经验转化为国家立法的典型例证。现实的难点在于，在法律适用上，对于单位或者个人因重大过失导致突发公共卫生事件报告失实的行为，是否应当受到法律追究？对于此类情形，或许会产生理解上或者适用上的争议。按照责任豁免的精神和要义，此类情形不应承担法律责任。否则，就会让负有报告义务的单位和个人心存顾虑。需要注意的是，对于故意虚假报告突发公共卫生事件的行为，显然不属于豁免法律责任的范畴，应当受到法律的严惩，因为其目的已经不在于警示危险，而在于制造社会恐慌或扰乱公共秩序，属于法律规制的对象，应当在法律上给予否定性评价。

关联法规

《传染病防治法》第48条、第51条；《突发公共卫生事件应对法》第61条

第三十三条 【信息核实与报告流程】疾病预防控制机构接到突发公共卫生事件报告后,应当立即进行调查、核实。

疾病预防控制机构在监测中发现或者接到报告并开展调查、核实后发现发生或者可能发生突发公共卫生事件的,应当立即向同级卫生健康主管部门、疾病预防控制部门和上级疾病预防控制机构报告。卫生健康主管部门、疾病预防控制部门接到报告后,应当立即报告本级人民政府,同时报告上一级人民政府卫生健康主管部门、疾病预防控制部门和国务院卫生健康主管部门、疾病预防控制部门,并通报可能受到影响地区的同级人民政府卫生健康主管部门、疾病预防控制部门。

条文注释

本条是关于疾病预防控制机构接到突发公共卫生事件报告后的信息核实与报告流程的规定。

实践中,疾病预防控制机构无论是接到其他主体的突发公共卫生事件报告,还是通过监测自行发现发生或者可能发生突发公共卫生事件,均负有调查核实的法定义务。对此,本条第1款和第2款已经分别作出相关规定。

疾病预防控制机构接到突发公共卫生事件报告,其调查核实后的结果主要分为两种:一种是可以排除突发公共卫生事件的存在,另一种是可以确认已经发生或者可能发生突发公共卫生事件。对于第一种情况,继续进行常规监测即可。对于第二种情况,疾病预防控制机构应当立即向同级卫生健康主管部门、疾病预防控制部门和上级疾病预防控制机构报告,这样的制度设计有利于突发公共卫生事件信息的快速共享。

卫生健康主管部门、疾病预防控制部门接到疾病预防控制机构的报告后,应当立即报告本级人民政府,同时报告上一级人民政府卫生健康主管部门、疾病预防控制部门和国务院卫生健康主管部门、疾病预防控制部门,并通报可能受到影响地区的同级人民政府卫生健康主管部门、疾病预防控制部门。卫生健康主管部门、疾病预防控制部门是“条”，人民政府是“块”，只有确保“条”“块”尽快知晓突发公共卫生事件相关情况，才能迅速实现“条块结合、以块为主”的应急管理机制，有利于最大限度地调动专业资源和行政力量，从而高效、有序地应对突发公共卫生事件。

适用要点

若是疾病预防控制机构接到的报告或者自行监测涉及甲类传染病、新发传染病、突发原因不明的传染病，或者发现传染病暴发、流行时，需要适用《传染病防治法》第49条第2款的规定，其与本法第33条构成特别条款和一般条款的关系，按照特别法优于一般法的法律适用原则，应当优先适用《传染病防治法》第49条第2款的规定，即疾病预防控制机构接到甲类传染病、新发传染病、突发原因不明的传染病报告或者发现传染病暴发、流行时，应当于2小时内完成传染病疫情信息核实以及向同级卫生健康主管部门、疾病预防控制部门和上级疾病预防控制机构报告的工作。疾病预防控制部门接到报告后应当立即报告同级人民政府，同时报告上一级人民政府卫生健康主管部门、疾病预防控制部门和国务院卫生健康主管部门、疾病预防控制部门。

若是疾病预防控制机构未依法履行突发公共卫生事件监测职责，或者未依法对突发公共卫生事件报告进行调查、核实，则有可能受到行政处罚。按照本法第57条的规定，可由县级以上人民政府卫生健康主管部门、疾病预防控制部门依据职责责令改正，给予警告或者通报批评，对直接负责的主管人员和其他直接责任人员依法给予处分，并可以由原发证部门责令有关责任人员暂停6个月以上1年以下的执业活动直至依法吊销执业证书。

若是涉及传染病相关失职行为，则须按照《传染病防治法》第103条的规定，由县级以上人民政府疾病预防控制部门责令改正，给予警告或者通报批评，对直接负责的主管人员和其他直接责任人员依法给予处分，并可以由原发证部门依法吊销有关责任人员的执业证书。若是涉及食品安全引起的突发公共卫生事件的，则须按照

《食品安全法》的相关规定追究法律责任。

关联法规

《突发公共卫生事件应对法》第12条、第28条、第57条;《传染病防治法》第43条第2款、第45条第2款、第49条、第103条;《食品安全法》第144条、第145条;《突发公共卫生事件应急条例》第22条

关联案例

易门县某有限公司诉易门县疾病预防控制中心案①

要旨:本案中,原告易门县某有限公司的诉讼请求不属于《行政诉讼法》所列举的可以提起行政诉讼的法定情形之一,且我国《传染病防治法》也并未规定当事人对疾病预防控制机构作出的结案报告可以提起行政诉讼,因此原告易门县某有限公司的诉讼请求亦不属于我国《行政诉讼法》规定的可以提起诉讼的其他行政案件。被告易门县疾病预防控制中心接到易门县某医院的疑似狂犬病病例报告后,按法律规定对发现的狂犬病病例调查后作出的调查报告和结案报告属于向上级卫生行政主管部门和人民政府调查、汇报的材料。该调查报告和结案报告并不属于行政行为,法律亦未规定需要将报告送达给被调查人。通过法院审查,被告易门县疾病预防控制中心作出的调查报告和结案报告并未给原告易门县某有限公司设定相应的权利义务,亦不会对原告易门县某有限公司的权利义务产生实际的影响。综上所述,原告易门县某有限公司的诉讼请求不属于人民法院行政诉讼的受案范围。

第三十四条　【信息报告义务与禁止干预】卫生健康主管部门、疾病预防控制部门,医疗卫生机构及其执行职务的人员、检验检测机构以及发生或者可能发生突发公共卫生事件的单

① 参见云南省易门县人民法院(2018)云0425行初5号行政裁定书。

位,应当依照本法、突发公共卫生事件报告规范及时、准确报告。任何单位或者个人不得干预突发公共卫生事件报告。

条文注释

本条是关于相关主体对突发公共卫生事件的信息报告义务与禁止干预的规定。本条主要分为两层含义。

一是明确了突发公共卫生事件的及时、准确报告的义务主体,主要包括卫生健康主管部门、疾病预防控制部门,医疗卫生机构及其执行职务的人员、检验检测机构以及发生或者可能发生突发公共卫生事件的单位。突发公共卫生事件信息报告的基本要求是及时与准确。所谓"及时",是指本条规定的主体应当按照本法和《传染病防治法》《国家突发公共卫生事件相关信息报告管理工作规范(试行)》《突发公共卫生事件相关信息报告管理工作规范(试行)》等规定快速报告,是时效性的要求。所谓"准确",是指在及时性的基础上力求信息准确无误,以便相关部门掌握最新、最准的情况,从而有效应对,是质量性要求。

二是规定任何单位或者个人不得干预突发公共卫生事件报告,以防突发公共卫生事件相关信息被瞒报、谎报、缓报等情况发生,避免造成更为严重的危害结果。在制度设计上保持报告的独立性,旨在为突发公共卫生事件信息的快速传递提供坚实的法律保障。实践中,卫生健康主管部门、疾病预防控制部门、医疗卫生机构及其执行职务的人员、检验检测机构以及其他相关单位,有的是拥有行政权利的行政主体,有的是存在科层制的单位,无论是单位还是个人(尤其是担任领导职务的人员)均可能出于其他因素的考虑,干扰相关主体报告突发公共卫生事件,这就使得上级部门无法及时获取信息,可能引发严重的社会危害和影响,因此本条作出禁止性规定,并在本法第七章"法律责任"第56条至第58条中规定了相应的法律后果。

适用要点

关于卫生健康主管部门、疾病预防控制部门、医疗卫生机构及其执行职务的人员、检验检测机构以及相关单位的报告时限问题，无论是《突发公共卫生事件应对法》，还是《突发公共卫生事件与传染病疫情监测信息报告管理办法》《国家突发公共卫生事件相关信息报告管理工作规范(试行)》等下位阶的突发公共卫生事件报告规范，实际上均有相关规定，应当综合适用。具体而言，对于《突发公共卫生事件与传染病疫情监测信息报告管理办法》《国家突发公共卫生事件相关信息报告管理工作规范(试行)》等突发公共卫生事件报告规范与《突发公共卫生事件应对法》规定不一致的，按照上位法优于下位法的法律适用原则，应当优先适用《突发公共卫生事件应对法》的相关规定。对于《突发公共卫生事件应对法》没有规定而《突发公共卫生事件与传染病疫情监测信息报告管理办法》《国家突发公共卫生事件相关信息报告管理工作规范(试行)》等突发公共卫生事件报告规范有规定的，可以适用突发公共卫生事件报告规范的相关规定。为了让二者的规定保持协调一致，最好的方法就是依照《突发公共卫生事件应对法》的新规定，尽快修改《突发公共卫生事件与传染病疫情监测信息报告管理办法》《国家突发公共卫生事件相关信息报告管理工作规范(试行)》等突发公共卫生事件报告规范的规定。

此外，若涉及传染病疫情报告，应当优先适用《传染病防治法》的相关规定。若涉及食品安全引起的突发公共卫生事件报告，还应当适用《食品安全法》的相关规定。若涉及药品安全引起的突发公共卫生事件报告，还应当适用《药品管理法》的相关规定。因为与《突发公共卫生事件应对法》相比，《传染病防治法》《食品安全法》《药品管理法》属于特别法，按照特别法优于一般法的法律适用原则，应当优先适用《传染病防治法》《食品安全法》《药品管理法》的相关规定。

关联法规

《突发公共卫生事件应对法》第56～58条；《传染病防治法》第50条、第100～105条；《突发事件应对法》第61条、第95条

第三十五条　【预警建议与发布程序】疾病预防控制机构发现可能发生突发公共卫生事件，经评估认为需要发布预警的，向同级卫生健康主管部门、疾病预防控制部门报告时应当同时提出发布预警的建议。卫生健康主管部门、疾病预防控制部门收到建议后，应当立即组织专家进行分析研判；需要发布预警的，应当立即报告本级人民政府。人民政府应当及时决定是否发布预警；发布预警的，应当同时报告上一级人民政府，必要时可以越级上报，并通报可能受到影响地区的同级人民政府；需要上级人民政府采取防范措施的，应当同时提出建议。

条文注释

本条是关于预警建议与发布程序的规定。

预警是指因突发公共卫生事件可能引发公共卫生风险，需要提醒可能受影响的人群、相关部门或机构提前采取相应的防范措施。关于具体的防范措施，本法并没有直接规定，就传染病疫情而言，依照《传染病疫情预警管理办法（试行）》的规定，主要包括健康风险提示、警示信息通报及预警决策建议三类。

健康风险提示是指由各级疾病预防控制机构向公众提示传染病疫情风险，帮助公众提高对传染病的科学认识，引导其采取必要、适当的防护措施，保护自身健康。警示信息通报是指由各级疾病预防控制部门向风险关联部门、风险关联地区和属地医疗卫生机构通报传染病疫情风险信息，提示其协同做好传染病风险管控和疫情防控工作。预警决策建议是指各级疾病预防控制部门报请卫生健康部门，向本级人民政府提出的发布、调整、终止预警的决策建议。这对突发公共卫生事件具有直接的借鉴意义，二者在本质上是相通的。

实践中，疾病预防控制机构发现可能发生突发公共卫生事件，经评估认为需要发布预警的，在向同级卫生健康主管部门、疾病预防控制部门报告时，应当同时提出发布预警的建议，以充分发挥疾病预防控制部门的专业优势，同时也有利于有关部门对此进行分析研判，以及最终决策是否发布预警提供重要依据。

卫生健康主管部门、疾病预防控制部门在收到疾病预防控制机构的建议后，应当立即组织专家进行分析研判，专家组的组成应在坚持科学性优先的基础上，兼顾行业代表性和专家代表性。疾病预防控制部门会同相关部门综合评价突发公共卫生事件对医疗秩序和经济社会的影响，提出警示信息和防控措施建议，及时通报属地政府和卫生健康等部门，并同时向上级疾病预防控制部门报告。明确信息通报的标准、时限、范围、流程，畅通快速流转渠道，确保信息传递的质量和效率。相关部门应依法依规将警示信息传递至医疗卫生专业人员、高风险从业人员和疫情相关人群，协同做好疫情风险防范工作。

对于需要发布预警的情形，卫生健康主管部门、疾病预防控制部门应当立即报告本级人民政府。人民政府应当及时决定是否发布预警；决定发布预警的，应当同时报告上一级人民政府，必要时可以越级上报，并通报可能受到影响地区的同级人民政府。换言之，预警原则上遵循逐级汇报的原则。法律上之所以规定“必要时可以越级上报”，主要是考虑到现实中有可能会出现紧急或者重大等特殊情况，有利于在最短时间内实现信息上报和信息共享，最大限度地调动各方资源应对突发公共卫生事件。

同时，本条规定，“需要上级人民政府采取防范措施的，应当同时提出建议”。这主要是考虑到下一级人民政府通常更了解实际情况，对突发公共卫生事件预警的判断更具发言权，因此可以建议上级人民政府采取相应防范措施。考虑到这些防范措施有可能对社会公众的权利形成一定的限制，而且防范措施由上级人民政府采取，为了防止不必要的行政复议和行政诉讼，体现行政行为的严肃性，上级人民政府应对下一级人民政府所提出的建议进行独立复核和判断，认为其建议正确的，应当采取相应的防范措施，认为其建议不当的，则可以进行必要的纠正，以确保预警和防范措施的合法性、合理性和权威性，对公民等私人权利的限制也降至最小。

适用要点

我国《突发事件应对法》第63条规定，“国家建立健全突发事件预警制度。可以预警的自然灾害、事故灾难和公共卫生事件的预警级别，按照突发事件发生的紧急程度、发展势态和可能造成的危害程度分为一级、二级、三级和四级，分别用红色、橙色、黄色和蓝色标示，一级为最高级别。预警级别的划分标准由国务院或者国务院确定的部门制定”。

2025年7月30日，国家疾控局发布了《传染病疫情预警管理办法（试行）》，对于涉及传染病疫情预警的，《突发公共卫生事件应对法》已有规定，应当按照上位法优于下位法的原则优先适用；若是《突发公共卫生事件应对法》尚无规定，但《传染病疫情预警管理办法（试行）》已有相应规定的，应当按照特别法优于一般法的法律适用原则，优先适用《传染病疫情预警管理办法（试行）》的相关规定。

本法第56条规定，“违反本法规定，地方各级人民政府和县级以上人民政府卫生健康、疾病预防控制等部门在突发公共卫生事件应对工作中有下列情形之一的，由其上级行政机关责令改正，通报批评，对负有责任的领导人员和直接责任人员依法给予处分：（一）未依法履行报告职责，隐瞒、谎报、缓报、漏报突发公共卫生事件，或者干预突发公共卫生事件报告；（二）未依法发布预警、采取预警措施，导致危害扩大；（三）未依法启动应急响应、采取应急处置措施，导致危害扩大；（四）违反本法规定的其他失职、渎职行为”。其中第2项和第4项的规定，与本条建立衔接，相关主体不履行义务的，将有可能面临着相应的行政处罚和行政处分。

关联法规

《传染病疫情预警管理办法（试行）》第2条、第4条；《突发公共卫生事件应对法》第14条第4款、第56条；《突发事件应对法》第57条、第63条、第64条、第66条；《传染病防治法》第53条；《突发公共卫生事件应急条例》第4条、第26条、第27条

第三十六条　【预警措施与动态调整】县级以上人民政府发布预警，应当根据可能发生的突发公共卫生事件的性质、可能造成的危害，采取下列一项或者多项措施：

（一）启动应急预案；

（二）组织有关部门、疾病预防控制机构和专家对事态发展进行监测、分析，研判突发公共卫生事件发生的可能性、影响范围、危害和级别；

（三）责令医疗卫生机构做好应对突发公共卫生事件的准备，责令卫生应急队伍进入待命状态；

（四）准备临时应急处置场所，调集应急处置所需的设备、物资、交通工具；

（五）向社会发布突发公共卫生事件预测信息以及避免或者减轻危害的建议，公布咨询或者求助电话等联络方式和渠道；

（六）疏散、转移并妥善安置易受突发公共卫生事件危害的人员，关闭可能发生突发公共卫生事件的公共场所或者采取限制人员聚集的措施；

（七）法律、法规、规章规定的其他必要的防范性、保护性措施。

县级以上人民政府应当根据事态发展，适时调整预警措施；发生突发公共卫生事件的风险消除后，应当及时宣布解除预警，并解除已经采取的预警措施；发生突发公共卫生事件的，应当立即启动应急响应。

条文注释

本条是关于预警措施与动态调整的规定。

当县级以上人民政府发布预警后，通常紧接着会采取一项或者多项措施。本条第 1 款对这些措施作出集中规定，主要包括七项内容:(1)启动应急预案;(2)组织有关部门、疾病预防控制机构和专家对事态发展进行监测、分析,研判突发公共卫生事件发生的可能性、影响范围、危害和级别;(3)责令医疗卫生机构做好应对突发公共卫生事件的准备,责令卫生应急队伍进入待命状态;(4)准备临时应急处置场所,调集应急处置所需的设备、物资、交通工具;(5)向社会发布突发公共卫生事件预测信息以及避免或者减轻危害的建议,公布咨询或者求助电话等联络方式和渠道;(6)疏散、转移并妥善安置易受突发公共卫生事件危害的人员,关闭可能发生突发公共卫生事件的公共场所或者采取限制人员聚集的措施;(7)法律、法规、规章规定的其他必要的防范性、保护性措施。其中,第7项在立法技术上构成兜底性条款,主要是考虑到现实情况具有复杂性,在前面6项内容不能完全覆盖的情况下,可以通过这一兜底性的条款保持适当的张力和韧性,以满足应对突发公共卫生事件的实际需要,实现原则性和灵活性的统一。

县级以上人民政府应当根据事态发展,适时调整预警措施,这是行政法上的比例原则在应对突发公共卫生事件中的具体表现,既尊重和保护公民权利,也彰显了现代法治精神。发生突发公共卫生事件的风险消除后,县级以上人民政府应当及时宣布解除预警,并解除已经采取的预警措施。本条规定贯彻了“谁预警、谁解除”的原则,是权利和义务一致性的体现,旨在确保信息的准确性和解除的权威性,避免出现不必要的误解或者混乱。

发生突发公共卫生事件的,县级以上人民政府应当立即启动应急响应。我国《突发事件应对法》第71条规定,“国家建立健全突发事件应急响应制度。突发事件的应急响应级别,按照突发事件的性质、特点、可能造成的危害程度和影响范围等因素分为一级、二级、三级和四级,一级为最高级别。突发事件应急响应级别划分标准由国务院或者国务院确定的部门制定。县级以上人民政府及其有关部门应当在突发事件应急预案中确定应急响应级别”。

适用要点

本条第1款所列的7项预警措施,在强度和影响上存在轻重差异。县级以上人民政府根据可能发生的突发公共卫生事件的性质和潜在危害，既可以单独采取其中的一项预警措施，也可以同时采取多项预警措施，尽管没有明确的限制条件，但是总体上应当在行政法比例原则的指导之下酌定，即应当选择有利于最大程度地保护公民、法人和其他组织权益，且对他人权益损害和生态环境影响较小的措施，并根据情况变化及时调整，确保措施的科学性、精准性和有效性。

预警和应急响应具有十分紧密的关系。若将预警比喻成“拉响警报”，那么应急响应就是“吹响冲锋号”。应急响应不是简单的“救火式”应对，而是包含“抢险救援—医疗救治—物资保障—秩序维护—心理干预”的全链条系统性行动。

关联法规

《突发事件应对法》第 10 条、第 71 条；《突发公共卫生事件应对法》第 9 条；《传染病防治法》第 17 条；《突发公共卫生事件应急条例》第 32 ~ 34 条

第五章　应 急 处 置

第三十七条　【分级应急响应】国家对突发公共卫生事件实行分级应急响应。

条文注释

本条是关于突发公共卫生事件分级应急响应的规定。

突发公共卫生事件属于突发事件的一种类型，根据《突发事件应对法》《国家突发公共卫生事件应急预案》《突发公共卫生事件分级标准》等法律法规规定，国家对突发事件采取分级管理，按照社会危害程度、影响范围等因素，分为特别重大（Ⅰ级）、重大（Ⅱ级）、较大（Ⅲ级）和一般（Ⅳ级）四级。

其中，有下列情形之一的为特别重大突发公共卫生事件（Ⅰ

级)：(1)肺鼠疫、肺炭疽在大、中城市发生并有扩散趋势，或肺鼠疫、肺炭疽疫情波及2个以上的省份，并有进一步扩散趋势。(2)发生传染性非典型肺炎、人感染高致病性禽流感病例，并有扩散趋势。(3)涉及多个省份的群体性不明原因疾病，并有扩散趋势。(4)发生新传染病或我国尚未发现的传染病发生或传入，并有扩散趋势，或发现我国已消灭的传染病重新流行。(5)发生烈性病菌株、毒株、致病因子等丢失事件。(6)周边以及与我国通航的国家和地区发生特大传染病疫情，并出现输入性病例，严重危及我国公共卫生安全的事件。(7)国务院卫生行政部门认定的其他特别重大突发公共卫生事件。

有下列情形之一的为重大突发公共卫生事件(Ⅱ级)：(1)在一个县(市)行政区域内，一个平均潜伏期内(6天)发生5例以上肺鼠疫、肺炭疽病例，或者相关联的疫情波及2个以上的县(市)。(2)发生传染性非典型肺炎、人感染高致病性禽流感疑似病例。(3)腺鼠疫发生流行，在一个市(地)行政区域内，一个平均潜伏期内多点连续发病20例以上，或流行范围波及2个以上市(地)。(4)霍乱在一个市(地)行政区域内流行，1周内发病30例以上，或波及2个以上市(地)，有扩散趋势。(5)乙类、丙类传染病波及2个以上县(市)，1周内发病水平超过前5年同期平均发病水平2倍以上。(6)我国尚未发现的传染病发生或传入，尚未造成扩散。(7)发生群体性不明原因疾病，扩散到县(市)以外的地区。(8)发生重大医源性感染事件。(9)预防接种或群体性预防性服药出现人员死亡。(10)一次食物中毒人数超过100人并出现死亡病例，或出现10例以上死亡病例。(11)一次发生急性职业中毒50人以上，或死亡5人以上。(12)境内外隐匿运输、邮寄烈性生物病原体、生物毒素造成我境内人员感染或死亡的。(13)省级以上人民政府卫生行政部门认定的其他重大突发公共卫生事件。

有下列情形之一的为较大突发公共卫生事件(Ⅲ级)：(1)发生肺鼠疫、肺炭疽病例，一个平均潜伏期内病例数未超过5例，流行范围在一个县(市)行政区域以内。(2)腺鼠疫发生流行，在一个县

(市)行政区域内,一个平均潜伏期内连续发病10例以上,或波及2个以上县(市)。(3)霍乱在一个县(市)行政区域内发生,1周内发病10~29例或波及2个以上县(市),或市(地)级以上城市的市区首次发生。(4)一周内在一个县(市)行政区域内,乙、丙类传染病发病水平超过前5年同期平均发病水平1倍以上。(5)在一个县(市)行政区域内发现群体性不明原因疾病。(6)一次食物中毒人数超过100人,或出现死亡病例。(7)预防接种或群体性预防性服药出现群体心因性反应或不良反应。(8)一次发生急性职业中毒10~49人,或死亡4人以下。(9)市(地)级以上人民政府卫生行政部门认定的其他较大突发公共卫生事件。

有下列情形之一的为一般突发公共卫生事件(Ⅳ级):(1)腺鼠疫在一个县(市)行政区域内发生,一个平均潜伏期内病例数未超过10例。(2)霍乱在一个县(市)行政区域内发生,1周内发病9例以下。(3)一次食物中毒人数30~99人,未出现死亡病例。(4)一次发生急性职业中毒9人以下,未出现死亡病例。(5)县级以上人民政府卫生行政部门认定的其他一般突发公共卫生事件。

可以预警的公共卫生事件的预警级别,按照突发事件发生的紧急程度、发展态势和可能造成的危害程度,分为一级、二级、三级和四级,分别用红色、橙色、黄色和蓝色标示,一级为最高级别。

适用要点

在分级标准制定方面,《突发公共卫生事件应对法》明确授权由国务院卫生健康主管部门会同国务院疾病预防控制等部门制定。在分级响应措施方面,《突发公共卫生事件应对法》的设定较为灵活,没有明确将警报级别与措施权限进行对应;《突发事件应对法》则明确规定,在发布三级、四级警报后,以及发布一级、二级警报并宣布进入预警期后,县级以上人民政府应当分别采取相应类型的应对措施。

关联法规

《突发事件应对法》第66条、第67条;《突发公共卫生事件分级标准》

第三十八条　【应急响应启动程序】疾病预防控制机构发现发生突发公共卫生事件的，向同级卫生健康主管部门、疾病预防控制部门报告时应当同时提出启动应急响应的建议。卫生健康主管部门、疾病预防控制部门收到建议后，应当立即组织专家进行分析研判，并报告本级人民政府。人民政府应当立即决定启动应急响应、向社会发布公告，同时报告上一级人民政府，必要时可以越级上报，并通报可能受到影响地区的同级人民政府。

条文注释

本条是关于应急响应启动程序的规定。

第一，疾病预防控制机构启动应急响应的职权与职责。疾病预防控制机构承担突发公共卫生事件的信息报告职责，并具有提出启动应急响应建议的职能。具体包括：一是信息报告职责。各级疾病预防控制机构承担疾病预防与控制的基本职责，主要工作任务包括疾病监测。在通过对监测所获信息进行调查与核实后，如发现已经或可能发生突发公共卫生事件的，应当立即向同级卫生健康主管部门、上级疾病预防控制部门报告。二是提出建议职责。各级疾病预防控制机构承担突发公共卫生事件应急处置的基本职责，主要工作任务包括掌握并分析突发公共卫生事件报告信息，提供预测预警相关信息。各级疾病预防控制机构在分析、预测突发公共卫生事件发生的可能性、影响范围、危害程度和可能级别后，如认为确已发生突发公共卫生事件的，应当同时提出启动相应应急响应的建议。

第二，卫生健康主管部门与疾病预防控制部门启动应急响应的职权与职责。卫生健康主管部门和疾病预防控制部门承担组织专家开展分析研判程序的职责，并负责上报分析研判结论。突发事件发生后，卫生健康主管部门应当组织专家进行综合评估，初步判断事件类型，并提出是否启动应急预案的建议。如经分析研判认为需要发布预警并启动应急响应的，应当将相关结论报告同级人民政府。

第三，人民政府启动应急响应的职权与职责。人民政府承担应急响应启动的最终决定职责，并负有向上级人民政府报告以及向可能受影响地区的同级人民政府通报的职责。县级以上人民政府应依照有关突发公共卫生事件应对的法律、法规和国务院规定的权限与程序，决定是否向社会发布预警。启动突发公共卫生事件应急预案由县级以上人民政府作出决定，并应向上级人民政府报告，必要时可越级上报。事件发生地的县级以上人民政府还应当及时向毗邻同级人民政府进行通报。

适用要点

相较于2011年修订的《突发公共卫生事件应急条例》等法规规定，《突发公共卫生事件应对法》体现出以下三个特点：一是明确专业机构和专业人员的法律地位，规定由疾病预防控制机构提出建议，并经由专家进行分析研判，体现了科学应对原则；二是规范决策程序，明确各级人民政府及其卫生健康主管部门、疾病预防控制部门在应急响应中的职责与义务，体现了依法应对原则；三是放宽层级限制，明确县级以上人民政府均有权启动应急响应，并允许在必要时越级上报，从而鼓励积极、及时地应对突发公共卫生事件。

关联法规

《突发公共卫生事件应急条例》第26条、第27条

第三十九条　【应急处置措施】县级以上人民政府启动应急响应，应当组织有关部门按照突发公共卫生事件应急预案进行处置。县级以上人民政府处置突发公共卫生事件，可以在一定范围内采取下列一项或者多项应急处置措施：

（一）组织开展医疗救治；

（二）控制风险源，封闭或者封存被污染的公共饮用水源、物品，封闭可能造成危害扩散的场所；

（三）疏散、转移并妥善安置易受突发公共卫生事件危害的

人员；

（四）实施人员排查、健康监测、医学观察、预防性服药；

（五）限制或者停止人员聚集的活动；

（六）停工、停业、停课；

（七）调集卫生应急队伍和其他参与突发公共卫生事件应急处置的人员；

（八）启用临时应急处置场所，调用应急处置所需的设备、物资、交通工具；

（九）为控制、减轻和消除突发公共卫生事件的危害需要依法采取的其他必要措施。

条文注释

本条是关于县级以上人民政府在突发公共卫生事件中可以采取的应急处置措施的规定。

第一，控制事件源头的应急处置措施。一是针对人员的措施，即组织开展医疗救治，对象为因突发公共卫生事件致病、致残的人员；二是针对物品和场所的措施，包括控制风险源，封闭或封存被污染的公共饮用水源、物品，以及封闭可能造成危害扩散的场所。

第二，保护易感人群的应急处置措施。一是非侵入性保护措施，旨在帮助人员远离危险，包括疏散、转移并妥善安置易受危害的人员；二是侵入性保护措施，旨在主动排除危险，包括实施人员排查、健康监测、医学观察和预防性服药。

第三，切断传播途径的应急处置措施。一是控制临时性人群聚集活动，包括限制或停止集市、影剧院演出等人员聚集活动；二是控制经常性人群聚集活动，包括实施停工、停业和停课等措施。

第四，上述应急处置措施的保障机制。一是人力资源保障，即调集卫生应急队伍及其他参与应急处置的人员；二是物资资源保障，包括启用临时应急处置场所，调用所需的设备、物资和交通工具等。

第五，准用性措施。本条授权县级以上人民政府为控制、减轻和消除突发公共卫生事件的危害，可依法采取其他必要措施。例如，依据《传染病防治法》第63条第1款第4项规定，发生重大传染病疫情并经评估确有必要时，县级以上地方人民政府可以采取控制或者扑杀、无害化处理染疫动物的紧急措施。

适用要点

县级以上人民政府在采取上述应急处置措施时，应当遵循分级响应的原则，启动与突发公共卫生事件级别相对应的应急响应。同时，应依据事件发生和发展的客观规律，结合实际情况和防控工作需要，动态调整预警级别和响应措施，以实现有效控制事件发展、减轻危害和影响的目标。

针对不同类别突发公共卫生事件的性质与特点，政府应加强对事件发展趋势的分析研判。对事态和影响持续扩大的事件，应及时提升预警和响应级别；对影响范围有限、不具备进一步扩散条件的事件，则应相应下调响应级别，并及时解除预警。

关联法规

《传染病防治法》第63条；《医师法》第32条；《基本医疗卫生与健康促进法》第50条；《突发公共卫生事件应急条例》第31～34条、第38条；《突发公共卫生事件交通应急规定》第26条；《国家卫生应急队伍管理办法》第16条；《国家中医应急医疗队伍建设与管理指南(试行)》第14条

关联案例

王某某与陵川县公安局行政处罚纠纷案①

要旨：王某某在通过疫情防控卡点时，无正当理由拒绝配合检查登记，对工作人员进行谩骂，并试图骑摩托车强行冲卡，在卡点纠缠停留约半小时，其行为对疫情防控工作造成了恶劣影响。依据《治安管理处罚法》(2012年修正)第26条第4项之规定，王某某的

① 参见山西省高平市人民法院(2020)晋0581行初12号行政判决书。

行为构成寻衅滋事。陵川县公安局在作出处罚决定时,考虑到王某某已通过电视台公开承认错误并主动消除违法后果,依法予以从轻处罚,最终处以行政拘留5日的行政处罚。该处罚决定符合法律规定。

第四十条 【信息发布】县级以上人民政府应当及时发布突发公共卫生事件事态发展、应急处置工作进展等信息。发现影响或者可能影响社会稳定、扰乱社会和经济管理秩序的虚假或者不完整信息的,应当及时发布准确的信息予以澄清。

县级以上人民政府采取应急处置措施,应当发布公告,明确措施的具体内容和实施范围,并进行必要的解释说明;可以确定措施实施期限的,应当同时公告实施期限;解除措施的,应当发布公告。

条文注释

本条是关于突发公共卫生事件应急处置期间信息发布的规定。

突发公共卫生事件发生后,各级人民政府应当依照相关规定,及时、准确、有序地做好信息发布工作。发布信息应当坚持主动公开、实事求是的原则,准确把握舆论导向,注重社会效果,确保信息传递的准确性和权威性,有效维护社会稳定。

信息发布的内容主要包括以下两类:一是关于事实的信息,即突发公共卫生事件的事态发展及应急处置工作进展等情况。此类信息的发布应当做到及时、准确,并对虚假或不完整信息进行依法治理。2020年,世界卫生组织在首届信息流行病学大会上指出,在大流行期间,不实信息的迅速传播严重干扰了有效公共卫生应对措施的实施,并将此类现象定义为"Infodemic",中文译为"信息疫情"或"信息流行病",强调信息流行病学是一门研究、管理和控制信息流行病的科学。故意散布谣言、谎报疫情或以其他方式故意扰乱公共秩序的,可能构成违反治安管理的行为,依法应承担行政责任;编造虚假疫情信息,在信息网络或其他媒体上传播,或明知系虚假信息仍故意传播，严重扰乱社会秩序的，可能构成编造、故意传播虚假信息罪，依法应承担刑事责任；编造虚假信息，或明知系虚假信息，仍在信息网络上散布，或组织、指使人员在信息网络上散布，起哄闹事，造成公共秩序严重混乱的，可能构成寻衅滋事罪，依法应承担刑事责任。二是关于应急处置措施的信息，包括措施的具体内容与实施范围、措施期限以及解除等相关信息。拒不执行人民政府在紧急状态下依法发布的决定、命令的，可能构成违反治安管理的行为，依法应承担行政责任。

关联法规

《传染病防治法》第 57 条；《突发事件应对法》第 7 条；《突发公共卫生事件应急条例》第 25 条

关联案例

李某某编造、故意传播虚假信息案①

要旨：李某某作为网络传媒公司的工作人员，明知涉疫信息在网络平台传播的敏感度和影响力，而故意将通知中的“桦甸市”改为“通化市梅河口域内”，并将该虚假信息发布到公司微信业绩群内，该微信群人员又将此消息转发给自己亲人、其他微信群中，导致该虚假信息在梅河口市迅速传播扩散，造成全域群众恐慌心理，纷纷到超市抢购米、面、油、蔬菜等生活必需品，严重扰乱了社会秩序，对当地疫情防控工作造成了不良影响。被告人李某某犯编造、故意传播虚假信息罪，被判处拘役 4 个月，缓刑 5 个月。

马某某哄抬物价案②

要旨：马某某在临夏州广河县城关镇双泉村经营一超市，自疫情发生以来，为达到促销牟取暴利的目的，马某某捏造事实、散布谣

① 参见《全国检察机关依法办理涉新冠肺炎疫情典型案例（第十七批）》之案例四。

② 参见《甘肃省公安厅通报十大涉疫情违法犯罪典型案件》之十。

言称面粉供应紧张，将正常市价95元至100元的面粉卖到110元至120元不等的价格，造成群众争相抢购、堵塞交通，在当地造成人为心理恐慌，扰乱了正常的社会公共秩序，已构成哄抬物价违法行为，公安机关依法对其处以行政拘留5日的处罚。

第四十一条　【流行病学调查】突发公共卫生事件发生后，疾病预防控制机构应当开展流行病学调查，对被污染的场所进行卫生处理。

疾病预防控制机构开展流行病学调查，可以进入突发公共卫生事件现场采集样本，询问有关人员，查阅、复制有关资料。有关单位和个人应当接受和配合调查，不得拒绝、阻挠；有关部门和单位应当予以协助。

条文注释

本条是关于疾病预防控制机构的流行病学调查职权与职责的规定。

流行病学调查，是指对人群中疾病或健康状况的分布及其影响因素进行科学研究，据此提出疾病预防、控制措施和健康管理策略。疾病预防控制机构人员在抵达现场后，应迅速制定流行病学调查计划与方案；地方专业技术人员依据该计划和方案，开展对事件所涉人群的发病状况和分布特征进行调查分析，提出并落实有针对性的预防控制措施；同时对传染病患者、疑似患者、病原携带者及密切接触者进行追踪调查，查明传播链条，并向相关地区疾病预防控制机构通报情况。卫生处理，是指采取消毒、杀虫、灭鼠、除污等卫生措施。其中，消毒是指利用化学、物理或生物学方法，杀灭或清除环境中的病原微生物。

疾病预防控制机构开展流行病学调查，享有进入突发公共卫生事件现场采集样本，询问有关人员，查阅、复制有关资料的调查权，依据《行政强制法》，可以采取防止证据毁损的行政强制措施，依据《行政处罚法》，可以采取先行登记保存措施。被调查单位和个人应当如实提供信息;任何单位或者个人不得隐瞒信息、阻碍调查。对于超出自身权限范围的必要行政措施,疾病预防控制机构有权请求有关部门和单位予以协助。

适用要点

疾病预防控制机构在法律上被界定为医疗卫生机构,通常不具备行政主体资格。然而,在实践中,若在流行病学调查过程中不赋予其一定的行政权限,将难以保障该机构依法有效履行职责。因此,在开展流行病学调查时,疾病预防控制机构应被视为法律、行政法规授权的具有管理公共事务职能的组织,具有行政主体资格。

关联法规

《传染病防治法》第25条、第62条

关联案例

王某妨害传染病防治案①

要旨:被告人王某违反《传染病防治法》的规定,拒不执行县级以上人民政府、疾病预防控制机构依照《传染病防治法》提出的疫情预防、控制措施,引起新冠肺炎疫情传播,其行为已构成妨害传染病防治罪。王某在当地出现多起新冠肺炎确诊病例、疫情防控形势严峻的情况下,仍实施多种妨碍疫情防控行为,在确诊后仍拒不配合流行病学调查,导致疾控部门未能第一时间对相关人员进行排查、隔离,情节恶劣。据此,以妨害传染病防治罪判处被告人王某有期徒刑2年6个月。

第四十二条　【医疗救治与转运】医疗机构应当开展突发公共卫生事件医疗救治,优化诊疗方案,提高诊断和救治能力。在医疗救治中,应当注重发挥中西医各自优势,提高救治效果。

① 参见《最高人民法院发布5个依法惩处妨害疫情防控犯罪典型案例》之案例一。

县级以上地方人民政府应当建立衔接顺畅的患者快速转运机制，根据突发公共卫生事件应急处置需要，及时将患者转至具备相应救治能力的医疗机构。在患者转运过程中，应当采取必要的防护措施。

条文注释

本条是关于突发公共卫生事件应急处置中的医疗救治与转运的规定。

医疗机构在突发公共卫生事件中承担对患者的医疗救治和转运义务。具体而言，医疗机构应当为因突发公共卫生事件致病的人员提供医疗救护和现场救援，对前来就诊的患者必须及时接诊并实施治疗，同时规范书写详细、完整的病历记录；对需要转诊的患者，应按照规定将其本人及病历记录复印件转运至接诊或指定的医疗机构。应坚持中西医并重、中西医结合、中西药并用的原则，建立中西医协同救治工作机制与联合会诊制度，推动中医药早期、全程、深度参与疾病诊疗过程，创新构建并落实以“有机制、有团队、有措施、有成效”为特征的中西医结合医疗模式，充分发挥中医与西医的协同作用，提升临床救治水平。在新冠肺炎疫情防控实践中，中医药通过“防、治、康”一体化全程参与疫情防控，在缩短病程、降低重症发生率和减少死亡率等方面发挥了重要作用。

县级以上人民政府负有对医疗救治工作进行科学规划并建立高效转运机制的法定职责。应遵循“中央指导、地方负责、统筹兼顾、平战结合、因地制宜、合理布局”的原则，在全国范围内统筹推进医疗救治体系建设，逐步建成涵盖急救机构、传染病救治机构及化学中毒与核辐射救治基地，并实现符合国情、覆盖城乡、功能完善、反应灵敏、运转协调、持续发展的医疗救治体系。

在确保安全的前提下，应遵循“最快到达”原则，迅速将伤病员转送至具备相应救治条件的医疗机构。对于传染病患者，须严格依照《传染病防治法》等法律法规的要求，将其转送至指定的传染病救治机构。在医疗应急救援过程中,应全面评估伤病员状况、地理环境、医疗资源及救治能力等因素,科学选择转运方式与接收医院。如需远距离转运,应协调民航、铁路、交通等相关部门协助解决医疗救援相关的交通运输事宜。伤病员在现场救治过程中产生的医疗文书,须与接收伤病员的医疗机构进行完整、规范的交接。

适用要点

突发公共卫生事件中患者的转运要求不同于一般医疗卫生服务转诊中患者的转运要求,一般医疗卫生服务转诊中患者的转运要求保障患者安全,突发公共卫生事件中患者的转运要求不仅要确保患者安全,同时也要考虑公众健康安全,采取必要的防护措施防止危害扩大。

关联法规

《传染病防治法》第 75 ~ 78 条;《突发事件应对法》第 50 条、第 51 条;《突发公共卫生事件应急条例》第 39 条;《突发事件医疗应急工作管理办法(试行)》第 10 ~ 14 条

关联案例

东湖某某诊所与南昌市东湖区卫生健康委员会行政处罚纠纷案①

要旨:东湖某某诊所在诊疗活动中存在以下违规行为:未严格执行预检、分诊制度,额温枪无法正常使用;在未设置发热门诊的情况下,于 2022 年 4 月 10 日、11 日接诊了具有新冠肺炎十大疑似症状的咳嗽患者吴某恩、包某融,且未引导患者至相对隔离的分诊点进行初诊;安排仅持有《乡村医生执业证书》、未取得医师执业资格的吴某炳为患者开具处方。南昌市东湖区卫生健康委员会依据《传染病防治法》及《医疗机构管理条例》相关规定,对该诊所作出警告并处以罚款人民币 3000 元的行政处罚决定。该处罚认定事实清楚,适用法律正确。

① 参见南昌铁路运输中级法院(2023)赣 71 行终 27 号行政判决书。

第四十三条 【药品紧急使用】因突发公共卫生事件医疗救治紧急需要，医师可以按照国家统一制定的诊疗方案，在一定范围和期限内采用药品说明书中未明确的药品用法进行救治。

发生特别重大突发公共卫生事件时，国务院卫生健康主管部门根据突发公共卫生事件医疗救治需要提出紧急使用药物的建议，经国务院药品监督管理部门组织论证同意后可以在一定范围和期限内紧急使用。

条文注释

本条是关于突发公共卫生事件应急处置中药品紧急使用的规定。

本条第1款规定了紧急超说明书用药制度。《医师法》第29条第2款对一般超说明书用药制度作出规定，即“在尚无有效或者更好治疗手段等特殊情况下，医师取得患者明确知情同意后，可以采用药品说明书中未明确但具有循证医学证据的药品用法实施治疗。医疗机构应当建立管理制度，对医师处方、用药医嘱的适宜性进行审核，严格规范医师用药行为”。

紧急超说明书用药和一般超说明书用药的相同之处在于：二者在药品用法、用量等方面都不完全符合药品说明书中的要求，包括超适应症使用、超剂量使用、超疗程使用以及超人群用药。不同之处在于：第一，紧急超说明书用药依据的是国家统一制定的诊疗方案，属于诊疗规范；一般超说明书用药依据的是循证医学证据，包括研究报告、学术论文、其他国家或地区药品监管部门批准的药品说明书等。第二，紧急超说明书用药明确要求有一定范围和期限的限制；一般超说明书用药无此限制，但在实践中医疗机构往往定期组织专家对药品拓展性临床应用目录进行更新。第三，一般超说明书用药应当经过患者明确知情同意，并经过医疗机构审核通过，而紧急超说明书用药没有明确相关程序。

本条第2款对药品紧急使用授权制度作出了规定。该制度适用的前提是发生特别重大突发公共卫生事件，即构成Ⅰ级响应的突发公共卫生事件；其授权程序为由国务院卫生健康主管部门提出建议，经国务院药品监督管理部门组织论证并同意；获得授权的效果是相关药品可在未完成常规注册程序的情况下投入使用，但仅限于在规定的范围和期限内作紧急使用。

适用要点

紧急超说明书用药和药品紧急使用授权都是旨在解决突发公共卫生事件应对中缺少适当药品的问题，但前者针对的是已经注册的药品，通过医师行使超说明书用药的执业权利保障药品可及性；后者针对的是尚未注册的药物，或者虽有同类产品注册，但产品供应无法满足使用需要的药物，通过药品监督管理部门行使行政许可权保障药品可及性。药品紧急使用授权不同于附条件批准程序、特别审批程序等药品加快上市注册程序，前者是豁免药品上市许可直接授权使用，而后者并不豁免药品上市许可要求，仅对审评流程进行优化或加速。

关联法规

《传染病防治法》第79条；《疫苗管理法》第20条；《医疗器械监督管理条例》第19条；《医疗器械紧急使用管理规定(试行)》第2条

第四十四条　【应急征用与补偿】突发公共卫生事件发生后，国务院及其有关部门有权在全国或者跨省级行政区域范围内，县级以上地方人民政府及其有关部门有权在本行政区域内，根据突发公共卫生事件应急处置需要，临时征用房屋、交通工具以及相关设施、设备、场地和其他物资，要求有关单位和个人提供技术支持，要求生产、供应基本生活必需品和突发公共卫生事件应急物资的单位组织生产、保障供应。

县级以上人民政府及其有关部门临时征用房屋、交通工具以及相关设施、设备、场地和其他物资，要求有关单位和个人提

供技术支持的，应当依法及时给予公平、合理的补偿；能返还的，应当及时返还。

条文注释

本条是关于突发公共卫生事件应急处置中应急征用与补偿的规定。

本条第1款对临时征用制度作出了规定。征用是指对物权、债权等财产权实施的临时性限制与使用，其本身并不导致原权利人财产权的消灭。国务院及有关部门的征用权限范围为全国或跨省级行政区域，县级以上地方人民政府及有关部门的征用权限限于本行政区域内。征用对象主要包括以下两类：一是实物财产。被征用的行政相对人既可能是动产或不动产的所有权人，也可能是用益物权人，如建设用地使用权人、土地承包经营权人等。行政主体可依法取得对该财产的使用权。二是劳务服务。被征用的行政相对人为提供技术支持和相关服务的单位或个人。行政主体可依法取得请求其提供劳务的权利。

此外，本款还规定了“准征用”类应急处置措施，即行政主体有权要求生产、供应基本生活必需品和突发公共卫生事件应急物资的单位组织生产、保障供应。准征用与征用劳务具有相似性，但其补偿可基于生产经营所得予以实现。

本条第2款规定了征用补偿制度。《民法典》第117条规定：“为了公共利益的需要，依照法律规定的权限和程序征收、征用不动产或者动产的，应当给予公平、合理的补偿。”由于征用是私人利益为公共利益作出牺牲，因此代表公共利益的行政主体需要对合法权益受到减损的行政相对人作出补偿。补偿应当依法及时作出，补偿范围应当公平、合理。《民法典》第245条规定：“因抢险救灾、疫情防控等紧急需要，依照法律规定的权限和程序可以征用组织、个人的不动产或者动产。被征用的不动产或者动产使用后，应当返还被征用人。组织、个人的不动产或者动产被征用或者征用后毁损、灭失的，应当给予补偿。”当征用关系消灭后，行政主体对物的占有就失去了权利依据，所有权人或者用益物权人就有权请求返还原物。但原物毁损、灭失的，物上权利也一并消灭。

适用要点

临时征用是一种行政强制措施，应当由法定主体作出，并受到法定程序的约束。同时，尽管在突发公共卫生事件等紧急情况下，公共利益优先于私人利益，但公民的合法权益仍然受到法律保护，需要获得补偿。

关联法规

《传染病防治法》第69条；《突发事件应对法》第12条；《民法典》第117条、第245条

第四十五条　【应急运输保障】突发公共卫生事件发生后，县级以上人民政府有关部门应当组织协调运输经营单位，优先运送参与突发公共卫生事件应急处置的人员以及药品、医疗器械、血液、防护用品和其他突发公共卫生事件应急物资。

条文注释

本条是关于突发公共卫生事件应急处置中的应急运输保障的规定。

县级以上人民政府有关部门负责组织协调运输经营单位，为特定人员的客运和特定物资的货运提供保障服务。国家建立健全应急运输保障体系，统筹铁路、公路、水运、民航、邮政、快递等多种运输与服务方式，制定应急运输保障方案，确保应急物资、装备和人员能够及时运输。县级以上地方人民政府及相关主管部门应依据国家应急运输保障方案，结合本地实际，做好应急调度与运力保障工作，保障运输通道和客货运枢纽的畅通运行。

《国家突发事件总体应急预案》明确提出，应完善综合交通运输应急保障体系，交通运输部、国家铁路局、中国民航局、国家邮政局、中国国家铁路集团有限公司等有关部门和单位应当保证紧急情况

下应急交通工具的优先安排、优先调度、优先放行，特别要发挥高铁、航空优势构建应急力量、物资、装备等快速输送系统，确保运输安全快速畅通；省级政府应当依法建立紧急情况下社会交通运输工具的征用程序，确保抢险救灾人员和物资能够及时安全送达。根据应急处置需要，公安、交通运输等部门按规定对现场及相关通道实行交通管制，健全运力调用调配和应急绿色通道机制，提高应急物资和救援力量快速调运能力。

适用要点

提供应急运输保障是人民政府的法定职责。如未依法组织协调运输经营单位运送相关人员及物资，根据《突发公共卫生事件应急条例》第46条等规定，对政府主要领导人员及政府部门主要负责人依法给予降级或撤职的行政处分；如导致传染病传播、流行或对社会公众健康造成其他严重危害后果的，依法给予开除处分；构成犯罪的，依法追究刑事责任。

关联法规

《传染病防治法》第73条；《突发事件应对法》第47条；《突发公共卫生事件应急条例》第46条

第四十六条 【基本民生保障与特殊照顾】突发公共卫生事件应急处置期间，县级以上地方人民政府应当采取措施维持社会基本运行，保障食品、饮用水等基本生活必需品的供应，提供基本医疗服务；对未成年人、老年人、残疾人、孕产期和哺乳期的妇女以及需要及时救治的伤病人员等群体给予特殊照顾和安排，并确保相关人员获得医疗救治。

县级以上地方人民政府应当公布求助电话等渠道，畅通求助途径，及时向有需求的人员提供帮助。县级以上地方人民政府发布信息时，条件具备的同步采取无障碍信息交流方式。

突发公共卫生事件发生后，人民政府依法采取停工、停业措施期间,用人单位可以按照规定享受有关帮扶政策,并应当按照规定支付劳动者工资、发放生活费。

条文注释

本条是关于突发公共卫生事件应急处置中的基本民生保障与特殊照顾的规定。

本条第1款规定了基本生活必需品供应、基本医疗服务保障以及特殊群体保障三方面内容。首先,保障基本生活必需品的供应是首要任务,县级以上地方人民政府应确保食品、饮用水等基本生活必需品的有效供给。其次,基本医疗服务作为维护公众健康不可或缺的组成部分,是指那些人体健康所必需、与经济社会发展水平相适应、公民可公平获得的,采用适宜药物、技术和设备提供的疾病诊疗服务。根据《基本医疗卫生与健康促进法》第29条、第30条的规定,基本医疗服务主要由政府举办的医疗卫生机构提供。鼓励社会力量举办的医疗卫生机构提供基本医疗服务。国家推进基本医疗服务实行分级诊疗制度,引导非急诊患者首先到基层医疗卫生机构就诊,实行首诊负责制和转诊审核责任制,逐步建立基层首诊、双向转诊、急慢分治、上下联动的机制,并与基本医疗保险制度相衔接。

在特殊群体保障方面,应对未成年人、老年人、残疾人、孕产期与哺乳期妇女以及需及时救治的伤病人员等群体予以特殊照顾和妥善安排,确保其及时获得必要医疗救治。如因突发事件等紧急情况,导致未成年人或无行为能力、限制行为能力的成年人暂时处于无人监护状态,其住所地的居民委员会、村民委员会或民政部门应当为其安排必要的临时生活照料措施。

本条第2款对求助渠道的建立与畅通作出了明确规定。县级以上地方人民政府应当公布求助电话等渠道,畅通求助途径,及时向有需求的人员提供帮助,县级以上地方人民政府发布信息时,条件具备的同步采取无障碍信息交流方式。

各级人民政府及有关部门应当为残疾人、老年人等群体获取公共信息提供便利。在发布涉及突发公共卫生事件的信息时，如条件具备，应同时以语音、大字、盲文、手语等无障碍方式进行传达，确保信息可及性。

本条第3款对劳动者与用人单位的权益保障作出了规定。对劳动者而言，用人单位应依法支付工资或发放生活费，以保障其在突发公共卫生事件期间的基本生活需求。对用人单位，为缓解其因应对突发公共卫生事件所承受的经营压力，支持其平稳运营，国家可实施相应帮扶政策，如税收减免、社会保险费缓缴、财政补贴等措施，在保障劳动者权益的同时，助力用人单位稳定发展，持续优化营商环境。

适用要点

在突发公共卫生事件应急处置期间，政府应当科学规划并合理调配医疗资源，避免因应急处置占用资源而停止或显著减少基本医疗服务的供给。为此，一些地方性法规对医疗机构在应急期间的基本医疗服务义务作出了明确规定。例如，《广州市社会急救医疗管理条例》第26条第2款规定："医疗机构不得以疫情防控等为由拒绝接收或者延误救治患者。"

关联法规

《传染病防治法》第67条；《突发事件应对法》第73条、第75条、第80条；《关于妥善处理新型冠状病毒感染的肺炎疫情防控期间劳动关系问题的通知》一、二

关联案例

张某与某汽车公司劳动争议纠纷案[①]

要旨：新冠肺炎疫情对用人单位的正常经营和劳动者的常规劳动造成了显著影响。在此背景下，用人单位采取短期停工停产并发放生活费的安排，相较于直接以客观情况变化为由解除劳动合同并支付经济补偿，不仅有助于控制用工成本，维护劳动关系的稳定性，

① 参见《劳动人事争议典型案例（第一批）》之案例5。

也为后续复工复产储备了必要的劳动力资源，因而是一种更为优化的选择。对劳动者而言，尽管短期内收入可能有所减少，但此举缓解了用人单位的经营压力，有助于企业度过困难时期，从而稳定劳动者的就业岗位，实现了劳资双方利益的相对平衡。这种兼顾双方权益的处理方式，符合疫情防控背景下构建和谐劳动关系的内在要求，同时也为仲裁和司法实践中认定停工停产期间劳动者合法权益，以及尊重用人单位用工自主权提供了依据。

第四十七条 【心理援助】突发公共卫生事件发生后，县级以上地方人民政府应当组织专业力量，对受到突发公共卫生事件影响的人员以及公众提供心理疏导、心理干预等心理援助服务。

条文注释

本条是关于突发公共卫生事件应急处置中实施心理援助的规定。

县级以上地方人民政府承担组织专业力量提供心理援助服务的职责。专业力量包括心理健康服务人员和社会工作者。心理援助服务的对象涵盖受突发公共卫生事件影响的人员，主要包括患者、接受医学观察的人员、病亡者家属以及相关工作人员等重点人群。

在突发公共卫生事件发生后，应立即启动有序、高效的个体危机干预和群体危机管理措施，并高度重视自杀预防工作。在事件善后与恢复重建阶段，应依托各地心理援助专业机构、社会工作服务机构、志愿服务组织和心理援助热线，对高危人群持续提供心理援助服务。

各级人民政府制定的突发公共卫生事件应急预案，应当包含心理援助相关内容。发生突发事件后，履行统一领导职责或组织处置突发事件的人民政府，应根据事件具体情况，按照应急预案的要求，及时组织开展心理援助工作。心理援助工作以减轻突发公共卫生事件造成的心理伤害、促进社会稳定为目标，并应根据应急处置工作的进展，适时调整工作重点。在实施过程中，应针对不同人群开展分类干预，严格保护受助者的个人隐私。实施帮助者与受助者双方均应注意避免发生再次创伤。

适用要点

心理健康是健康的重要组成部分，事关广大人民群众的幸福安康与社会和谐稳定发展。政府负有加强心理健康服务、健全社会心理服务体系的职责。在一般情况下，政府并不直接提供心理健康服务；然而，在突发公共卫生事件应急处置期间，政府有义务组织专业力量提供心理援助服务，协助受影响的个体和公众维持或恢复心理健康状态。

关联法规

《传染病防治法》第 80 条；《突发事件应对法》第 81 条；《精神卫生法》第 14 条

第四十八条　【医疗废物应急处置】突发公共卫生事件应急处置期间，县级以上人民政府应当依照有关法律、行政法规的规定，组织开展医疗废物收集、贮存、运输、处置等工作。

条文注释

本条是关于突发公共卫生事件应急处置期间的医疗废物应急处置的规定。

在突发公共卫生事件应急处置期间，由于医疗产品消耗量剧增，医疗废物数量迅速上升，医疗废物的安全处置对于保障应急处置工作正常开展、防止事态扩大和影响蔓延至关重要。2021 年 5 月，国务院办公厅印发的《强化危险废物监管和利用处置能力改革实施方案》（国办函〔2021〕47 号）明确提出，要建立平战结合的医疗废物应急处置体系，完善医疗废物和危险废物应急处置机制，并保障重大疫情医疗废物应急处置能力。

在设施建设与能力提升方面，《传染病防治法》第 22 条第 2 款规定："县级以上地方人民政府应当加强医疗废物收集处置能力建设。设区的市级人民政府应当确定医疗废物协同应急处置设施,提高重大传染病疫情医疗废物应急处置能力。”

在部门职权职责方面,《固体废物污染环境防治法》第91条规定:“重大传染病疫情等突发事件发生时,县级以上人民政府应当统筹协调医疗废物等危险废物收集、贮存、运输、处置等工作,保障所需的车辆、场地、处置设施和防护物资。卫生健康、生态环境、环境卫生、交通运输等主管部门应当协同配合,依法履行应急处置职责。”

在资金保障方面,《固体废物污染环境防治法》第95条第1款规定:“各级人民政府应当加强固体废物污染环境的防治,按照事权划分的原则安排必要的资金用于下列事项:……(四)重大传染病疫情等突发事件产生的医疗废物等危险废物应急处置……”

在医疗卫生机构和医疗废物集中处置单位的应急管理方面,《医疗废物管理条例》第8条规定:“医疗卫生机构和医疗废物集中处置单位,应当制定与医疗废物安全处置有关的规章制度和在发生意外事故时的应急方案;设置监控部门或者专(兼)职人员,负责检查、督促、落实本单位医疗废物的管理工作,防止违反本条例的行为发生。”

适用要点

与常态下的医疗废物管理不同,医疗废物应急处置一方面更加强调部门间统筹协调,县级以上地方人民政府应将医疗废物收集、贮存、运输、处置等工作纳入重大传染病疫情领导指挥体系,保障所需的车辆、场地、处置设施和防护物资;另一方面更加强调社会共治,统筹新建、在建和现有危险废物焚烧处置设施、协同处置固体废物的水泥窑、生活垃圾焚烧设施等资源,建立协同应急处置设施清单。

关联法规

《固体废物污染环境防治法》第91条、第95条;《传染病防治法》第22条;《医疗废物管理条例》第8条;《危险废物经营许可证管理办法》第5条、第6条;《新型冠状病毒感染的肺炎疫情医疗废物应急处置管理与技术指南(试行)》

第四十九条 【应急响应调整与解除】县级以上人民政府应当及时组织专家对突发公共卫生事件事态发展进行分析研判,并根据研判结果调整应急响应的级别和应急处置措施;突发公共卫生事件得到有效控制后,应当及时宣布解除应急响应,停止执行依法采取的应急处置措施。

条文注释

本条是关于应急响应的调整与解除的规定。

突发公共卫生事件应急响应要遵循突发公共卫生事件发生发展的客观规律,结合实际情况和预防控制工作的需要,及时调整应急响应级别和应急处置措施,以有效控制事件、减轻危害和影响。要根据不同类别突发公共卫生事件的性质和特点,注重分析事件的发展趋势,对事态和影响不断扩大的事件,应及时升级应急响应级别;对范围局限、不会进一步扩散的事件,应相应降低应急响应级别,及时解除应急响应。

突发公共卫生事件应急响应的解除需符合以下条件:突发公共卫生事件隐患或相关危险因素消除,或末例传染病病例发生后经过最长潜伏期无新的病例出现。特别重大突发公共卫生事件由国务院卫生行政部门组织有关专家进行分析论证,提出解除应急响应的建议,报国务院或全国突发公共卫生事件应急指挥部批准后实施。特别重大以下突发公共卫生事件由地方各级人民政府卫生行政部门组织专家进行分析论证,提出解除应急响应的建议,报本级人民政府批准后实施,并向上一级人民政府卫生行政部门报告。上级人民政府卫生行政部门要根据下级人民政府卫生行政部门的请求,及时组织专家对突发公共卫生事件应急响应的解除的分析论证提供技术指导和支持。

适用要点

突发公共卫生事件应急响应的调整与解除应当贯彻依法应对、科学应对原则,研判过程应当充分听取专业机构和专业人员的意见建议,应当按照法定权限、依据法定程序作出调整或者解除应急响应以及变更或者终止应急处置措施的决定。

关联法规

《传染病防治法》第 17 条、第 67 条;《突发事件应对法》第 10 条、第 86 条

第五十条　【后期总结报告】突发公共卫生事件应急处置结束后,负责应对工作的地方人民政府应当及时总结应急处置工作,并向上一级人民政府报告。

条文注释

本条是关于突发公共卫生事件应急处置后期总结报告的规定。

突发公共卫生事件结束后,各级卫生行政部门应在本级人民政府的领导下,组织有关人员对突发公共卫生事件的处理情况进行评估。评估内容主要包括事件概况、现场调查处理概况、病人救治情况、所采取措施的效果评价、应急处理过程中存在的问题和取得的经验及改进建议。评估报告应上报本级人民政府。

适用要点

突发公共卫生事件应急处置涉及应急法治。一方面,应急法治扩大了行政主体的权限范围,以便更好地应对突发公共卫生事件引发的特殊问题。另一方面,扩权并不意味着只需要考虑行政行为的合法性,而无须考虑其合理性。因此,后期总结报告对于规范行政应急权行使、优化和完善应急法治至关重要。

关联法规

《突发事件应对法》第 92 条

第六章　保障措施

第五十一条　【应急经费保障】县级以上人民政府按照本级政府职责，妥善安排突发公共卫生事件应对工作经费。

条文注释

本条是关于应急经费保障的规定，明确了县级以上人民政府在突发公共卫生事件应对中所负的财政保障责任。

本条未规定经费的具体使用范围，但在适用时可参考《突发公共卫生事件应急条例》第 6 条的相关规定，即相关经费可用于流行病学调查、传染源隔离、医疗救护、现场处置、监督检查、监测检验、卫生防护等与突发公共卫生事件应对有关的物资、设备、设施、技术与人力资源储备。无论经费来源于本级预备费还是上级专项拨款，均需依据《预算法》第 64 条的规定，遵循一般公共预算的法定程序，即由本级政府财政部门提出预算安排建议，报请本级人民政府决定。在司法实践中，应重点关注预算执行程序是否合规，以防止程序违法，确保经费使用合法有效。企业、社会捐赠等非财政资金不属于一般公共预算范畴，因而不受前述法定程序约束。此类资金可通过纳入政府设立的专项基金或委托公益组织管理等方式进行运作，作为政府财政经费的重要补充，共同用于应急支出。但其使用同样应坚持公开透明、专款专用的原则，并接受政府内部审计及社会监督。

另外，本条仅规定县级以上人民政府负有"妥善安排"相关经费的职责，但未对具体安排方式作出细化要求，从而赋予行政部门在经费的筹措、分配、拨付及使用监管等方面较为宽泛的自由裁量权。行政机关可结合本地区财政状况、事件发展的不同阶段及应对任务的优先级，自主确定预算规模、资金拨付节奏和在不同应对领域间的具体分配比例。该自由裁量权的行使须置于法律与事实的双重框架下进行审查:在客观上,应判断经费安排行为是否符合法律法规;在程序上,需审查是否履行了必要的审批或备案程序;在实体层面,应结合突发公共卫生事件的实际情况,包括事件严重等级、扩散速度、影响范围、人口结构及本地医疗资源承载力等客观因素,综合评估政府是否切实履行保障职责,经费安排是否达到"及时、充足、有效"的要求。依据《预算法》第40条规定,各级一般公共预算应当按照本级一般公共预算支出额的1%至3%设置预备费,用于当年预算执行中的自然灾害等突发事件处理增加的支出及其他难以预见的开支。该项费用旨在应对突发性、不可预见性的支出需求。若突发公共卫生事件超出原预算规模,政府可依法启动预备费或进行预算调整,并应同步建立内外部监督机制,确保经费合理、透明、高效使用。

适用要点

第一,我国《预算法》中预算权的配置以分权制衡为原则,国家实行一级政府一级预算。突发公共卫生事件应对工作经费应当属于一般公共预算,而地方各级一般公共预算则包括本级各部门(含直属单位)的预算和税收返还、转移支付预算。本条对应《突发事件应对法》第44条的规定,即各级人民政府应当将突发事件应对工作所需经费纳入本级预算,并加强资金管理,提高资金使用绩效。《传染病防治法》第82~84条、《食品安全法》第8条是《突发事件应对法》第44条在传染病防治领域、食品安全领域的专门规定,在突发传染病事件与突发食品安全事件发生时,应优先适用《传染病防治法》与《食品安全法》中的规定来确定各级政府制定预算的职责范围。《突发事件应对法》提供了应对所有突发事件的总体框架和基本原则,《突发公共卫生事件应急条例》则在这个大框架下,为应对公共卫生事件提供了具体的"工具箱"和操作指南。在应对突发公共卫生事件时,需遵循《突发事件应对法》第44条的原则,并参考适用《突发公共卫生事件应急条例》第6条这一专项规定。

第二,本条将县级以上人民政府(包括省、市、县三级)作为突发公共卫生事件应对工作经费保障的直接责任主体,这与《突发事件应对法》第17～19条的规定相对应，即县级以上人民政府是突发事件应对管理工作的行政领导机关，对本行政区域内突发事件的应对管理工作负责。本条将乡、民族乡、镇的人民政府排除在突发公共卫生事件应对预算的编制权之外。这与《传染病防治法》第82～84条、《食品安全法》第8条、《突发公共卫生事件应急条例》第6条对责任主体的规定相一致，不同于《预算法》第3条所规定的五级预算体系，属于突发事件应对领域的特殊规定，其原因在于乡镇一级政府作为国家基层政权组织，其职责更多集中在执行和落实本级人民代表大会决议、上级国家行政机关的决定和命令上。中央政府高度重视公共卫生安全，通过集中统筹的方式，可以更好地应对突发事件，保障人民群众的生命安全，提高资源的利用效率。

关联法规

《突发事件应对法》第44条；《突发公共卫生事件应急条例》第6条；《预算法》第3条、第5～7条、第27条、第32条、第40条、第57条、第64条、第69条、第88～89条；《基本医疗卫生与健康促进法》第80条；《传染病防治法》第82～84条；《食品安全法》第8条；《防震减灾法》第4条

第五十二条　【救治基地与应急协作平台建设】国家依托高水平医疗机构建设国家重大传染病防治基地等突发公共卫生事件医疗救治基地，依托省级疾病预防控制机构建设区域公共卫生应急协作平台。

条文注释

本条是关于突发公共卫生事件医疗救治基地与应急协作平台建设的规定。

高水平医疗机构的认定和突发公共卫生事件医疗救治基地的设立，应当由国家卫生健康行政部门会同财政、应急等相关部门，依据《基本医疗卫生与健康促进法》《医疗机构管理条例》《国家医学中心管理办法（试行）》和《国家区域医疗中心管理办法（试行）》等法

律、法规和规章的具体规定，组织评估审核并纳入名录。被认定的高水平医疗机构应纳入国家或地方公共卫生应急资源体系，统筹应急状态下医疗卫生机构动员响应、区域联动和人员调集，建立健全分级、分层、分流的重大疫情救治机制，充分发挥其集中收治、重症救治和科研攻关的功能。同时，应将其作为突发公共卫生事件应急指挥体系的重要支撑单位，承担跨部门联动协调和技术指导职能，保障信息传递与决策执行的高效衔接，并在预算安排、人员配备、演练考核等方面予以相应保障。

省级疾病预防控制机构，指由省、自治区、直辖市人民政府卫生健康行政部门设立，负责本行政区域内疾病预防控制工作等公共卫生事务的疾病预防控制中心、卫生监督所、专业防疫站等。本条进一步强化了省级疾病预防控制机构的核心职能。

区域公共卫生应急协作平台的建立，应参照《国务院办公厅关于推动疾病预防控制事业高质量发展的指导意见》中关于跨部门联防联控机制的制度安排，由省、自治区、直辖市人民政府负责，设立由本级党委和政府主要负责同志牵头组成的突发公共卫生事件应急指挥机构，建立与相关行政部门及毗邻地区疾控机构的常态化协作平台，组织、协调、指挥突发公共卫生事件应对工作。依据《突发事件应对法》第 4 条、第 18 条，《传染病防治法》第 8 条、第 42 条、第 44 条、第 56 条，《突发公共卫生事件应急条例》第 40 条以及《国家突发公共事件总体应急预案》的相关规定，加快建立跨部门、跨区域、军地互通，以传染病多渠道监测、风险评估和预测预警为重点的多点触发、反应快速、权威高效的监测预警体系和机制，推动卫生、应急管理、交通运输、教育、民政、农业、海关等部门之间形成制度化工作联动，构建分级分类、高效实用的传染病疫情应急预案体系。同时，还应明确财政资金和物资储备的保障渠道，将其纳入各级政府公共卫生应急保障体系，以确保应急状态下信息共享、资源统筹和统一调度的有效运行。

适用要点

本条从国家层面确立了以高水平医疗机构为核心的突发公共

卫生事件医疗救治体系，以及以省级疾病预防控制机构为依托的区域公共卫生应急协作机制的建设要求。本条与《基本医疗卫生与健康促进法》第34～37条、《传染病防治法》第6条、第8条、第42条、第44条、第56条、第76条以及《突发公共卫生事件应急条例》第40～41条等规定存在密切关联。其中，《基本医疗卫生与健康促进法》强调建立健全突发事件卫生应急体系；《传染病防治法》明确医疗机构和疾病预防控制机构在疫情监测、报告和救治中的职责；《突发事件应对法》与《突发公共卫生事件应急条例》则强调建立统一领导、分级负责的应急处置机制。本条在承接上述法律制度基础上，进一步细化了以高水平医疗机构和省级疾控机构为依托的应急救治与协作平台建设任务，通过优化资源配置、强化技术支撑与跨部门联动，落实"联防联控，群防群控"原则，全面提升重大传染病防治等突发公共卫生事件应急处置能力。

根据"上位法优于下位法"及"特别法优于一般法"的原则，《突发公共卫生事件应对法》的法律效力应高于《突发公共卫生事件应急条例》和国家卫生健康委员会等部门制定的规章（如《突发事件医疗应急工作管理办法（试行）》《传染病疫情预警管理办法（试行）》）。此外，《突发公共卫生事件应对法》与《传染病防治法》《基本医疗卫生与健康促进法》《突发事件应对法》处于同一法律位阶，但因其条款专门针对突发公共卫生事件的应对与救治，具有特别法的属性，故在相关事项的适用上应优先于一般性法律。

"高水平医疗机构"在法律、行政法规、部门规章等规范性法律文件中，尚未作为规范术语被明确定义。实践中，结合中共中央办公厅、国务院办公厅印发的《关于进一步完善医疗卫生服务体系的意见》等相关政策文件，"高水平医疗机构"应具备以下主要特征：(1)在临床诊疗方面具备高端专科或综合能力，能够承担复杂危重病例的救治与会诊；(2)拥有与承担国家重大传染病防治和应急救治需要相适应的临床、检验与实验室能力（包括相应生物安全等级的检测能力）、重症救治与感染控制能力；(3)具有跨区域救治与医疗资源统筹能力，能够在突发公共卫生事件中发挥国家或区域医疗救治基地的作用;(4)符合国家或省级主管部门制定的建设与运行标准,包括设备配置、床位设置、人员结构、信息化水平、应急预案与演练等方面的要求。

关联法规

《基本医疗卫生与健康促进法》第34～37条;《传染病防治法》第6条、第8条、第42条、第44条、第56条、第76条;《突发事件应对法》第4条、第18条、第50条;《突发公共卫生事件应急条例》第40条;《突发事件医疗应急工作管理办法(试行)》第10～11条、第15条;《传染病疫情预警管理办法(试行)》第5～6条、第17条

第五十三条　【资金统筹保障】国家统筹医疗保障基金和公共卫生服务资金使用,促进公共卫生服务和医疗服务有效衔接,实现更好保障。

条文注释

本条是关于国家在统筹医疗保障基金和公共卫生服务资金使用方面的职责的规定。

国家负有统筹使用医疗保障基金与公共卫生服务资金的职责,以推动公共卫生服务与医疗服务有机衔接和协同发展,为人民群众提供覆盖全生命周期、贯穿健康服务全流程的全方位保障。

根据《基本医疗卫生与健康促进法》第15条的规定,基本医疗卫生服务包括基本公共卫生服务和基本医疗服务。从体系功能看,二者在服务对象和侧重点上虽存在差异,但本质上均服务于"健康中国"战略,旨在保障公民享有连续、全面、可及的基本医疗卫生服务。前者由国家免费提供,更侧重于面向全体居民开展以预防为主的群体性服务,主要内容包括疾病预防控制、健康教育、疫苗接种、妇幼保健和传染病防控等;后者则侧重于运用适宜药物、技术和设备,为患者提供疾病诊断、治疗、护理与康复等个性化医疗服务。由此可见,唯有在公共卫生服务与医疗服务之间建立合理的融合协同机制,才能真正保障公民基本医疗卫生服务的享有,全面提升公民健

康水平，扎实推进健康中国建设。例如，依照本条及《传染病防治法》第 88 条的规定，在重大传染病防控过程中，公共卫生系统承担预防与监测职能，医疗机构负责诊断与治疗工作，二者应实现信息互通、协同联动，共同构建覆盖全周期、全方位、多层次的健康管理机制。

提升突发公共卫生事件应对能力、构建强大的公共卫生体系，有赖于国家对医疗保障基金和公共卫生服务资金实行有效的统筹规划与监督管理。医疗保障基金主要用于支付符合规定的门诊和住院医疗费用，通过政府、用人单位和个人等多渠道筹集，显著减轻了参保人员的就医负担。公共卫生服务资金则具有“覆盖面广、预防性强”的突出特点，以推进基本公共卫生服务均等化为目标，项目经费主要由政府财政保障，通过主动、免费的服务模式惠及全体居民。这两类资金的规划关乎国计民生，必须由国家统筹，这一特点在疫情防控期间尤为突出：在医疗保障基金方面，国家医保局与财政部联合出台政策，明确规定“新冠肺炎确诊和疑似患者的医疗费用”由医保基金和财政共同负担，个人负担部分由财政予以补助，明确“不因费用问题影响救治”；在公共卫生服务资金方面，则根据防控阶段变化，资金使用从重点支持疫情科研和密切接触者追踪管理，逐步扩展至保障疫苗免费接种等全民预防性服务。

适用要点

本条为构建完备的突发公共卫生事件应对体系提供了法律指引，但本条属于原则性规定。在司法实践中，需以本条所体现的立法目的为依据，充分援引行政法规、部门规章、地方性法规及地方政府规章中的相关实施细则。

此外，有以下几个方面需要注意：

第一，根据本法第 4 条、《基本医疗卫生与健康促进法》第 80 条、《传染病防治法》第 81 条以及《突发事件应对法》第 29 条的规定，应将医疗保障基金和公共卫生服务资金的国家统筹工作纳入国民经济和社会发展规划，从顶层设计入手构建科学的资金统筹体制。

第二，资金统筹工作既适用于突发公共卫生事件的预警监测、应急处置和事后恢复阶段，也适用于常态化防控阶段。

第三，有关资金统筹工作责任主体的确认，应结合本法第12条、《基本医疗卫生与健康促进法》第16～18条、《传染病防治法》第82条以及《突发事件应对法》第16条的规定，坚持中央主导、地方配合的基本原则。中央层面由国务院医疗保障主管部门、卫生健康主管部门与财政部负责，地方层面由各级政府相关职能部门予以配合落实。

第四，实务中应充分考虑医疗保障基金和公共卫生服务资金的不同功能侧重点，充分发挥其在各自领域的优势，实现协同增效。

第五，资金统筹工作关系国计民生，为保证实效，必须建立相应的监督审查机制。根据《基本医疗卫生与健康促进法》第81条、《社会保险法》第6条以及《医疗保障基金使用监督管理条例》第4～6条的规定，推进资金统筹和实现风险管控必须坚持以政策为依据、以法律为准绳，由国家建立健全监督管理机制，严守安全底线，对违法违规行为依法追究法律责任。

关联法规

《传染病防治法》第81～82条、第88条；《基本医疗卫生与健康促进法》第15～18条、第80～81条；《社会保险法》第6条；《医疗保障基金使用监督管理条例》第4～6条

关联案例

罗某友与王某俊、詹某平等医疗服务合同纠纷案①

要旨：本案中，原告通过医保报销交通事故产生医疗费中的22324.13元，第三人会理市医疗保障局主张：根据《医疗保障基金使用监督管理条例》第6条等规定，会理市医疗保障局负责会理市行政区域范围内医保基金监督管理，有权要求本案相关当事人退回该医保报销部分。根据《社会保险法》第30条第1款第2项的规定，法院对第三人诉讼请求予以支持。

① 参见四川省盐边县人民法院（2021）川0422民初131号民事判决书。

第五十四条　【应急物资保障体系】国家建立健全公共卫生应急物资保障体系，提高突发公共卫生事件应急物资保障水平。县级以上人民政府发展改革部门统筹公共卫生应急物资保障工作。

国家加强医药储备，实行中央和地方两级储备。国务院工业和信息化部门会同国务院有关部门，根据应对突发公共卫生事件的需要，加强国家医药储备，指导地方开展医药储备工作，完善储备调整、调用和轮换机制。

鼓励单位和家庭根据卫生健康主管部门的提示，适量储备常用药品、防护用品、消毒用品。

条文注释

本条是关于公共卫生应急物资保障体系的规定。

本条与本法第三章“预防与应急准备”相互衔接。明确各方责任，有助于在突发传染病、群体性不明原因疾病、重大食物与职业中毒等公共卫生事件中有效防范应急物资短缺，最大限度地减轻社会恐慌、降低生命损失，维护经济社会秩序稳定运行。

本条第1款第1句首先规定了国家层级的职责是建立健全公共卫生应急物资保障体系，国务院及其组成部门承担顶层设计、标准制定、财政投入、跨区域协调和国际采购等宏观职能。根据《关于健全公共卫生应急物资保障体系的实施方案》的相关规定，公共卫生应急物资保障体系是指为应对传染病疫情、群体性不明原因疾病、食品安全与职业中毒等突发公共卫生事件，由政府主导建设，涵盖实物储备、产能储备、技术储备和社会储备，并实现“储—产—调—运—用”全链条衔接的专项制度安排。本条第1款第2句规定，县级以上人民政府发展改革部门统筹公共卫生应急物资保障工作。此处的“统筹”是指由地方政府发展改革部门牵头，卫生健康、工业和信息化、财政、交通运输、市场监管、公安等多部门依据各自职责协同参与，共同应对突发公共卫生事件。此外，考虑到基层组织在资源和能力方面存在差异，本条未将相关职责下放至乡镇一级，旨在进一步压实县级人民政府的统筹责任，避免资源运用的分散化和碎片化。

本条第2款明确了中央与地方两级医药储备体制及其运行机制。医药储备是指政府为应对突发公共卫生事件、重大灾情疫情及武装冲突等紧急状况，保障医疗救治需要，而预先进行战略性储备的药品、疫苗、检测试剂、医疗器械及其关键原材料。医药储备实行中央与地方两级管理制度，所需资金纳入财政预算，专款专用，并采取实物储备与产能储备相结合的方式。

中央储备由国务院工业和信息化部门牵头，会同财政部、国家发展改革委、国家卫生健康委、国家药品监督管理局等部门共同负责，主要承担疫苗、特效药品、检测试剂等战略性与全国性应急物资的储备，侧重于跨区域调拨和重大突发事件的应急响应。地方储备由省级政府负责落实，重点保障本地区常见病、灾害易发病等区域性需求，储备量应满足本行政区域3个月以上的应急需求。

两级储备运行机制强调中央对地方医药储备工作的指导，并不断完善储备调整、调用与轮换机制。其中，储备调整是指对医药储备目录和规模进行动态优化，由国家卫生健康委提出目录建议，经国家医药储备专家咨询委员会论证后，由工业和信息化部会同财政部、国家发展改革委等部门共同确定，原则上每5年集中调整一次，遇重大情况可适时调整；储备调用须遵循“就近就急”原则，突发公共卫生事件发生时，由国务院联防联控机制或省级应急指挥机构统一调度，优先动用地方储备，中央储备作为补充支援；轮换机制是指在确保储备品种、数量和质量安全的前提下，实行动态轮储与定期核销相结合，例如，对有效期较短的药品和耗材，按“用旧储新”原则进行轮换；对因临床需求下降或技术淘汰等原因需退出的品种，经专家评估审核后可按规定核销。

本条第3款明确了国家鼓励单位和家庭开展应急物资的自我储备。其根本原因在于，即便政府储备体系较为完善，仍可能受运输能力、储备总量等客观条件限制，而单位和家庭的自我储备能够与政府储备形成风险分担机制,在突发情况下第一时间保障自身短期的应急需求。

此外,本条第3款还对自我储备行为从法律层面进行了引导和规范:首先,将储备建议的信息来源限定为“卫生健康主管部门”的官方提示,排除商业广告和自媒体谣言等非权威渠道的干扰;其次,强调“适量”储备,倡导理性储备行为,防止因过度囤积导致社会资源浪费或药品过期等问题;最后,在法律层面建议储备物资的种类,包括常用药品、防护用品和消毒用品等基础应急物资。

适用要点

1. 本条明确了公共卫生应急物资保障工作的统筹主体为县级以上人民政府发展改革部门,具体包括国家、省(自治区、直辖市)、地级市的发展和改革委员会,以及县(区、县级市)的发展改革局。相较于《突发事件应对法》第45条仅原则性规定由国务院应急管理等部门负责制定应急物资储备规划、品种目录并组织实施,本条进一步明确了地方层面应急物资保障工作的具体统筹主体,强化了县级以上发展改革部门在其中的组织与协调职责。

2. 在国家层面,国务院工业和信息化部门是医药储备工作的首要责任单位,国务院其他相关部门应配合其共同加强与完善医药储备管理。工信部门应依据国家经济发展水平、突发公共卫生事件等级及主要疾病风险变化等因素,适时调整医药储备目录,在紧急状态下,负责决策跨区域医药物资的调配与使用,并组织做好医药储备的定期轮换工作,以应对药品有效期届满、药物技术迭代等实际情况。在地方层面,地方政府应负责完善本地区医药物资储备体系,接受国务院工业和信息化部门在医药储备体系建设方面的业务指导并贯彻落实,在发生突发公共卫生事件时,须服从中央统一的物资调度安排。

3. 本条第3款未将针对特定疾病的治疗物资或非常用药品纳入鼓励单位和家庭自我储备的范围,而是以应急需求为导向,旨在防止医药物资的浪费或非理性囤积。与《传染病防治法》第89条相比,本条进一步明确了单位和家庭可作为应急医药物资的储备主体，是对现有法律体系的有效补充。需注意的是，产能储备与技术储备仅适用于《传染病防治法》所规定的传染病防治领域，不适用于本法的调整范围。对于《突发公共卫生事件应急条例》中未予明确的家庭物资储备指引，可适用本条规定予以补充。

关联法规

《基本医疗卫生与健康促进法》第63条；《突发事件应对法》第45条；《传染病防治法》第69条、第89条；《药品管理法》第92条；《突发公共卫生事件应急条例》第16条

关联案例

顾某甲、顾某乙等与绵阳市游仙区某某中心卫生院、绵阳市某某中心医疗损害责任纠纷案①

要旨：关于二被申请人是否履行院前急救义务的问题，应结合本案发生于疫情防控期间的特定背景及相关公共卫生应急规则予以认定。某某卫生院依据《传染病防治法》及疫情防控方案的要求，使用专用救护车运送高风险核酸标本，属于执行政府统一调配的疫情防控任务，符合应急物资运输要求，优先于一般院前急救，不构成未尽到院前急救法定义务的过错。在疫情防控关键时期，医疗资源需优先保障防疫核心任务，绵阳市某某中心已对有限资源进行合理调度与统筹使用，无证据证明其挪用资源、放弃急救职责。根据《最高人民法院关于审理医疗损害责任纠纷案件适用法律若干问题的解释》的规定，顾某甲等人未提供充分证据证明二被申请人存在医疗过错及该过错与损害后果之间存在因果关系。因此，二被申请人依法无需承担赔偿责任。

第五十五条　【对参与应急处置人员的保障措施】对参与突发公共卫生事件应急处置的人员，按照国家规定采取有效的

① 参见四川省高级人民法院(2023)川民申9965号民事裁定书。

卫生防护措施和医疗保健措施,并给予适当的津贴。

对因参与突发公共卫生事件应急处置致病、致残、死亡的人员,按照有关规定落实保障政策。

国家鼓励医疗机构、疾病预防控制机构为本机构参与突发公共卫生事件应急处置的人员购买人身意外伤害保险。

条文注释

本条是关于对参与应急处置人员的保障措施的规定。

保障措施是指对参与突发公共卫生事件应急处置人员在应急处置前、中、后三个阶段给予保障其健康和生命安全的措施。

本条第1款规定了应急处置前的保障措施。根据《宪法》第33条确立的“国家尊重和保障人权”原则,参与突发公共卫生事件应急处置的人员在工作过程中面临多种可能危及生命健康的风险,因此有权享有切实保障其健康与生命安全的一系列措施,具体包括以下方面:(1)有效的卫生防护措施。依据《传染病防治法》第91条、《突发公共卫生事件应急条例》第35条及《动物防疫法》第86条的规定,应当为应急处置人员提供必要的防护装备、消毒用品及相关防护知识培训,最大限度降低其在工作中感染疾病或遭受其他伤害的风险。(2)有效的医疗保健措施。此类措施应包括必要的健康监测、预防性用药、心理咨询服务,以及执行应急任务期间可能需要的紧急医疗救治等,以保障其身心健康。(3)给予适当津贴。例如,发放加班补贴、特殊岗位津贴、临时性工作补助等,对其额外付出和所承担的风险予以相应经济补偿。

本条第2款规定了应急处置人员因参与突发公共卫生事件应对工作而致病、致残或死亡时的保障措施。该类人员在应急处置过程中为维护公共利益做出重大贡献甚至牺牲,国家应当依法给予相应补偿。保障措施的适用须满足以下条件:(1)保障对象限于因直接参与突发公共卫生事件应急处置工作而致病、致残或死亡的人员;(2)突发公共卫生事件应急处置行为与上述人身损害后果之间必须存在直接因果关系;(3)保障内容应依据国家有关规定执行,包括但不限于工伤保险待遇、烈士评定与抚恤优待政策以及其他政策性补偿或补助,具体可涵盖医疗费用报销、伤残抚恤金、丧葬补助金和家属生活困难补助等项目。

本条第3款规定了国家鼓励医疗机构、疾病预防控制机构为参与应急处置的人员购买人身意外伤害保险。突发公共卫生事件应急处置工作具有较高风险性,人身意外伤害保险作为商业保险,是对法定社会保险的有效补充,能够覆盖工伤保险未能涵盖的意外风险。为该类人员购买此类保险,可在其遭受意外伤害时提供额外的经济补偿,有助于减轻个人及家庭的经济负担,增强其整体风险应对能力,从而更安心地投入应急处置工作。国家以鼓励而非强制的方式,引导相关单位为应急处置人员投保,既提升了保障水平,也体现了单位的人文关怀。本款与前两款所规定的事前防护和事中补偿措施相结合,共同构建起涵盖事前、事中与事后多个阶段的全面保障体系,体现了国家对参与突发公共卫生事件应急处置人员的保护和尊重。

适用要点

根据本条规定,当事人在申请相关保障措施时,可能涉及以下需要判断的问题:是否为适格的权利主体、是否符合各项保障措施的具体适用情形、是否存在不同保障措施之间的竞合关系,以及相关法律法规如何准确适用。

1. 本条规定的适格权利主体为参与突发公共卫生事件应急处置的人员,主要包括直接参与事件现场处置的一线工作人员,以及由政府选派的医疗、公共卫生等专业防控人员。一线工作人员特指在其生产或工作过程中直接接触可能严重危害公众生命健康安全的病原体的人员。志愿者、后勤服务人员等未直接接触病原体的,不属一线工作人员范围。责任主体包括政府、医疗机构和疾病预防控制机构。其中,政府主要负责从宏观层面制定应急处置人员的保障政策;医疗机构和疾控机构作为应急人员的用人单位,具体负责落实相关保障措施,包括提供有效的卫生防护措施和医疗保健措施等。

2. 关于各类保障措施的具体适用情形，主要包括以下方面：(1)本条第1款中津贴的发放，须严格限定于实际参与突发公共卫生事件应急处置的人员范围，并通过登记、审核、报批等程序予以确认。发放标准可参照《人力资源社会保障部、财政部关于建立传染病疫情防治人员临时性工作补助的通知》（人社部规〔2016〕4号）有关规定，并依据应急工作的性质、风险等级等因素划分津贴档次，由同级财政部门按规定予以发放。(2)本条第2款要求对疾病、伤残或死亡的结果与参与突发公共卫生事件应急处置的行为之间进行因果关系认定，仅在结果与行为存在直接因果关系时，方可启动相应保障政策。原则上，应急人员或其近亲属应承担该因果关系的举证责任。在具体适用过程中，须密切关注国家及地方最新出台的相关配套规定与实施细则，以确保保障措施准确落实。(3)本条第3款的鼓励对象限于医疗机构和疾病预防控制机构，不包括企业、社会组织等其他主体，但这些主体可以自行决定是否购买。本款采用“鼓励”这一引导性表述，表明购买保险并非医疗机构和疾控机构的法定义务。

3. 关于与其他保障措施竞合的问题，在本条第2款与第3款的适用中，尽管第2款所列情形可通过工伤保险等法定渠道获得补偿或补助，但仍可能存在因未能及时完成工伤认定等原因导致无法获得相应补偿，或经法定补偿后仍有部分费用无法覆盖的情况。在此类情形下，已购买人身意外伤害保险的应急人员可通过保险机制获得兜底性经济补偿。因此，两款所规定的保障措施在适用上属于平行关系，互不排斥；在满足各自条件时，可同时适用且无先后顺序之分。

4. 关于法律法规适用的问题。由于本条的适用涉及国家及地方最新出台的相关配套规定和实施细则，需注意不同位阶法律法规的适用顺序。第一，在法律层面，《突发事件应对法》与《传染病防治法》均为全国人大常委会制定的法律。《突发事件应对法》为各类突发事件应对提供基本法律框架和原则，属于一般法；突发公共卫生事件属于突发事件范畴，受该法调整。《传染病防治法》是针对传染病防治领域的特别法，在应对突发公共卫生事件时，应优先适用该法中相关规定;若其未作规定,则可适用《突发事件应对法》的一般规定。同时,由于参与突发公共卫生事件应急处置的人员多为医务人员,其保障措施也可适用《基本医疗卫生与健康促进法》和《医师法》中关于医疗卫生人员权益的相关规定。第二,在行政法规层面,《突发公共卫生事件应急条例》作为国务院制定的行政法规,对应急人员保障措施的具体实施细则和程序作出了进一步细化,为法律的有效实施提供了操作依据。第三,在地方性法规和地方政府规章层面,可根据各地区的具体规定进行针对性补充。例如:《辽宁省公共卫生应急管理条例》第60~61条、《上海市公共卫生应急管理条例》第71条及第73条、《汕头经济特区突发公共卫生事件应急条例》第52条、《珠海经济特区突发公共卫生事件应急条例》第10条、《深圳经济特区突发公共卫生事件应急条例》第10条、《青岛市医疗卫生人员权益保障办法》第7条及第20~21条、《上海市医疗卫生人员权益保障办法》第10~22条等,均为地方层面落实保障措施提供了具体规范。

关联法规

《突发事件应对法》第40条、第90~91条;《传染病防治法》第91条;《基本医疗卫生与健康促进法》第55条;《医师法》第44条;《突发公共卫生事件应急条例》第9条、第43条;《工伤保险条例》第15条

关联案例

李某兴与北京某宾馆有限公司劳动争议案①

要旨:李某兴未提交证据证明其属于在生产、工作中直接接触传染病病原体的人员,亦未能证明其符合《人力资源和社会保障部、财政部关于建立传染病疫情防治人员临时性工作补助的通知》所规定的补助发放范围。因此,其不属于可申领卫生防疫津贴的适格人员,故对其提出的新冠病毒防疫工作津贴请求,缺乏事实与法律依据,法院不予支持。

---

① 参见北京市大兴区人民法院(2021)京0115民初15874号民事判决书。

第七章　法律责任

第五十六条　【政府和卫生健康、疾控部门未依法履职的法律责任】违反本法规定，地方各级人民政府和县级以上人民政府卫生健康、疾病预防控制等部门在突发公共卫生事件应对工作中有下列情形之一的，由其上级行政机关责令改正，通报批评，对负有责任的领导人员和直接责任人员依法给予处分：

（一）未依法履行报告职责，隐瞒、谎报、缓报、漏报突发公共卫生事件，或者干预突发公共卫生事件报告；

（二）未依法发布预警、采取预警措施，导致危害扩大；

（三）未依法启动应急响应、采取应急处置措施，导致危害扩大；

（四）违反本法规定的其他失职、渎职行为。

条文注释

本条是关于地方各级人民政府和县级以上卫生健康、疾病预防控制等部门未依法履职应承担的法律责任的规定。

1. 未履行法定报告职责。突发公共卫生事件发生后，县级以上人民政府应迅速启动应急预案，开展各项应急工作。与此同时，各级政府应密切关注事件进展，及时向上一级政府报告相关情况，确保信息透明和及时传递。在特殊情况下，如果事件特别紧急或影响范围广泛，地方政府可以直接越级上报，以确保信息能够迅速传达至更高层级的政府部门，从而及时调配全国范围内的资源和力量，共同应对突发公共卫生事件。卫生健康主管部门和疾病预防控制部门应在各自职权范围内及时、准确地报告相关信息。不依法履行报告职责的行为包括主观故意隐瞒事件真相、故意报送错误信息、超过规定时限报送、因工作失误未报送全部信息以及人为干预信息上报等。

报告职责的履行情况直接关系到事件的风险评估和科学决策的制定。若政府及有关部门出现隐瞒、谎报、缓报、漏报或干预报告的情况，将影响后续的调查、预警、应急响应及处置措施，降低突发公共卫生事件的应对效率，损害人民群众的健康权益。因此，对未依法履行法定报告职责的，将由上级行政机关根据具体情况责令改正、通报批评；对负有责任的领导人员和直接责任人员依法给予警告、记过、记大过、降级、撤职直至开除等处分。

2. 未依法发布预警或采取预警措施，导致危害扩大。我国已建立突发事件预警制度，明确了突发公共卫生事件预警发布的程序和可采取的预警措施，形成了从发布预警、调整预警措施到解除预警的全链条、科学规范的应急管理机制。政府及相关部门能否依法发布预警并采取相应措施，直接关系到能否预先防范和减轻突发事件造成的危害，以及能否最大限度地减少人员伤亡和财产损失。同时，透明的预警信息有助于避免或减少因谣言引发社会恐慌。因此，若地方各级人民政府及县级以上卫生健康、疾病预防控制部门未能依法发布预警，或未依法采取必要的预警措施（如启动应急预案、监测分析事态发展、准备应急队伍及资源、发布预测信息、组织疏散转移相关人员等），导致未能有效预防或减轻事件危害，并造成危害扩大的，应依法追究其责任。

3. 未依法启动应急响应或采取应急处置措施，导致危害扩大。国家对突发公共卫生事件实行分级应急响应制度，根据事件的性质、危害程度和影响范围等因素确定响应级别，并采取相应的处置措施。应急处置措施包括组织医疗救治、控制危险源、疏散和转移并妥善安置受影响人员、开展流行病学调查和健康监测、限制人群聚集活动、停工停业、调度应急资源以及启用应急避难场所等。预警为应急响应提供信息依据，应急响应是预警的具体实施，二者协同配合，共同构成科学有效的应急管理体系。若因控制危险源不到位、指挥协调不当、资源调配不合理、延误处置时机等应急响应措施落实不到位，导致事件影响进一步扩大，相关部门及政府将依法承担相应法律责任。

4. 违反本法规定的其他失职或渎职行为。失职渎职行为是指公职人员在履行职责过程中，因故意或过失未能正确行使职权，导致国家、集体或公众利益遭受重大损失的行为。在实践中，如防疫期间泄露公民个人隐私信息、违法扣押征用防疫物资、侵吞防疫物资等行为，相关单位将会被责令改正，负有责任的人员也将依法给予处分。

适用要点

在政府及相关部门责任的表述方面，《突发事件应对法》、《传染病防治法》以“特定主体应履行的义务”为视角设定罚则（如《突发事件应对法》规定了政府及相关部门9种违法行为应承担的法律责任）；《突发公共卫生事件应急条例》以“单个违法行为”为视角设定罚则（如条例第45条只规定了未依法报告这一种违法行为应承担的责任）。与此不同的是，本法将“报告、预警、应急响应”这三个应急管理中的关键节点在同一条款中特别表述，体现了本法是以“突发事件应对全流程”为视角设定罚则的，如此体例安排能更好地保证相关环节的紧密衔接和协同配合。

将本法与《传染病防治法》相比较，二者在关于法定报告职责方面的规定是相同的，而本法将“未依法发布预警”、“未依法启动应急响应”进行单独表述。

从本法内部来看，本章法律责任先后有3条（第56条、第57条、第58条），规定了不同主体法定报告职责，均明确规定隐瞒、谎报、缓报、漏报突发公共卫生事件，或者干预突发公共卫生事件报告将承担法律责任。这些不同主体涵盖了地方各级人民政府、县级以上人民政府卫生健康部门、疾病预防控制等部门、疾病预防控制机构、医疗卫生机构、检验检测机构、发生或者可能发生突发公共卫生事件的单位。这是本法“社会共同参与”原则和“组织动员单位和个人依法有序参与突发公共卫生事件应对工作”的具体体现。

关联法规

《突发公共卫生事件应对法》第5条、第12条、第13条、第30

条、第 33 ~ 39 条;《突发事件应对法》第 17 条、第 63 条、第 71 ~ 85 条、第 95 条;《传染病防治法》第 100 ~ 101 条;《突发公共卫生事件应急条例》第 45 条、第 49 条;《食品安全法》第 142 ~ 146 条

第五十七条　【疾控、医疗及检验检测机构未依法履职的法律责任】违反本法规定,疾病预防控制机构有下列情形之一的,由县级以上人民政府卫生健康主管部门、疾病预防控制部门依据职责责令改正,给予警告或者通报批评,对直接负责的主管人员和其他直接责任人员依法给予处分,并可以由原发证部门责令有关责任人员暂停六个月以上一年以下的执业活动直至依法吊销执业证书:

(一)未依法履行突发公共卫生事件监测职责;

(二)未依法履行报告职责,隐瞒、谎报、缓报、漏报突发公共卫生事件,或者干预突发公共卫生事件报告;

(三)未依法对突发公共卫生事件报告进行调查、核实。

前款规定以外的医疗卫生机构、检验检测机构未依法履行报告职责,隐瞒、谎报、缓报、漏报突发公共卫生事件,或者干预突发公共卫生事件报告的,由县级以上人民政府卫生健康主管部门、疾病预防控制部门依据职责责令改正,给予警告或者通报批评,可以并处十万元以下罚款;情节严重的,可以由原发证部门或者原备案部门依法吊销相关许可证或者责令停止执业活动,对直接负责的主管人员和其他直接责任人员依法给予处分,并可以由原发证部门责令有关责任人员暂停六个月以上一年以下的执业活动直至依法吊销执业证书。

条文注释

本条是关于疾病预防控制机构、医疗卫生机构和检验检测机构未依法履职或履职不当的法律责任的规定。

本条分为两款,第 1 款涉及疾病预防控制机构,包括以下三种

情况：

1. 疾病预防控制机构未依法履行突发公共卫生事件监测职责。疾病预防控制机构承担着收集、分析、报告突发公共卫生事件监测信息的法定职责。若机构未能依法有效履行监测职责，将导致疫情数据的实时收集、风险识别和预警研判等工作无法及时开展。由于缺乏必要的监测数据支撑，疫情防控措施的制定与实施将严重滞后，可能造成疫情进一步扩散，对公众健康构成更大威胁。因此，疾病预防控制机构未依法履行监测职责的，应当承担相应的法律责任。

2. 疾病预防控制机构隐瞒、谎报、缓报或漏报突发公共卫生事件，或干预事件报告。突发公共卫生事件的报告责任涉及多个主体，尤其是疾病预防控制机构和医疗机构。疾病预防控制机构因其具备的监测预警能力、流行病学调查能力和实验室监测能力，具备及时发现疫情信息的先决条件。为此，若疾病预防控制机构隐瞒、谎报、缓报、漏报突发公共卫生事件，或干预事件报告，将依法追究其法律责任。

3. 疾病预防控制机构未依法对突发公共卫生事件报告进行调查和核实。疾病预防控制机构在接到其他主体关于突发公共卫生事件的报告，或在监测中发现疑似情况后，均应立即组织进行调查和核实。机构应根据调查核实的结果，准确判断是否已经发生或可能发生突发公共卫生事件。及时开展调查核实是控制事件扩散的关键环节，若疾病预防控制机构延误或疏于履行调查核实职责，可能导致疫情进一步蔓延，扩大危害后果。因此，未依法及时进行调查和核实的疾病预防控制机构，应当承担相应的法律责任。

本条第2款规定的是医疗卫生机构、检验检测机构未按规定报告突发公共卫生事件应当承担的法律责任。医疗机构在传染病疫情报告方面承担着重要的责任和义务。医疗机构及其工作人员在发现突发公共卫生事件或有发生的潜在风险时，必须严格遵守报告规范，在2小时内通过直报系统进行网络报告。鉴于医疗机构是传染病患者的主要就诊场所，拥有专业的设备和人员，能够对疾病进行准确诊断，因此，其在第一时间发现和报告病例方面起着至关重要的作用。若医疗卫生机构存在隐瞒、谎报、缓报、漏报突发公共卫生事件，或人为干预、阻碍正常报告流程等行为，将依法追究其相应法律责任。

检验检测机构是依法成立，依据相关标准或技术规范开展检验检测活动，具备独立法人资格并能独立承担法律责任的主体。在突发公共卫生事件应对过程中，检验检测机构可能承担病原检测等任务，有机会接触大量样本，能早期发现异常情况，及时识别潜在的公共卫生风险。现有法律框架明确要求检验检测机构作为责任报告单位，未履行法定报告义务的，将承担相应法律责任。

适用要点

本条立法视角与上一条相同，与《突发事件应对法》、《传染病防治法》和《突发公共卫生事件应急条例》相比较，本条将疾病预防控制机构"监测、报告、调查核实"三个关键节点安排在同一条进行表述，立足于疾病预防控制机构这一特定主体的主要职责设定罚则，重点更加突出，更具有可操作性。

本条在立法上的一大亮点是单独规定了"检验检测机构"所应承担的法律责任，旨在督促其履行法定报告义务。对违反规定的单位，最高可处以10万元罚款，这为督促此类检验检测机构按时、准确报告提供了强有力的法律约束。该规定是对过去疫情防控经验的总结和完善。

在处罚种类上，相较《突发事件应对法》、《传染病防治法》和《突发公共卫生事件应急条例》而言，加大了对医疗机构的处罚力度，在对单位可处"责令改正、通报批评"的基础上，增加了"可以并处十万元以下罚款；情节严重的，可以由原发证部门或者原备案部门依法吊销相关许可证或者责令停止执业活动"。医疗机构作为信息收集的前线单位，其任何形式的报告不实行为，不仅违背职业伦理，还将干扰应对决策和资源调配，通过对单位增设吊销执业许可证等严厉处罚，旨在强化威慑，督促医疗机构切实履行法定报告职责。

对疾病预防控制机构和医疗卫生机构中"直接负责的主管人员和其他直接责任人员"也同样加大了处罚力度。二者作为公共卫生应急体系的重要组成部分，其一旦失职，将严重削弱应对突发公共卫生事件的整体能力，所以本法对有关责任人员增加了“由原发证部门责令有关责任人员暂停六个月以上一年以下的执业活动直至依法吊销执业证书”的处罚种类，最严重的情形将吊销相关人员执业资格，从而进一步压实个人责任，保障依法履职。

关联法规

《突发公共卫生事件应对法》第27～30条、第33～34条；《传染病防治法》第45条、第101条、第103～104条；《突发公共卫生事件应急条例》第48条、第50条；《突发公共卫生事件与传染病疫情监测信息报告管理办法》

第五十八条　【涉事单位未依法报告的法律责任】违反本法规定，发生或者可能发生突发公共卫生事件的单位未依法履行报告职责，隐瞒、谎报、缓报、漏报突发公共卫生事件，或者干预突发公共卫生事件报告的，由县级以上人民政府卫生健康主管部门、疾病预防控制部门依据职责责令改正，给予警告或者通报批评；造成严重后果的，并处一万元以上十万元以下罚款，对直接负责的主管人员和其他直接责任人员依法给予处分。

条文注释

本条是关于发生或可能发生突发公共卫生事件的单位未依法履行报告责任需承担的法律责任的规定。

本条所列违法行为分为两个方面：一是未依法履行报告职责，隐瞒、谎报、缓报、漏报突发公共卫生事件。隐瞒是指故意不报告或掩盖事件信息；谎报是指故意报告虚假信息；缓报是指延迟报告，未在规定时间内上报；漏报是指因疏忽或工作失误，未按规定报告全部关键信息。二是干预突发公共卫生事件报告。此行为在主观上存在故意，通常表现为采取施加压力、篡改数据等手段干扰报告过程，影响信息的真实性和完整性。

本条所约束的主体是发生或者可能发生突发公共卫生事件的单位。因这类单位直接接触事件现场,能够掌握第一手信息,有利于及时发现异常。对不履行报告义务的行为进行处罚,有助于推动建立全民参与的突发公共卫生事件应对模式。

适用要点

《突发事件应对法》第61条和《传染病防治法》第55条规定了有关单位和人员在报告传染病疫情信息时的义务,内容与本条相似;而本条进一步明确将"发生或者可能发生突发公共卫生事件的单位"作为法定报告主体,避免了责任主体的模糊性,强化了其报告义务的履行,便于法律执行和责任追究。

关联法规

《突发公共卫生事件应对法》第34条;《突发事件应对法》第61条;《传染病防治法》第108条;《食品安全法》第128条

第五十九条 【违反应对措施的法律责任】违反本法规定,有下列情形之一的,由县级以上人民政府卫生健康主管部门、疾病预防控制部门依据职责责令改正,给予警告,对违法的单位可以并处二万元以下罚款,对违法的个人可以并处一千元以下罚款;情节严重的,由原发证部门依法吊销相关许可证或者营业执照:

(一)拒不执行人民政府依法采取的突发公共卫生事件应对措施;

(二)拒不接受和配合疾病预防控制机构开展突发公共卫生事件流行病学调查;

(三)故意编造、散布虚假突发公共卫生事件信息;

(四)其他妨害依法采取的突发公共卫生事件应对措施的行为。

条文注释

本条是关于单位或个人违反应对措施应承担法律责任的规定。

除第4项作为兜底条款外，本条所规定的违法行为主要涵盖了两大类别：一是拒绝履行应尽义务，包括不执行政府依法采取的应对措施、不配合流行病学调查；二是主动实施"故意编造、散布虚假突发公共卫生事件信息"的违法行为。

1. 不执行政府依法采取的应对措施应当承担法律责任。突发公共卫生事件应对需要政府发挥主导作用、各部门协调联动、社会公众共同参与。政府依法采取的应对措施是基于科学评估和公共利益制定的，具有强制性和必要性，单位和个人必须遵照执行。执行依法采取的突发公共卫生事件应对措施是单位和个人的法定义务，法律已明确该责任的归属。任何单位或个人若不服从疏散转移、人员排查、健康监测、医学观察、限制聚集等措施，将被追究相应责任。

2. 拒不接受和配合疾病预防控制机构开展流行病学调查应当承担法律责任。突发公共卫生事件发生后，疾病预防控制机构通过对现场采集样本、询问人员、查阅资料等方式开展流行病学调查，单位和个人应当接受和配合调查，进而达到精准定位突发公共卫生事件传播源头和路径、评估传播风险和态势、制定防控策略和措施。任何单位或个人接受、配合有关调查，可能会被采取相应的强制措施，同时承担本条规定的法律责任。

3. 故意编造、散布虚假突发公共卫生事件信息应当承担法律责任。认定此类行为违法需同时符合以下构成要件：一是存在主观故意。即行为人不仅明知信息虚假，还希望或放任该虚假信息传播的后果发生。如行为人因过失传播虚假信息，则不构成本行为。二是客观方面实施了编造或散布行为。包括虚构、捏造虚假的突发公共卫生事件信息，以及通过各类方式将虚假信息传播给不特定或多数人。散布方式涵盖但不限于口头、网络、书面等传播途径。一旦实施散布行为，无论是否造成广泛传播或实际危害后果，均构成本行为的客观方面。三是主体要件。本行为主体不限于个人，单位或个人只要实施了故意编造、散布虚假突发公共卫生事件信息的行为，均可能成为责任主体。四是客体要件。本行为侵犯的客体是社会公共秩序和国家对突发公共卫生事件的管理秩序。

任何单位或个人故意编造、散布有关突发公共卫生事件的虚假信息，将被追究法律责任。该规定有助于打击虚假信息的产生，维护突发公共卫生事件期间的公共秩序和信息环境。

适用要点

本法第12条、第17条、第39条、第41条属于行为规范，从不同角度规定了突发公共卫生事件应对中全社会共同参与的原则，明确了单位和个人应承担的法定职责与义务；本条则为与之对应的法律责任条款。

相较于其他法律法规，本条在法律责任的设定上更为严格。具体体现在以下三个方面：第一，在行为要件方面。《突发事件应对法》第97条禁止"编造并传播"虚假的突发事件信息，或在明知信息虚假的情况下仍故意传播；而本条并未要求同时具备"编造并传播"行为，仅故意编造虚假信息本身即构成违法。第二，在情节要件方面。《突发事件应对法》第97条规定，相关行为须"造成严重后果"的，单位才可能面临责令暂停业务或吊销许可证的处罚；而本条规定，即使未造成严重后果，只要"情节严重"，违法单位也可能被吊销许可证或营业执照，显著扩大了法律制裁的适用范围。第三，在增设"罚款"处罚种类方面。对违法单位可处2万元以下罚款，对个人可处1000元以下罚款。这一规定既提高了个人的违法成本，也增强了法律的实际操作性。

此外，本条与2025年新修订的《传染病防治法》的表述基本一致。相较于2011年修订的《突发公共卫生事件应急条例》中"阻碍突发事件应急处理工作人员执行职务"的表述，本条将违法行为范围从阻碍执行职务扩大调整为拒不执行应对措施，在行为认定上更具可行性和覆盖面。

关联法规

《突发公共卫生事件应对法》第17条、第39条、第41条；《突发事件应对法》第96~98条；《传染病防治法》第62条、第111条；《突

发公共卫生事件应急条例》第51条;《食品安全法》第133条

关联案例

辽宁省鞍山市赵某某编造、故意传播虚假信息案①

要旨:在疫情防控期间,编造虚假疫情信息,在信息网络或者其他媒体上传播,或者明知是虚假疫情信息,仍故意在信息网络或媒体上传播,严重扰乱社会秩序的,依照《刑法》第291条之一第2款的规定,以编造、故意传播虚假信息罪定罪处罚。

编造虚假信息,或者明知是虚假信息,仍在信息网络上散布,或者组织、指使人员在信息网络上散布,起哄闹事,造成公共秩序严重混乱的,依照《刑法》第293条第1款第4项的规定,以寻衅滋事罪定罪处罚。

第六十条　【扰乱市场秩序从重处罚】对突发公共卫生事件发生期间哄抬价格、牟取暴利、制假售假等扰乱市场秩序的行为,依法从重给予行政处罚。

条文注释

本条是关于在突发公共卫生事件期间扰乱市场秩序从重处罚的规定。

从重处罚原则,是指在法律规定的处罚幅度内,对存在法定或酌定从重情节的违法行为,选择适用较重的处罚种类或较高幅度的处罚予以惩处。本条所规定的情形即属于法定从重处罚的情形。

第一,特殊时期哄抬价格、牟取暴利将被从重处罚。该行为的构成要件包括以下四个方面:一是行为人存在主观故意。即行为人明知处于突发公共卫生事件期间,市场供需紧张,仍故意抬高价格,意图牟取暴利。二是客观上实施了哄抬价格、牟取暴利的行为。在成

① 参见《全国检察机关依法办理妨害新冠肺炎疫情防控犯罪典型案例(第二批)》之案例四。

本未明显增加的情况下大幅度提高商品价格；通过捏造、散布涨价信息或其他不实信息，制造市场恐慌，推动商品价格非正常上涨，从而获取远高于正常水平的利润。存在上述严重扰乱市场秩序的行为。三是造成危害后果。行为导致市场价格异常波动，侵害消费者合法权益，严重扰乱市场秩序，并可能影响社会稳定。四是处于特殊时期这一客观要件。即相关行为发生在突发公共卫生事件应对期间。

经营者哄抬价格、牟取暴利的，由相关部门责令改正，没收违法所得，并处违法所得5倍以下的罚款；没有违法所得的，予以警告，可以并处罚款；情节严重的，责令停业整顿，或者由市场监督管理部门吊销营业执照。在特殊时期实施哄抬价格、牟取暴利行为的，将依法选择较重的处罚种类或较高的处罚幅度予以惩处。

"哄抬物价"是一种投机牟取暴利的手段，不仅直接侵害广大消费者的权益，而且严重扰乱社会主义市场经济秩序，属于投机违法行为。在突发公共卫生事件应对期间，哄抬物价、牟取暴利可能影响防疫物资和生活必需品的正常供应。口罩、消毒液等防疫物资是保障公众健康的关键商品，此时哄抬物价会导致这些必需品价格非正常上涨，阻碍公众正常获取，从而增大感染风险。同时，此类行为扰乱市场秩序，易引发恐慌性抢购，加剧社会不稳定因素。公众对疫情期间哄抬物价的行为强烈不满。本法对此类违法行为采取从重处罚的措施，不仅回应了社会的关切，还增强了公众对政府和法律的信任，为复工复产营造了良好的市场环境。

第二，特殊时期制假售假将被从重处罚。此行为的构成要件为以下四个方面：一是主观方面。行为人明知是伪劣产品仍进行生产或销售，通常以非法牟利为目的。二是客观方面。行为人实施了生产、销售伪劣产品的行为，如掺杂掺假、以假充真、以次充好等。三是行为主体。主体可以是个人或单位，无论其是否具有合法的生产或销售资质。四是特殊时期。相关行为发生在突发公共卫生事件应对期间。

如果在产品中掺杂、掺假，以假充真，以次充好，或者以不合格产品冒充合格产品，将责令停止生产、销售，没收违法生产、销售的产品，并处违法生产、销售产品货值金额50%以上3倍以下的罚款；若有违法所得，将一并没收；情节严重者，将吊销营业执照；构成犯罪的，将依法追究刑事责任。特殊时期制假售假将选择较重的处罚种类或较高的处罚幅度进行惩处。

以制售假冒伪劣防疫物资为例，这种行为不仅严重影响了防疫工作的有效性，更可能对人民群众的生命安全构成威胁。在疫情防控的特殊时期，对制假售假的严厉制裁显得尤为重要，这不仅是对法律权威的维护，更是对社会秩序的保障。因此，本法规定，在突发公共卫生事件发生期间，若出现制假售假行为，将依法从重处罚，大幅提高违法成本，从而有效遏制此类行为的发生，为公共卫生事件的应对提供坚实的法律保障。

适用要点

本条与《突发事件应对法》第73条规定的“依法从严惩处囤积居奇、哄抬价格、牟取暴利、制假售假等扰乱市场秩序的行为，维护市场秩序”的表述内容相一致。本条在《突发公共卫生事件应急条例》第52条的基础上，强调了特殊时期扰乱市场秩序从重处罚的原则，以更有效地遏制此类违法行为的发生。

针对特殊时期哄抬价格、牟取暴利的行为，《价格法》第40条中规定：“有关法律对本法第十四条所列行为的处罚及处罚机关另有规定的，可以依照有关法律的规定执行。”该规定与本条实现了法律适用的有效衔接。此外，《价格违法行为行政处罚规定》与《制止牟取暴利的暂行规定》等法规对罚款数额作出了进一步细化和明确。

关联法规

《突发事件应对法》第73条；《突发公共卫生事件应急条例》第52条；《价格法》第14条、第40条；《价格违法行为行政处罚规定》；《制止牟取暴利的暂行规定》；《产品质量法》第5条、第32条、第39条、第50条；《市场监管总局关于依法从重从快严厉打击新型冠状病毒疫情防控期间违法行为的意见》

关联案例

广东廉江谭某某涉嫌非法经营案①

要旨：在疫情防控期间，违反国家有关市场经营、价格管理等规定，囤积居奇，哄抬疫情防控急需的口罩、护目镜、防护服、消毒液等防护用品、药品或者其他涉及民生的物品价格，牟取暴利，违法所得数额较大或者有其他严重情节，严重扰乱市场秩序的，依照《刑法》第225条第4项的规定，以非法经营罪定罪处罚。

第六十一条　【民事责任、治安管理处罚和刑事责任】违反本法规定，造成人身损害、财产损失的，依法承担民事责任；构成违反治安管理行为的，依法给予治安管理处罚；构成犯罪的，依法追究刑事责任。

条文注释

本条是关于违法应承担民事责任、治安管理处罚和刑事责任的规定。

1. 民事责任。在突发公共卫生事件应对期间，如因违反本法规定，造成他人人身损害或财产损失的，应当依法承担民事责任。民事责任的承担基于平等民事主体之间的权利义务关系，其目的在于恢复受损方的权益，使其尽可能恢复到损害发生前的状态，以弥补受害人所遭受的损失。具体包括因人身伤害所产生的医疗费、护理费、误工费等合理费用，以及因财产损失所造成的财物毁损、价值减少等实际损害，均应在法律框架内予以赔偿。这一制度体现了法律对个体合法权益的充分尊重与保护。

2. 治安管理处罚。如违反本法规定的行为扰乱了公共秩序，危害公共安全，或侵犯他人人身、财产权利，具有一定的社会危害性，但

① 参见《全国检察机关依法办理妨害新冠肺炎疫情防控犯罪典型案例（第一批）》之案例六。

根据《刑法》规定尚不构成犯罪、无须追究刑事责任时，由公安机关依法给予治安管理处罚。治安管理处罚的种类主要包括警告、罚款和行政拘留等。在突发事件应对过程中，以下几种情形较为常见：

（1）拒不执行政府在紧急状态下依法发布的决定和命令。如不配合防疫措施、违反隔离规定、故意隐瞒接触史造成疫情传播风险、擅自离开被封控区域，或阻碍国家机关工作人员依法执行职务的行为，可依据《治安管理处罚法》第 61 条规定，处以警告或 500 元以下罚款；情节严重的，处 5 日以上 10 日以下拘留，可以并处 1000 元以下罚款。

（2）特殊时期扰乱医院、社区等公共场所秩序。如插队、辱骂工作人员、暴力抗法等扰乱医院、社区等公共场所秩序，可依据《治安管理处罚法》第 26 条规定，处以警告或 500 元以下罚款；情节较重的，处 5 日以上 10 日以下拘留，可以并处 1000 元以下罚款。

（3）故意散布谣言，谎报疫情、灾情。故意散布谣言，谎报疫情、灾情，故意扰乱公共秩序的，可依据《治安管理处罚法》第 29 条规定，处 5 日以上 10 日以下拘留，可以并处 1000 元以下罚款；情节较轻的，处 5 日以下拘留或 1000 元以下罚款。

3. 刑事责任。当违反本法规定的行为性质严重、情节恶劣，构成犯罪的，将依法追究刑事责任。刑事责任作为最严厉的法律责任形式，可能对行为主体的人身自由或财产权利予以限制或剥夺。在认定犯罪时，既须在实体上符合《刑法》规定的构成要件，也须在程序上严格遵循法定诉讼程序。在依法惩治妨害预防、控制突发传染病疫情等灾害的犯罪行为过程中，以下几类罪名具有一定典型性，曾在社会范围内引起广泛关注：

（1）过失以危险方法危害公共安全罪。若行为人患有突发传染病或疑似突发传染病，但拒绝接受检疫、强制隔离或治疗，因其过失导致传染病传播且情节严重，危害公共安全的，将根据《刑法》第 115 条第 2 款的规定，按过失以危险方法危害公共安全罪定罪，处 3 年以上 7 年以下有期徒刑；情节较轻的，处 3 年以下有期徒刑或者拘役。

（2）妨害传染病防治罪。如违反《传染病防治法》的规定，出售、运输疫区中被传染病病原体污染或可能被污染的物品，未进行消毒处理，导致甲类传染病或依法确定采取甲类传染病预防、控制措施的其他传染病传播，或者有引起传播严重危险的，将依据《刑法》第330条的规定，以妨害传染病防治罪定罪，处3年以下有期徒刑或者拘役；后果特别严重的，处3年以上7年以下有期徒刑。

(3)妨害公务罪。如果行为人以暴力、威胁方法阻碍国家机关工作人员、红十字会工作人员依法履行为防治突发传染病疫情等灾害而采取的防疫、检疫、隔离治疗等预防、控制措施的，将依据《刑法》第277条规定，以妨害公务罪定罪，处3年以下有期徒刑、拘役、管制或者罚金。

(4)非法经营罪。在预防、控制突发传染病疫情等灾害期间，违反国家有关市场经营和价格管理的规定，哄抬物价、牟取暴利，严重扰乱市场秩序，且违法所得数额较大或有其他严重情节的，将依据《刑法》第225条第4项的规定，以非法经营罪定罪，并依法从重处罚：情节严重的，处5年以下有期徒刑或者拘役，并处或者单处违法所得1倍以上5倍以下罚金；情节特别严重的，处5年以上有期徒刑，并处违法所得1倍以上5倍以下罚金或者没收财产。

(5)编造、故意传播虚假恐怖信息罪。编造与突发传染病疫情等灾害相关的恐怖信息，或明知此类信息为编造却仍故意传播，严重扰乱社会秩序的，将依照《刑法》第291条之一的规定，以编造、故意传播虚假恐怖信息罪定罪，严重扰乱社会秩序的，处5年以下有期徒刑、拘役或者管制；造成严重后果的，处5年以上有期徒刑。

适用要点

本条作为兜底条款，在民事责任、治安管理处罚及刑事责任方面的规定与《突发事件应对法》《传染病防治法》的相关表述保持一致。同时，本条有效衔接了《民法典》等民事法律、《治安管理处罚法》及《刑法》等相关法律规范。根据违法行为类型和社会危害程度的不同，其法律后果亦有所区别。无论违法情节轻重，均可依据相应法律规定追究责任，实现对各类违法行为的全面覆盖与有效惩处，从而构建起层次分明、衔接有序的法律责任体系，增强法律的威慑力和执行效果。

《治安管理处罚法》已于2025年6月27日修订通过，并于2026年1月1日起施行。治安管理处罚与本法其他条款规定的由行政机关实施的行政处罚，均属于行政责任范畴，都是对违反行政管理秩序的制裁措施。

为了依法惩治妨害预防、控制突发传染病疫情等灾害的犯罪活动，2020年2月，最高人民法院、最高人民检察院、公安部及司法部联合发布了《关于依法惩治妨害新型冠状病毒感染肺炎疫情防控违法犯罪的意见》；2003年5月，最高人民法院、最高人民检察院还出台了《关于办理妨害预防、控制突发传染病疫情等灾害的刑事案件具体应用法律若干问题的解释》。除本条注释中所列罪名外，还涵盖了生产、销售伪劣产品罪；生产、销售假药罪或者生产、销售劣药罪；生产、销售不符合标准的医用器材罪；国有公司、企业、事业单位人员失职罪或者国有公司、企业、事业单位人员滥用职权罪；虚假广告罪；诈骗罪；抢劫罪；煽动分裂国家罪或者煽动颠覆国家政权罪；寻衅滋事罪；非法行医罪；贪污罪；职务侵占罪；挪用公款罪；挪用资金罪；挪用特定款物罪；滥用职权罪或者玩忽职守罪；传染病防治失职罪。

关联法规

《民法典》第1179～1187条、第1218～1228条；《治安管理处罚法》第26条、第29条、第61条；《刑法》第115条、第277条、第291条之一、第330～337条；《最高人民法院、最高人民检察院、公安部、司法部关于依法惩治妨害新型冠状病毒感染肺炎疫情防控违法犯罪的意见》；《最高人民法院、最高人民检察院关于办理妨害预防、控制突发传染病疫情等灾害的刑事案件具体应用法律若干问题的解释》

关联案例

湖北省嘉鱼县尹某某妨害传染病防治案①

要旨：违反《传染病防治法》的规定，拒绝执行卫生防疫机构依照《传染病防治法》提出的防控措施，引起新型冠状病毒传播或者有传播严重危险，不符合《刑法》第114条、第115条第1款规定的，依照《刑法》第330条的规定，以妨害传染病防治罪定罪处罚。

第八章　附　　则

第六十二条　【涉外适用】在中华人民共和国领域内的外国人、无国籍人应当遵守本法。对涉及外国驻中华人民共和国外交、领事机构和国际组织驻中华人民共和国代表机构以及上述机构的人员及其家属的突发公共卫生事件，有关县级以上地方人民政府在国务院外交部门的指导下开展应对工作。

条文注释

本条是关于在我国境内的外国人、无国籍人的法律适用的规定。

本条所指的“在中华人民共和国领域内”，特指我国国境以内的全部空间区域，具体包含领陆（即国境线以内的陆地及其地下层）、领水（涵盖内水、领海及其地下层）及领空。同时，依据国际条约和惯例，我国的船舶、航空器或其他航空设备，以及驻外使领馆，在特定情形下也视为我国领土的延伸，同样适用本法。例如，在我国登记注册并悬挂我国国旗的船舶，无论其航行于何地，其内部发生的相关事宜，均受我国法律管辖。

---

①　参见《全国检察机关依法办理妨害新冠肺炎疫情防控犯罪典型案例（第二批）》之案例一。

我国《宪法》第32条第1款规定,中华人民共和国保护在中国境内的外国人的合法权利和利益,在中国境内的外国人必须遵守中华人民共和国的法律。《出境入境管理法》第3条第2款也明确规定,在中国境内的外国人的合法权益受法律保护,同时,在中国境内的外国人应当遵守中国法律,不得危害中国国家安全、损害社会公共利益、破坏社会公共秩序。因此,本条规定对外国人、无国籍人提出了普遍守法的要求,即在我国领域内,应与我国公民一样,严格遵守我国法律。这是维护国家主权、社会秩序与公共利益的必然要求。在突发公共卫生事件应对中,外国人、无国籍人也应当遵守有关隔离、防控措施等法律法规,不得实施任何妨碍疫情防控的行为。

“外国驻中华人民共和国外交、领事机构和国际组织驻中华人民共和国代表机构以及上述机构的人员及其家属”,这些主体依据相关国际公约和外交惯例,在华享有特定的外交特权与豁免权,属于外国人中的“特殊主体”。然而,外交领域的特殊地位并不意味着其可以超脱于我国法律秩序之外,在突发公共卫生事件应对中,仍需遵循相应规则。涉及此类特殊主体的突发公共卫生事件,不仅关乎公共卫生问题,也涉及外交关系与国际影响。因此,本条规定,县级以上地方人民政府不得单独采取行动,而应当在国务院外交部门的指导下开展工作。国务院外交部门凭借其专业的外交知识、丰富的国际事务处理经验以及与相关国家和国际组织的沟通协调渠道,能够确保地方政府在应对过程中,既有效控制疫情、保障公众健康,又妥善处理外交关系,避免引发不必要的国际纠纷。例如,在信息通报和措施实施等环节,需充分考虑外交因素,在维护我国主权与法律尊严的同时,尊重相关主体的合法权益与特殊地位。

适用要点

第一,本条的适用对象为中华人民共和国境内的所有非中国籍自然人(包括外国人及无国籍人),无论其停留时间长短或所持签证类型为何。

第二,所有非中国籍自然人均应与中华人民共和国公民同等承担本法所规定的全部义务。例如,履行突发事件信息报告义务(第

30条)、配合调查采样义务(第41条)等。同时,对于与本法相关联的其他法律、行政法规的规定,非中国籍自然人亦应依据本条规定一体遵守。例如,《突发公共卫生事件应急条例》第44条所规定的接受隔离治疗及医学措施的义务。如非中国籍自然人出现违反本法规定的情形,也应依照本法第59条、第60条及第61条的规定承担相应法律责任。

第三,根据《维也纳外交关系公约》《维也纳领事关系公约》《中华人民共和国外交特权与豁免条例》等国际公约和国内法规,外交人员的人身和寓所不可侵犯,外交代表享有刑事管辖豁免,以及因其执行公务行为所产生的民事和行政管辖豁免。但不豁免民事和行政管辖的第三国义务(如传染病防控)。因此,在突发公共卫生事件中,国务院外交部门可依照规定"提出程序性安排",要求有关机构在尊重豁免权的前提下,采取必要的医学检查、隔离等措施;对拒不配合的,应通过外交途径解决,不得采取强制手段。同样,对于国际组织人员,因存在相关总部协定或特权与豁免协定,也应参照外交人员的处理方式。据此,本条规定,对享有外交特权与豁免的特殊主体的突发公共卫生事件,须由县级以上地方人民政府作为第一责任主体,并在国务院外交部门的指导下开展应对工作,以实现外交礼遇与豁免权保障之间的平衡。需要说明的是,对于未与我国订立相关协定关系的国际组织人员,则应按照一般外国人的规定予以应对。

第四,《突发事件应对法》第105条规定,在中华人民共和国境内的外国人、无国籍人应当遵守本法,服从所在地人民政府及其有关部门依法发布的决定、命令,并配合其依法采取的措施。《突发事件应对法》第105条明确了外籍人员在突发事件发生后的配合义务,而本条规定不仅与《突发事件应对法》的立法本意保持一致,还进一步对享有外交豁免权的特殊人群的应对机制作出了细化要求,体现了国家主权与外交礼遇之间的平衡。

第五,在条款适用过程中,应遵循本条所确立的基本原则。若在中国境内的非中国籍人员被确认为《传染病防治法》所规定的甲类传染病患者、病原携带者、疑似患者或上述人员的密切接触者等情形，根据“特别法优于普通法”的法律原则，应依照《传染病防治法》第58条的规定，主动接受并配合医学检查、隔离治疗、医学观察等措施。如拒绝配合隔离治疗、医学观察，或在未满期限时擅自脱离的，由公安机关协助医疗机构和疾病预防控制机构采取强制隔离治疗或医学观察措施。对于享有外交特权与豁免的人员，则应依照本条规定，在国务院外交部门的指导下开展相应工作。

关联法规

《宪法》第32条；《出境入境管理法》第3条、第81条、第89条；《治安管理处罚法》第10条、第61条；《突发事件应对法》第105条；《外交特权与豁免条例》第14条、第20条、第22条、第25条

第六十三条　【法律适用衔接】在中华人民共和国对外开放的口岸开展有关突发公共卫生事件监测、应急处置等，《中华人民共和国国境卫生检疫法》等法律另有规定的，依照其规定。

涉及食品安全、药品安全等突发公共卫生事件的应对，同时适用《中华人民共和国食品安全法》、《中华人民共和国药品管理法》等法律的规定。

条文注释

本条是关于法律适用衔接的规定。

本条规定的内容本身并不创设实体性义务，而仅在于明确法律条文之间优先适用的原则。本条规定符合《立法法》第103条所确立的规范，即同一机关制定的法律、行政法规、地方性法规、自治条例和单行条例、规章，特别规定与一般规定不一致的，适用特别规定；新的规定与旧的规定不一致的，适用新的规定。

海关口岸检疫是国家主权的体现。我国《国境卫生检疫法》于2024年完成最新修订，旨在加强国境卫生检疫工作，防止传染病跨境传播，保障公众身体健康与生命安全，有效防范和化解公共卫生风险。其中第2条第1款明确规定，国境卫生检疫及相关活动，适用

该法。第2条第2款进一步明确，在中华人民共和国对外开放的口岸，海关依照该法规定履行检疫查验、传染病监测、卫生监督和应急处置等国境卫生检疫职责。该条款的规定是国家主权在公共卫生领域的具体体现，因此，本条第1款的规定与《国境卫生检疫法》的表述保持一致，体现了我国立法的统一，有效维护国家主权，避免法律冲突。

《突发公共卫生事件应急条例》第38条第3款亦明确规定，涉及国境口岸和入出境的人员、交通工具、货物、集装箱、行李、邮包等需要采取传染病应急控制措施的，依照国境卫生检疫法律、行政法规的规定办理。本条及相应行政法规均明确指出，在口岸监测与应急处置方面，应优先适用《国境卫生检疫法》及其配套行政法规。

《国境卫生检疫法实施细则》第2条将“国境口岸”界定为国际通航的港口、机场、车站、陆地边境和国界江河的关口。依据该定义，凡涉及上述国境口岸的突发公共卫生事件，包括口岸监测与应急处置等事宜，均应依照本条第1款的规定，优先适用《国境卫生检疫法》及相关法律法规。

涉及我国对外开放口岸的突发公共卫生事件监测和应急处置，《国境卫生检疫法》除第2条第2款作出明确概括性规定之外，在第2章“检疫查验”、第3章“传染病监测”及第5章“应急处置”中均作出具体规定，与本条规定密切相关。除承担口岸检疫查验和传染病监测等职能外，应急处置亦属海关重要职责。《国境卫生检疫法》第35条规定，发生重大传染病疫情需在口岸采取应急处置措施的，海关总署、国务院卫生健康主管部门和国务院疾病预防控制部门应报请国务院批准启动应急响应，各部门依职责分工密切协作。口岸所在地县级以上地方人民政府应为应急处置提供场所、设施、设备、物资以及人力与技术等支持。第36条规定，根据疫情防控需要，经国务院决定可采取下列应急处置措施：对来自特定国家或地区的人员实施采样检验；禁止特定货物、物品进境出境；指定进出境口岸；暂时关闭有关口岸或暂停部分功能；暂时封锁相关国境等。采取相关应急处置措施的，应当事先公布。第37条同时规定，采取前述应急处置措施,应当根据重大传染病疫情防控的实际情况,及时调整或者解除,并予以公布。

本条第2款对食品安全、药品安全引发的突发公共卫生事件的处置作出了相应规定。与第1款明确规定我国对外开放口岸的突发公共卫生事件监测、应急处置等应优先适用《国境卫生检疫法》的规定不同,本款“同时适用”体现了“双轨并行”的理念,而不是“选择适用”。这种强制叠加的规定,明确了一旦突发公共卫生事件涉及食品或药品安全问题,就不再是单纯的应急问题,必须同步启动《食品安全法》《药品管理法》的整套专业程序,不能以“应急”为由规避食品或药品安全的法定要求。这种同时适用而非二选一的规定,就是要求地方政府或市场监管、药品监管部门在处置突发公共卫生事件时,既要执行本法以及《突发公共卫生事件应急条例》中的应急措施(封控、流调、医疗救治),也要同步执行《食品安全法》《药品管理法》的专门措施,食品召回、药品撤市、企业的行政处罚等,均应由法定行政部门(市场监管或药品监管)独立完成立案、调查的程序,并以自身名义作出处罚。

以突发公共卫生事件同时涉及食品安全为例,《食品安全法》及相关法规对食品安全事故的预防和应急处置等方面作出了更为详尽和专业的规定,同时适用能够更有效地保障公众的食品安全与身体健康。《食品安全法》第7章“食品安全事故处置”明确规定,各级人民政府应当制定食品安全事故应急预案,并对事故的报告、处置以及责任追究等方面作出了细致且明确的规定:

1. 事故报告。发生食品安全事故的单位应当立即采取措施,防止事故扩大。事故单位和接收病人进行治疗的单位应当及时向事故发生地县级人民政府食品安全监督管理、卫生行政部门报告。县级以上人民政府食品安全监督管理部门接到食品安全事故的报告后,应当立即会同同级卫生行政、农业行政等部门进行调查处理,并采取封存可能导致食品安全事故的食品及其原料,封存被污染的食品相关产品,责令进行清洗消毒等措施,防止或者减轻社会危害。

2. 事故处置。医疗机构发现其接收的病人属于食源性疾病病人或者疑似病人的，应当按照规定及时将相关信息向所在地县级人民政府卫生行政部门报告。县级以上人民政府卫生行政部门在调查处理传染病或者其他突发公共卫生事件中发现与食品安全相关的信息，应当及时通报同级食品安全监督管理部门。食品安全事故调查部门有权向有关单位和个人了解与事故有关的情况，并要求提供相关资料和样品。有关单位和个人应当予以配合，按照要求提供相关资料和样品，不得拒绝。任何单位和个人不得对食品安全事故隐瞒、谎报、缓报，不得隐匿、伪造、毁灭有关证据。

3. 事故责任追究。对于发生食品安全事故后，未按规定报告、处置，以及在事故调查中提供虚假信息等违法行为，均规定了相应的法律责任，包括罚款、吊销许可证，对直接负责的主管人员和其他直接责任人员给予处分等。情节严重构成犯罪的，将依法追究刑事责任。

药品的使用事关百姓安危，《药品管理法》第 82 条第 1 款规定，药品存在质量问题或者其他安全隐患的，药品上市许可持有人应当立即停止销售，告知相关药品经营企业和医疗机构停止销售和使用，召回已销售的药品，及时公开召回信息，必要时应当立即停止生产，并将药品召回和处理情况向省、自治区、直辖市人民政府药品监督管理部门和卫生健康主管部门报告。药品生产企业、药品经营企业和医疗机构应当配合。第 82 条第 2 款进一步规定，药品上市许可持有人依法应当召回药品而未召回的，省、自治区、直辖市人民政府药品监督管理部门应当责令其召回。同时，第 83 条第 1 款规定，药品上市许可持有人应当对已上市药品的安全性、有效性和质量可控性定期开展上市后评价。必要时，国务院药品监督管理部门可以责令药品上市许可持有人开展上市后评价或者直接组织开展上市后评价。第 83 条第 2 ~ 4 款进一步规定，经评价，对疗效不确切、不良反应大或者因其他原因危害人体健康的药品，应当注销药品注册证书。已被注销药品注册证书的药品，不得生产或者进口、销售和使用。已被注销药品注册证书、超过有效期等的药品，应当由药品监督管理部门监督销毁或者依法采取其他无害化处理等措施。因此，在发生由药品引发的突发公共卫生事件时,各政府职能部门除依照本法规定采取应急响应之外,药品监督管理部门还应当依照《药品管理法》的规定,立即停止药品的销售和使用,并及时召回。后续还应当对药品的安全性进行评估,以确定是否需要对该药品进行销毁或无害化处理,以及是否撤销药品上市许可等行政事项。

适用要点

《传染病防治法》第 44 条第 1 款规定,国家建立跨部门、跨地域的传染病监测信息共享机制,加强卫生健康、疾病预防控制、生态环境、农业农村、海关、市场监督管理、移民管理、林业草原等部门的联动监测和信息共享。同时,第 56 条第 2 款规定,传染病暴发、流行时,国务院卫生健康、疾病预防控制、外交、工业和信息化、公安、交通运输、铁路、民用航空、海关、移民管理等部门以及中国人民解放军、中国人民武装警察部队的有关单位和部门等应当建立工作机制,及时共享传染病疫情信息。上述条款对各部门在传染病监测和疫情信息共享机制方面作出了原则性规定。

然而,在国境口岸的具体应对工作中,各相关方应当依照《国境卫生检疫法》的规定执行。例如,《国境卫生检疫法》第 12 条第 1 款明确规定:"海关依据检疫医师提供的检疫查验结果,对判定为检疫传染病染疫人、疑似染疫人的,应当立即采取有效的现场防控措施,并及时通知口岸所在地县级以上地方人民政府疾病预防控制部门。接到通知的疾病预防控制部门应当及时组织将检疫传染病染疫人、疑似染疫人接送至县级以上地方人民政府指定的医疗机构或者其他场所实施隔离治疗或者医学观察。有关医疗机构和场所应当及时接收。"该款是对海关信息共享以及各部门相互配合的具体规定,具有可执行性。

另外,《国境卫生检疫法》第 27 条第 1 款对海关设定了"及时报告"义务,规定:"各地海关发现传染病,应当采取相应的控制措施,并及时向海关总署报告,同时向口岸所在地县级以上地方人民政府疾病预防控制部门以及移民管理机构通报。县级以上地方人民政府疾病预防控制部门发现传染病,应当及时向当地海关、移民管理机构通报。”但对于海关报告后疫情危急程度的判断、应急预案的启动以及是否向社会公布信息等事项，则应依照本法第14条、第35条及第36条的规定，由履行统一领导职责的人民政府综合研判后确定。此类法律衔接机制有助于避免信息“多头出口”，确保政府部门对外发布信息的一致性和权威性。

此外，《国境卫生检疫法》第55条明确规定，国境卫生检疫及相关活动，该法未作规定的，适用《传染病防治法》等有关法律、行政法规的规定。因此，同一公共卫生事件如涉及国境卫生检疫，应遵循以下适用原则：《国境卫生检疫法》有明确规定的，依其规定执行；《国境卫生检疫法》未作规定但属于传染病防治范畴的，适用《传染病防治法》；不属于传染病防治问题或《传染病防治法》亦无规定的，适用本法的相关规定。

本法对各类突发公共卫生事件作出了共性规定。然而，由食品安全问题引发的公共卫生事件属于特殊情形，且《食品安全法》已设专章对“食品安全事故处置”作出规定，属于典型的特别法。因此，在应对因食品安全事故引发的突发公共卫生事件时，关于事件分级、应急响应启动、资源统筹等事项，可依照本法第5章“应急处置”的规定执行；但具体涉及食品安全事故的应急预案制定，以及事故发生后的调查、控制、召回、通报、信息发布和责任认定等具体问题，则应当同时依照《食品安全法》的相关规定执行。若食源性疾病同时属于甲类传染病（如霍乱），则对于人员、场所等处置措施，应按照《传染病防治法》中有关甲类传染病的规定执行；但在食品处置环节，应同时适用《食品安全法》第105条的规定。同时，虽然依照本法属于“应急”状态，但在政府部门职责边界和时间要求上，也应当同时遵守相关法律法规的约束。《食品安全法》第110条规定，县级以上人民政府食品安全监督管理部门履行食品安全监督管理职责，有权采取下列措施，对生产经营者遵守该法的情况进行监督检查：（1）进入生产经营场所实施现场检查；（2）对生产经营的食品、食品添加剂、食品相关产品进行抽样检验；（3）查阅、复制有关合同、票据、账簿以及其他有关资料；（4）查封、扣押有证据证明不符合食品安全标准或者有证据证明存在安全隐患以及用于违法生产经营的食品、食品添加剂、食品相关产品；(5)查封违法从事生产经营活动的场所。根据《食品安全法实施条例》第61条规定，县级以上人民政府食品安全监督管理部门依照《食品安全法》第110条的规定实施查封、扣押措施，查封、扣押的期限不得超过30日；情况复杂的，经实施查封、扣押措施的食品安全监督管理部门负责人批准，可以延长，延长期限不得超过45日。因此，即便是在发生突发公共卫生事件的情况下，上述法律规定也应当同时适用。

关联法规

《立法法》第103条；《国境卫生检疫法》；《国境卫生检疫法实施细则》；《突发公共卫生事件应急条例》第38条；《食品安全法》第102～108条、第110条；《食品安全法实施条例》第54～58条、第61条；《药品管理法》第77～83条；《药品管理法实施条例》第73～79条

关联案例

某餐饮管理公司诉某区市场监督管理局行政处罚案①

要旨：市场监督管理局在有关政府部门的配合下，对涉事食品生产企业的生产、储存、配送等各环节进行了深入细致的调查，并依法进行处罚。处罚适用法律正确、量罚适当、程序合法。人民法院对行政处罚行为依法予以支持，通过依法公正履行审判职能，推动形成各方履责，齐抓共管，合力共治的工作格局，规范食品生产企业的生产经营秩序，守护中小学生“舌尖上的安全”。

第六十四条　【军队应对规则与信息通报机制】中国人民解放军、中国人民武装警察部队的突发公共卫生事件应对工作，依照本法和中央军事委员会的有关规定执行，由中央军事

① 参见《最高人民法院发布涉未成年人食品安全司法保护典型案例》之案例4。

委员会负责卫生工作的部门实施管理。

国务院卫生健康主管部门接到突发公共卫生事件报告后，及时通报中央军事委员会负责卫生工作的部门。县级以上地方人民政府发布预警、启动应急响应的，及时通报中国人民解放军、中国人民武装警察部队驻当地有关单位。

条文注释

本条是关于中国人民解放军、中国人民武装警察部队突发公共卫生事件应对规则与信息通报机制的规定。

“中国人民解放军、中国人民武装警察部队的突发公共卫生事件应对工作”实际涵盖两种情形：其一为中国人民解放军、中国人民武装警察部队内部发生突发公共卫生事件时的应对处置；其二为中国人民解放军和中国人民武装警察部队参与国家或地方突发公共卫生事件应对工作。本条规定为上述两种情形均提供了明确的法律依据，并在实务中确保了军队与地方在突发事件应急响应过程中的协调统一与规范运作。

本条明确了中央军事委员会后勤保障部卫生局是中国人民解放军、中国人民武装警察部队在突发公共事件应对工作的责任主体，在中国人民解放军、中国人民武装警察部队内部发生突发公共卫生事件时，由其负责根据本法和中央军委有关规定执行。本法第14条第1款规定，“县级以上地方人民政府设立由本级人民政府主要负责人、有关部门负责人、参与突发公共卫生事件应对的中国人民解放军和中国人民武装警察部队有关单位负责人等组成的突发公共卫生事件应急指挥机构，组织、协调、指挥本级人民政府各有关部门和下级人民政府开展突发公共卫生事件应对工作”。本条规定与第14条第1款相呼应，共同确保了中国人民解放军和中国人民武装警察部队在突发公共卫生事件应对中依法、有序、高效地发挥作用。

同时，在突发公共卫生事件中，军队医疗卫生力量作为重要的支援力量，其参与应急处置工作须遵循清晰的规范，以确保与地方应急体系协同配合,高效应对危机,最大程度保障公众健康和社会稳定。中国人民解放军、中国人民武装警察部队在开展突发公共卫生事件应对工作时,需同时遵守《突发公共卫生事件应对法》和中央军事委员会的有关规定。这一规则体现了“双重依据”原则:一方面,军队和武警部队作为国家武装力量的组成部分,在非军事领域的公共卫生事件应对中,必须遵循国家统一的法律框架,参与应急指挥机构的组建,并依法开展相关工作;另一方面,基于军队和武警部队的特殊性(如战备需求、内部管理体制等),中央军事委员会的专门规定可对突发公共卫生事件应对工作作出进一步细化安排,确保应急处置与军事职能协调统一。此类应对工作由中央军事委员会负责卫生工作的部门实施管理。该部门作为军队卫生工作的主管机构,统筹协调军队系统内的公共卫生事件监测、预警和处置等工作,既对接国家卫生健康主管部门的统一部署,又结合军队实际制定专项方案,如战时或特殊任务期间的部队防疫措施、军地协同救治机制等。

本条第2款对信息通报机制作出了规定,包括国务院卫生健康主管部门与军队卫生部门的通报和地方政府与驻地部队通报两部分。其中:(1)国务院卫生健康主管部门接到突发公共卫生事件报告后,需“及时通报”中央军事委员会负责卫生工作的部门。这一规定旨在确保军地双方信息互通,便于军队提前做好应急准备(如调配医疗资源、启动部队内部防控预案等),尤其在涉及军民共患疾病、跨区域传播疫情等场景中,可避免信息滞后导致的应对脱节。(2)地方政府与驻地部队的通报,县级以上地方人民政府发布预警、启动应急响应时,需“及时通报”中国人民解放军、中国人民武装警察部队驻当地有关单位。这一机制的核心是保障驻地部队同步掌握地方疫情态势,从而能够配合地方开展防控工作(如协助封控、提供医疗支援等);落实部队内部防控措施(如调整营区管理、暂停非必要外出等);协调军地资源联动(如共享医疗物资、协同转运患者等)。

适用要点

本条重点强调的是,军队武警部门作为国家安全保障的重要力量，无论是其内部发生的突发公共卫生事件，还是其参与到地方突发公共卫生事件的应对工作之中，都必须同时兼顾本法规定和中央军委的相关规定，需要做到二者兼顾。军队和武警部队在依法开展突发公共卫生事件应对工作的同时，还必须严格遵循军队内部的规章制度和纪律要求。如军队内部人员出现违反相关规定的行为，应当由军队纪检监察部门、保卫部门依照《中国人民解放军纪律条令》等军事法规予以处理。

关联法规

《人民武装警察法》第 2 条、第 4 条；《突发事件应对法》第 19 条、第 24 条、第 41 条；《传染病防治法》第 8 条、第 45 条、第 56 条；《突发公共卫生事件应急条例》第 53 条

第六十五条　【施行日期】本法自 2025 年 11 月 1 日起施行。

条文注释

本条是关于本法的施行时间的规定。法律的施行日期也就是法律的生效日期，是法律实施不可缺少的部分。

《立法法》第 61 条规定："法律应当明确规定施行日期。"一部法律的生效时间，通常根据该法律的具体性质与实际需求予以确定。在我国立法实践中，主要采用以下三种方式：一是规定自公布之日起施行；二是规定在公布后经过一定期限开始生效，具体时间以期限届满为准；三是直接明确规定具体的生效日期，此为目前最为普遍采用的方式，本法亦采纳此种模式。

2025 年 9 月 12 日，第十四届全国人大常委会第十七次会议通过了《突发公共卫生事件应对法》，国家主席习近平签署中华人民共和国第 52 号主席令予以公布。该法自 2025 年 11 月 1 日起施行。这样的安排，一方面，明确了法律生效的具体日期，体现了"法不溯及既往"的基本原则与精神，有助于社会各界充分理解法律内容；另一方面，施行日期设定在公布日期之后，也为社会各界适应新规预

留必要的准备时间。在本法公布后至2025年11月1日正式实施前的过渡期内,有关部门可组织开展各类培训讲座,加强对公众的宣传教育,同时也使相关行政机关、企事业单位等能够依据新法要求,对其内部规章制度和办事流程进行相应调整与规范,从而确保法律生效后各方行为均能符合法律规定。因此,明确施行日期旨在保障法律得以顺利且有效地实施。

附录

中华人民共和国突发事件应对法

（2007 年 8 月 30 日第十届全国人民代表大会常务委员会第二十九次会议通过　2024 年 6 月 28 日第十四届全国人民代表大会常务委员会第十次会议修订）

目　　录

第一章　总　　则
第二章　管理与指挥体制
第三章　预防与应急准备
第四章　监测与预警
第五章　应急处置与救援
第六章　事后恢复与重建
第七章　法律责任
第八章　附　　则

第一章　总　　则

第一条　为了预防和减少突发事件的发生，控制、减轻和消除突发事件引起的严重社会危害，提高突发事件预防和应对能力，规范突发事件应对活动，保护人民生命财产安全，维护国家安全、公共安全、生态环境安全和社会秩序，根据宪法，制定本法。

第二条 本法所称突发事件，是指突然发生，造成或者可能造成严重社会危害，需要采取应急处置措施予以应对的自然灾害、事故灾难、公共卫生事件和社会安全事件。

突发事件的预防与应急准备、监测与预警、应急处置与救援、事后恢复与重建等应对活动，适用本法。

《中华人民共和国传染病防治法》等有关法律对突发公共卫生事件应对作出规定的，适用其规定。有关法律没有规定的，适用本法。

第三条 按照社会危害程度、影响范围等因素，突发自然灾害、事故灾难、公共卫生事件分为特别重大、重大、较大和一般四级。法律、行政法规或者国务院另有规定的，从其规定。

突发事件的分级标准由国务院或者国务院确定的部门制定。

第四条 突发事件应对工作坚持中国共产党的领导，坚持以马克思列宁主义、毛泽东思想、邓小平理论、“三个代表”重要思想、科学发展观、习近平新时代中国特色社会主义思想为指导，建立健全集中统一、高效权威的中国特色突发事件应对工作领导体制，完善党委领导、政府负责、部门联动、军地联合、社会协同、公众参与、科技支撑、法治保障的治理体系。

第五条 突发事件应对工作应当坚持总体国家安全观，统筹发展与安全；坚持人民至上、生命至上；坚持依法科学应对，尊重和保障人权；坚持预防为主、预防与应急相结合。

第六条 国家建立有效的社会动员机制，组织动员企业事业单位、社会组织、志愿者等各方力量依法有序参与突发事件应对工作，增强全民的公共安全和防范风险的意识，提高全社会的避险救助能力。

第七条 国家建立健全突发事件信息发布制度。有关人民政府和部门应当及时向社会公布突发事件相关信息和有关突发事件应对的决定、命令、措施等信息。

任何单位和个人不得编造、故意传播有关突发事件的虚假信息。有关人民政府和部门发现影响或者可能影响社会稳定、扰乱社会和经济管理秩序的虚假或者不完整信息的，应当及时发布准确的信息予以澄清。

第八条 国家建立健全突发事件新闻采访报道制度。有关人民政府和部门应当做好新闻媒体服务引导工作，支持新闻媒体开展采访报道和舆论监督。

新闻媒体采访报道突发事件应当及时、准确、客观、公正。

新闻媒体应当开展突发事件应对法律法规、预防与应急、自救与互救知识等的公益宣传。

第九条 国家建立突发事件应对工作投诉、举报制度，公布统一的投诉、举报方式。

对于不履行或者不正确履行突发事件应对工作职责的行为，任何单位和个人有权向有关人民政府和部门投诉、举报。

接到投诉、举报的人民政府和部门应当依照规定立即组织调查处理，并将调查处理结果以适当方式告知投诉人、举报人；投诉、举报事项不属于其职责的，应当及时移送有关机关处理。

有关人民政府和部门对投诉人、举报人的相关信息应当予以保密，保护投诉人、举报人的合法权益。

第十条 突发事件应对措施应当与突发事件可能造成的社会危害的性质、程度和范围相适应；有多种措施可供选择的，应当选择有利于最大程度地保护公民、法人和其他组织权益，且对他人权益损害和生态环境影响较小的措施，并根据情况变化及时调整，做到科学、精准、有效。

第十一条 国家在突发事件应对工作中，应当对未成年人、老年人、残疾人、孕产期和哺乳期的妇女、需要及时就医的伤病人员等群体给予特殊、优先保护。

第十二条 县级以上人民政府及其部门为应对突发事件的紧急需要，可以征用单位和个人的设备、设施、场地、交通工具等财产。被征用的财产在使用完毕或者突发事件应急处置工作结束后，应当及时返还。财产被征用或者征用后毁损、灭失的，应当给予公平、合理的补偿。

第十三条 因依法采取突发事件应对措施，致使诉讼、监察调查、行政复议、仲裁、国家赔偿等活动不能正常进行的，适用有关时效中止和程序中止的规定，法律另有规定的除外。

第十四条 中华人民共和国政府在突发事件的预防与应急准备、监测与预警、应急处置与救援、事后恢复与重建等方面，同外国政府和有关国际组织开展合作与交流。

第十五条 对在突发事件应对工作中做出突出贡献的单位和个人，按照国家有关规定给予表彰、奖励。

第二章 管理与指挥体制

第十六条 国家建立统一指挥、专常兼备、反应灵敏、上下联动的应急管理体制和综合协调、分类管理、分级负责、属地管理为主的工作体系。

第十七条 县级人民政府对本行政区域内突发事件的应对管理工作负责。突发事件发生后，发生地县级人民政府应当立即采取措施控制事态发展，组织开展应急救援和处置工作，并立即向上一级人民政府报告，必要时可以越级上报，具备条件的，应当进行网络直报或者自动速报。

突发事件发生地县级人民政府不能消除或者不能有效控制突发事件引起的严重社会危害的，应当及时向上级人民政府报告。上级人民政府应当及时采取措施，统一领导应急处置工作。

法律、行政法规规定由国务院有关部门对突发事件应对管理工作负责的，从其规定；地方人民政府应当积极配合并提供必要的支持。

第十八条 突发事件涉及两个以上行政区域的，其应对管理工作由有关行政区域共同的上一级人民政府负责，或者由各有关行政区域的上一级人民政府共同负责。共同负责的人民政府应当按照国家有关规定，建立信息共享和协调配合机制。根据共同应对突发事件的需要，地方人民政府之间可以建立协同应对机制。

第十九条 县级以上人民政府是突发事件应对管理工作的行政领导机关。

国务院在总理领导下研究、决定和部署特别重大突发事件的应对工作；根据实际需要，设立国家突发事件应急指挥机构，负责突发事件应对工作；必要时，国务院可以派出工作组指导有关工作。

县级以上地方人民政府设立由本级人民政府主要负责人、相关部门负责人、国家综合性消防救援队伍和驻当地中国人民解放军、中国人民武装警察部队有关负责人等组成的突发事件应急指挥机构，统一领导、协调本级人民政府各有关部门和下级人民政府开展突发事件应对工作；根据实际需要，设立相关类别突发事件应急指挥机构，组织、协调、指挥突发事件应对工作。

第二十条 突发事件应急指挥机构在突发事件应对过程中可以依法发

布有关突发事件应对的决定、命令、措施。突发事件应急指挥机构发布的决定、命令、措施与设立它的人民政府发布的决定、命令、措施具有同等效力，法律责任由设立它的人民政府承担。

第二十一条 县级以上人民政府应急管理部门和卫生健康、公安等有关部门应当在各自职责范围内做好有关突发事件应对管理工作，并指导、协助下级人民政府及其相应部门做好有关突发事件的应对管理工作。

第二十二条 乡级人民政府、街道办事处应当明确专门工作力量，负责突发事件应对有关工作。

居民委员会、村民委员会依法协助人民政府和有关部门做好突发事件应对工作。

第二十三条 公民、法人和其他组织有义务参与突发事件应对工作。

第二十四条 中国人民解放军、中国人民武装警察部队和民兵组织依照本法和其他有关法律、行政法规、军事法规的规定以及国务院、中央军事委员会的命令，参加突发事件的应急救援和处置工作。

第二十五条 县级以上人民政府及其设立的突发事件应急指挥机构发布的有关突发事件应对的决定、命令、措施，应当及时报本级人民代表大会常务委员会备案；突发事件应急处置工作结束后，应当向本级人民代表大会常务委员会作出专项工作报告。

第三章 预防与应急准备

第二十六条 国家建立健全突发事件应急预案体系。

国务院制定国家突发事件总体应急预案，组织制定国家突发事件专项应急预案；国务院有关部门根据各自的职责和国务院相关应急预案，制定国家突发事件部门应急预案并报国务院备案。

地方各级人民政府和县级以上地方人民政府有关部门根据有关法律、法规、规章、上级人民政府及其有关部门的应急预案以及本地区、本部门的实际情况，制定相应的突发事件应急预案并按国务院有关规定备案。

第二十七条 县级以上人民政府应急管理部门指导突发事件应急预案体系建设，综合协调应急预案衔接工作，增强有关应急预案的衔接性和实效性。

第二十八条 应急预案应当根据本法和其他有关法律、法规的规定,针对突发事件的性质、特点和可能造成的社会危害,具体规定突发事件应对管理工作的组织指挥体系与职责和突发事件的预防与预警机制、处置程序、应急保障措施以及事后恢复与重建措施等内容。

应急预案制定机关应当广泛听取有关部门、单位、专家和社会各方面意见,增强应急预案的针对性和可操作性,并根据实际需要、情势变化、应急演练中发现的问题等及时对应急预案作出修订。

应急预案的制定、修订、备案等工作程序和管理办法由国务院规定。

第二十九条 县级以上人民政府应当将突发事件应对工作纳入国民经济和社会发展规划。县级以上人民政府有关部门应当制定突发事件应急体系建设规划。

第三十条 国土空间规划等规划应当符合预防、处置突发事件的需要,统筹安排突发事件应对工作所必需的设备和基础设施建设,合理确定应急避难、封闭隔离、紧急医疗救治等场所,实现日常使用和应急使用的相互转换。

第三十一条 国务院应急管理部门会同卫生健康、自然资源、住房城乡建设等部门统筹、指导全国应急避难场所的建设和管理工作,建立健全应急避难场所标准体系。县级以上地方人民政府负责本行政区域内应急避难场所的规划、建设和管理工作。

第三十二条 国家建立健全突发事件风险评估体系,对可能发生的突发事件进行综合性评估,有针对性地采取有效防范措施,减少突发事件的发生,最大限度减轻突发事件的影响。

第三十三条 县级人民政府应当对本行政区域内容易引发自然灾害、事故灾难和公共卫生事件的危险源、危险区域进行调查、登记、风险评估,定期进行检查、监控,并责令有关单位采取安全防范措施。

省级和设区的市级人民政府应当对本行政区域内容易引发特别重大、重大突发事件的危险源、危险区域进行调查、登记、风险评估,组织进行检查、监控,并责令有关单位采取安全防范措施。

县级以上地方人民政府应当根据情况变化,及时调整危险源、危险区域的登记。登记的危险源、危险区域及其基础信息,应当按照国家有关规定接入突发事件信息系统,并及时向社会公布。

第三十四条　县级人民政府及其有关部门、乡级人民政府、街道办事处、居民委员会、村民委员会应当及时调解处理可能引发社会安全事件的矛盾纠纷。

第三十五条　所有单位应当建立健全安全管理制度，定期开展危险源辨识评估，制定安全防范措施；定期检查本单位各项安全防范措施的落实情况，及时消除事故隐患；掌握并及时处理本单位存在的可能引发社会安全事件的问题，防止矛盾激化和事态扩大；对本单位可能发生的突发事件和采取安全防范措施的情况，应当按照规定及时向所在地人民政府或者有关部门报告。

第三十六条　矿山、金属冶炼、建筑施工单位和易燃易爆物品、危险化学品、放射性物品等危险物品的生产、经营、运输、储存、使用单位，应当制定具体应急预案，配备必要的应急救援器材、设备和物资，并对生产经营场所、有危险物品的建筑物、构筑物及周边环境开展隐患排查，及时采取措施管控风险和消除隐患，防止发生突发事件。

第三十七条　公共交通工具、公共场所和其他人员密集场所的经营单位或者管理单位应当制定具体应急预案，为交通工具和有关场所配备报警装置和必要的应急救援设备、设施，注明其使用方法，并显著标明安全撤离的通道、路线，保证安全通道、出口的畅通。

有关单位应当定期检测、维护其报警装置和应急救援设备、设施，使其处于良好状态，确保正常使用。

第三十八条　县级以上人民政府应当建立健全突发事件应对管理培训制度，对人民政府及其有关部门负有突发事件应对管理职责的工作人员以及居民委员会、村民委员会有关人员定期进行培训。

第三十九条　国家综合性消防救援队伍是应急救援的综合性常备骨干力量，按照国家有关规定执行综合应急救援任务。县级以上人民政府有关部门可以根据实际需要设立专业应急救援队伍。

县级以上人民政府及其有关部门可以建立由成年志愿者组成的应急救援队伍。乡级人民政府、街道办事处和有条件的居民委员会、村民委员会可以建立基层应急救援队伍，及时、就近开展应急救援。单位应当建立由本单位职工组成的专职或者兼职应急救援队伍。

国家鼓励和支持社会力量建立提供社会化应急救援服务的应急救援队伍。社会力量建立的应急救援队伍参与突发事件应对工作应当服从履行统一领导职责或者组织处置突发事件的人民政府、突发事件应急指挥机构的统一指挥。

县级以上人民政府应当推动专业应急救援队伍与非专业应急救援队伍联合培训、联合演练，提高合成应急、协同应急的能力。

第四十条　地方各级人民政府、县级以上人民政府有关部门、有关单位应当为其组建的应急救援队伍购买人身意外伤害保险，配备必要的防护装备和器材，防范和减少应急救援人员的人身伤害风险。

专业应急救援人员应当具备相应的身体条件、专业技能和心理素质，取得国家规定的应急救援职业资格，具体办法由国务院应急管理部门会同国务院有关部门制定。

第四十一条　中国人民解放军、中国人民武装警察部队和民兵组织应当有计划地组织开展应急救援的专门训练。

第四十二条　县级人民政府及其有关部门、乡级人民政府、街道办事处应当组织开展面向社会公众的应急知识宣传普及活动和必要的应急演练。

居民委员会、村民委员会、企业事业单位、社会组织应当根据所在地人民政府的要求，结合各自的实际情况，开展面向居民、村民、职工等的应急知识宣传普及活动和必要的应急演练。

第四十三条　各级各类学校应当把应急教育纳入教育教学计划，对学生及教职工开展应急知识教育和应急演练，培养安全意识，提高自救与互救能力。

教育主管部门应当对学校开展应急教育进行指导和监督，应急管理等部门应当给予支持。

第四十四条　各级人民政府应当将突发事件应对工作所需经费纳入本级预算，并加强资金管理，提高资金使用绩效。

第四十五条　国家按照集中管理、统一调拨、平时服务、灾时应急、采储结合、节约高效的原则，建立健全应急物资储备保障制度，动态更新应急物资储备品种目录，完善重要应急物资的监管、生产、采购、储备、调拨和紧急配送体系，促进安全应急产业发展，优化产业布局。

国家储备物资品种目录、总体发展规划，由国务院发展改革部门会同国务院有关部门拟订。国务院应急管理等部门依据职责制定应急物资储备规划、品种目录，并组织实施。应急物资储备规划应当纳入国家储备总体发展规划。

第四十六条　设区的市级以上人民政府和突发事件易发、多发地区的县级人民政府应当建立应急救援物资、生活必需品和应急处置装备的储备保障制度。

县级以上地方人民政府应当根据本地区的实际情况和突发事件应对工作的需要，依法与有条件的企业签订协议，保障应急救援物资、生活必需品和应急处置装备的生产、供给。有关企业应当根据协议，按照县级以上地方人民政府要求，进行应急救援物资、生活必需品和应急处置装备的生产、供给，并确保符合国家有关产品质量的标准和要求。

国家鼓励公民、法人和其他组织储备基本的应急自救物资和生活必需品。有关部门可以向社会公布相关物资、物品的储备指南和建议清单。

第四十七条　国家建立健全应急运输保障体系，统筹铁路、公路、水运、民航、邮政、快递等运输和服务方式，制定应急运输保障方案，保障应急物资、装备和人员及时运输。

县级以上地方人民政府和有关主管部门应当根据国家应急运输保障方案，结合本地区实际做好应急调度和运力保障，确保运输通道和客货运枢纽畅通。

国家发挥社会力量在应急运输保障中的积极作用。社会力量参与突发事件应急运输保障，应当服从突发事件应急指挥机构的统一指挥。

第四十八条　国家建立健全能源应急保障体系，提高能源安全保障能力，确保受突发事件影响地区的能源供应。

第四十九条　国家建立健全应急通信、应急广播保障体系，加强应急通信系统、应急广播系统建设，确保突发事件应对工作的通信、广播安全畅通。

第五十条　国家建立健全突发事件卫生应急体系，组织开展突发事件中的医疗救治、卫生学调查处置和心理援助等卫生应急工作，有效控制和消除危害。

第五十一条　县级以上人民政府应当加强急救医疗服务网络的建设，配备相应的医疗救治物资、设施设备和人员，提高医疗卫生机构应对各类突发事件的救治能力。

第五十二条　国家鼓励公民、法人和其他组织为突发事件应对工作提供物资、资金、技术支持和捐赠。

接受捐赠的单位应当及时公开接受捐赠的情况和受赠财产的使用、管理情况，接受社会监督。

第五十三条 红十字会在突发事件中，应当对伤病人员和其他受害者提供紧急救援和人道救助，并协助人民政府开展与其职责相关的其他人道主义服务活动。有关人民政府应当给予红十字会支持和资助，保障其依法参与应对突发事件。

慈善组织在发生重大突发事件时开展募捐和救助活动，应当在有关人民政府的统筹协调、有序引导下依法进行。有关人民政府应当通过提供必要的需求信息、政府购买服务等方式，对慈善组织参与应对突发事件、开展应急慈善活动予以支持。

第五十四条 有关单位应当加强应急救援资金、物资的管理，提高使用效率。

任何单位和个人不得截留、挪用、私分或者变相私分应急救援资金、物资。

第五十五条 国家发展保险事业，建立政府支持、社会力量参与、市场化运作的巨灾风险保险体系，并鼓励单位和个人参加保险。

第五十六条 国家加强应急管理基础科学、重点行业领域关键核心技术的研究，加强互联网、云计算、大数据、人工智能等现代技术手段在突发事件应对工作中的应用，鼓励、扶持有条件的教学科研机构、企业培养应急管理人才和科技人才，研发、推广新技术、新材料、新设备和新工具，提高突发事件应对能力。

第五十七条 县级以上人民政府及其有关部门应当建立健全突发事件专家咨询论证制度，发挥专业人员在突发事件应对工作中的作用。

第四章 监测与预警

第五十八条 国家建立健全突发事件监测制度。

县级以上人民政府及其有关部门应当根据自然灾害、事故灾难和公共卫生事件的种类和特点，建立健全基础信息数据库，完善监测网络，划分监测区域，确定监测点，明确监测项目，提供必要的设备、设施，配备专职或者兼职人员，对可能发生的突发事件进行监测。

第五十九条 国务院建立全国统一的突发事件信息系统。

县级以上地方人民政府应当建立或者确定本地区统一的突发事件信息系统，汇集、储存、分析、传输有关突发事件的信息，并与上级人民政府及其有关部门、下级人民政府及其有关部门、专业机构、监测网点和重点企业的突发事件信息系统实现互联互通，加强跨部门、跨地区的信息共享与情报合作。

第六十条 县级以上人民政府及其有关部门、专业机构应当通过多种途径收集突发事件信息。

县级人民政府应当在居民委员会、村民委员会和有关单位建立专职或者兼职信息报告员制度。

公民、法人或者其他组织发现发生突发事件，或者发现可能发生突发事件的异常情况，应当立即向所在地人民政府、有关主管部门或者指定的专业机构报告。接到报告的单位应当按照规定立即核实处理，对于不属于其职责的，应当立即移送相关单位核实处理。

第六十一条 地方各级人民政府应当按照国家有关规定向上级人民政府报送突发事件信息。县级以上人民政府有关主管部门应当向本级人民政府相关部门通报突发事件信息，并报告上级人民政府主管部门。专业机构、监测网点和信息报告员应当及时向所在地人民政府及其有关主管部门报告突发事件信息。

有关单位和人员报送、报告突发事件信息，应当做到及时、客观、真实，不得迟报、谎报、瞒报、漏报，不得授意他人迟报、谎报、瞒报，不得阻碍他人报告。

第六十二条 县级以上地方人民政府应当及时汇总分析突发事件隐患和监测信息，必要时组织相关部门、专业技术人员、专家学者进行会商，对发生突发事件的可能性及其可能造成的影响进行评估；认为可能发生重大或者特别重大突发事件的，应当立即向上级人民政府报告，并向上级人民政府有关部门、当地驻军和可能受到危害的毗邻或者相关地区的人民政府通报，及时采取预防措施。

第六十三条 国家建立健全突发事件预警制度。

可以预警的自然灾害、事故灾难和公共卫生事件的预警级别，按照突发事件发生的紧急程度、发展势态和可能造成的危害程度分为一级、二级、三级和四级,分别用红色、橙色、黄色和蓝色标示,一级为最高级别。

预警级别的划分标准由国务院或者国务院确定的部门制定。

第六十四条 可以预警的自然灾害、事故灾难或者公共卫生事件即将发生或者发生的可能性增大时,县级以上地方人民政府应当根据有关法律、行政法规和国务院规定的权限和程序,发布相应级别的警报,决定并宣布有关地区进入预警期,同时向上一级人民政府报告,必要时可以越级上报;具备条件的,应当进行网络直报或者自动速报;同时向当地驻军和可能受到危害的毗邻或者相关地区的人民政府通报。

发布警报应当明确预警类别、级别、起始时间、可能影响的范围、警示事项、应当采取的措施、发布单位和发布时间等。

第六十五条 国家建立健全突发事件预警发布平台,按照有关规定及时、准确向社会发布突发事件预警信息。

广播、电视、报刊以及网络服务提供者、电信运营商应当按照国家有关规定,建立突发事件预警信息快速发布通道,及时、准确、无偿播发或者刊载突发事件预警信息。

公共场所和其他人员密集场所,应当指定专门人员负责突发事件预警信息接收和传播工作,做好相关设备、设施维护,确保突发事件预警信息及时、准确接收和传播。

第六十六条 发布三级、四级警报,宣布进入预警期后,县级以上地方人民政府应当根据即将发生的突发事件的特点和可能造成的危害,采取下列措施:

(一)启动应急预案;

(二)责令有关部门、专业机构、监测网点和负有特定职责的人员及时收集、报告有关信息,向社会公布反映突发事件信息的渠道,加强对突发事件发生、发展情况的监测、预报和预警工作;

(三)组织有关部门和机构、专业技术人员、有关专家学者,随时对突发事件信息进行分析评估,预测发生突发事件可能性的大小、影响范围和强度以及可能发生的突发事件的级别;

(四)定时向社会发布与公众有关的突发事件预测信息和分析评估结果,并对相关信息的报道工作进行管理;

(五)及时按照有关规定向社会发布可能受到突发事件危害的警告,宣传避免、减轻危害的常识,公布咨询或者求助电话等联络方式和渠道。

第六十七条 发布一级、二级警报,宣布进入预警期后,县级以上地方人民政府除采取本法第六十六条规定的措施外,还应当针对即将发生的突发事件的特点和可能造成的危害,采取下列一项或者多项措施:

(一)责令应急救援队伍、负有特定职责的人员进入待命状态,并动员后备人员做好参加应急救援和处置工作的准备;

(二)调集应急救援所需物资、设备、工具,准备应急设施和应急避难、封闭隔离、紧急医疗救治等场所,并确保其处于良好状态、随时可以投入正常使用;

(三)加强对重点单位、重要部位和重要基础设施的安全保卫,维护社会治安秩序;

(四)采取必要措施,确保交通、通信、供水、排水、供电、供气、供热、医疗卫生、广播电视、气象等公共设施的安全和正常运行;

(五)及时向社会发布有关采取特定措施避免或者减轻危害的建议、劝告;

(六)转移、疏散或者撤离易受突发事件危害的人员并予以妥善安置,转移重要财产;

(七)关闭或者限制使用易受突发事件危害的场所,控制或者限制容易导致危害扩大的公共场所的活动;

(八)法律、法规、规章规定的其他必要的防范性、保护性措施。

第六十八条 发布警报,宣布进入预警期后,县级以上人民政府应当对重要商品和服务市场情况加强监测,根据实际需要及时保障供应、稳定市场。必要时,国务院和省、自治区、直辖市人民政府可以按照《中华人民共和国价格法》等有关法律规定采取相应措施。

第六十九条 对即将发生或者已经发生的社会安全事件,县级以上地方人民政府及其有关主管部门应当按照规定向上一级人民政府及其有关主管部门报告,必要时可以越级上报,具备条件的,应当进行网络直报或者自动速报。

第七十条 发布突发事件警报的人民政府应当根据事态的发展,按照有关规定适时调整预警级别并重新发布。

有事实证明不可能发生突发事件或者危险已经解除的,发布警报的人民政府应当立即宣布解除警报,终止预警期,并解除已经采取的有关措施。

第五章 应急处置与救援

第七十一条 国家建立健全突发事件应急响应制度。

突发事件的应急响应级别，按照突发事件的性质、特点、可能造成的危害程度和影响范围等因素分为一级、二级、三级和四级，一级为最高级别。

突发事件应急响应级别划分标准由国务院或者国务院确定的部门制定。县级以上人民政府及其有关部门应当在突发事件应急预案中确定应急响应级别。

第七十二条 突发事件发生后，履行统一领导职责或者组织处置突发事件的人民政府应当针对其性质、特点、危害程度和影响范围等，立即启动应急响应，组织有关部门，调动应急救援队伍和社会力量，依照法律、法规、规章和应急预案的规定，采取应急处置措施，并向上级人民政府报告；必要时，可以设立现场指挥部，负责现场应急处置与救援，统一指挥进入突发事件现场的单位和个人。

启动应急响应，应当明确响应事项、级别、预计期限、应急处置措施等。

履行统一领导职责或者组织处置突发事件的人民政府，应当建立协调机制，提供需求信息，引导志愿服务组织和志愿者等社会力量及时有序参与应急处置与救援工作。

第七十三条 自然灾害、事故灾难或者公共卫生事件发生后，履行统一领导职责的人民政府应当采取下列一项或者多项应急处置措施：

（一）组织营救和救治受害人员，转移、疏散、撤离并妥善安置受到威胁的人员以及采取其他救助措施；

（二）迅速控制危险源，标明危险区域，封锁危险场所，划定警戒区，实行交通管制、限制人员流动、封闭管理以及其他控制措施；

（三）立即抢修被损坏的交通、通信、供水、排水、供电、供气、供热、医疗卫生、广播电视、气象等公共设施，向受到危害的人员提供避难场所和生活必需品，实施医疗救护和卫生防疫以及其他保障措施；

（四）禁止或者限制使用有关设备、设施，关闭或者限制使用有关场所，中止人员密集的活动或者可能导致危害扩大的生产经营活动以及采取其他保护措施；

（五）启用本级人民政府设置的财政预备费和储备的应急救援物资，必要时调用其他急需物资、设备、设施、工具；

（六）组织公民、法人和其他组织参加应急救援和处置工作，要求具有特定专长的人员提供服务；

（七）保障食品、饮用水、药品、燃料等基本生活必需品的供应；

（八）依法从严惩处囤积居奇、哄抬价格、牟取暴利、制假售假等扰乱市场秩序的行为，维护市场秩序；

（九）依法从严惩处哄抢财物、干扰破坏应急处置工作等扰乱社会秩序的行为，维护社会治安；

（十）开展生态环境应急监测，保护集中式饮用水水源地等环境敏感目标，控制和处置污染物；

（十一）采取防止发生次生、衍生事件的必要措施。

第七十四条　社会安全事件发生后，组织处置工作的人民政府应当立即启动应急响应，组织有关部门针对事件的性质和特点，依照有关法律、行政法规和国家其他有关规定，采取下列一项或者多项应急处置措施：

（一）强制隔离使用器械相互对抗或者以暴力行为参与冲突的当事人，妥善解决现场纠纷和争端，控制事态发展；

（二）对特定区域内的建筑物、交通工具、设备、设施以及燃料、燃气、电力、水的供应进行控制；

（三）封锁有关场所、道路，查验现场人员的身份证件，限制有关公共场所内的活动；

（四）加强对易受冲击的核心机关和单位的警卫，在国家机关、军事机关、国家通讯社、广播电台、电视台、外国驻华使领馆等单位附近设置临时警戒线；

（五）法律、行政法规和国务院规定的其他必要措施。

第七十五条　发生突发事件，严重影响国民经济正常运行时，国务院或者国务院授权的有关主管部门可以采取保障、控制等必要的应急措施，保障人民群众的基本生活需要，最大限度地减轻突发事件的影响。

第七十六条　履行统一领导职责或者组织处置突发事件的人民政府及其有关部门，必要时可以向单位和个人征用应急救援所需设备、设施、场地、交通工具和其他物资，请求其他地方人民政府及其有关部门提供人力、物力、财力或者技术支援，要求生产、供应生活必需品和应急救援物资的企业组织生产、保证供给，要求提供医疗、交通等公共服务的组织提供相应的服务。

履行统一领导职责或者组织处置突发事件的人民政府和有关主管部门，应当组织协调运输经营单位，优先运送处置突发事件所需物资、设备、工具、应急救援人员和受到突发事件危害的人员。

履行统一领导职责或者组织处置突发事件的人民政府及其有关部门，应当为受突发事件影响无人照料的无民事行为能力人、限制民事行为能力人提供及时有效帮助；建立健全联系帮扶应急救援人员家庭制度，帮助解决实际困难。

第七十七条 突发事件发生地的居民委员会、村民委员会和其他组织应当按照当地人民政府的决定、命令，进行宣传动员，组织群众开展自救与互救，协助维护社会秩序；情况紧急的，应当立即组织群众开展自救与互救等先期处置工作。

第七十八条 受到自然灾害危害或者发生事故灾难、公共卫生事件的单位，应当立即组织本单位应急救援队伍和工作人员营救受害人员，疏散、撤离、安置受到威胁的人员，控制危险源，标明危险区域，封锁危险场所，并采取其他防止危害扩大的必要措施，同时向所在地县级人民政府报告；对因本单位的问题引发的或者主体是本单位人员的社会安全事件，有关单位应当按照规定上报情况，并迅速派出负责人赶赴现场开展劝解、疏导工作。

突发事件发生地的其他单位应当服从人民政府发布的决定、命令，配合人民政府采取的应急处置措施，做好本单位的应急救援工作，并积极组织人员参加所在地的应急救援和处置工作。

第七十九条 突发事件发生地的个人应当依法服从人民政府、居民委员会、村民委员会或者所属单位的指挥和安排，配合人民政府采取的应急处置措施，积极参加应急救援工作，协助维护社会秩序。

第八十条 国家支持城乡社区组织健全应急工作机制，强化城乡社区综合服务设施和信息平台应急功能，加强与突发事件信息系统数据共享，增强突发事件应急处置中保障群众基本生活和服务群众能力。

第八十一条 国家采取措施，加强心理健康服务体系和人才队伍建设，支持引导心理健康服务人员和社会工作者对受突发事件影响的各类人群开展心理健康教育、心理评估、心理疏导、心理危机干预、心理行为问题诊治等心理援助工作。

第八十二条 对于突发事件遇难人员的遗体,应当按照法律和国家有关规定,科学规范处置,加强卫生防疫,维护逝者尊严。对于逝者的遗物应当妥善保管。

第八十三条 县级以上人民政府及其有关部门根据突发事件应对工作需要,在履行法定职责所必需的范围和限度内,可以要求公民、法人和其他组织提供应急处置与救援需要的信息。公民、法人和其他组织应当予以提供,法律另有规定的除外。县级以上人民政府及其有关部门对获取的相关信息,应当严格保密,并依法保护公民的通信自由和通信秘密。

第八十四条 在突发事件应急处置中,有关单位和个人因依照本法规定配合突发事件应对工作或者履行相关义务,需要获取他人个人信息的,应当依照法律规定的程序和方式取得并确保信息安全,不得非法收集、使用、加工、传输他人个人信息,不得非法买卖、提供或者公开他人个人信息。

第八十五条 因依法履行突发事件应对工作职责或者义务获取的个人信息,只能用于突发事件应对,并在突发事件应对工作结束后予以销毁。确因依法作为证据使用或者调查评估需要留存或者延期销毁的,应当按照规定进行合法性、必要性、安全性评估,并采取相应保护和处理措施,严格依法使用。

第六章 事后恢复与重建

第八十六条 突发事件的威胁和危害得到控制或者消除后,履行统一领导职责或者组织处置突发事件的人民政府应当宣布解除应急响应,停止执行依照本法规定采取的应急处置措施,同时采取或者继续实施必要措施,防止发生自然灾害、事故灾难、公共卫生事件的次生、衍生事件或者重新引发社会安全事件,组织受影响地区尽快恢复社会秩序。

第八十七条 突发事件应急处置工作结束后,履行统一领导职责的人民政府应当立即组织对突发事件造成的影响和损失进行调查评估,制定恢复重建计划,并向上一级人民政府报告。

受突发事件影响地区的人民政府应当及时组织和协调应急管理、卫生健康、公安、交通、铁路、民航、邮政、电信、建设、生态环境、水利、能源、广播电视等有关部门恢复社会秩序,尽快修复被损坏的交通、通信、供水、排水、供电、供气、供热、医疗卫生、水利、广播电视等公共设施。

第八十八条 受突发事件影响地区的人民政府开展恢复重建工作需要上一级人民政府支持的,可以向上一级人民政府提出请求。上一级人民政府应当根据受影响地区遭受的损失和实际情况,提供资金、物资支持和技术指导,组织协调其他地区和有关方面提供资金、物资和人力支援。

第八十九条 国务院根据受突发事件影响地区遭受损失的情况,制定扶持该地区有关行业发展的优惠政策。

受突发事件影响地区的人民政府应当根据本地区遭受的损失和采取应急处置措施的情况,制定救助、补偿、抚慰、抚恤、安置等善后工作计划并组织实施,妥善解决因处置突发事件引发的矛盾纠纷。

第九十条 公民参加应急救援工作或者协助维护社会秩序期间,其所在单位应当保证其工资待遇和福利不变,并可以按照规定给予相应补助。

第九十一条 县级以上人民政府对在应急救援工作中伤亡的人员依法落实工伤待遇、抚恤或者其他保障政策,并组织做好应急救援工作中致病人员的医疗救治工作。

第九十二条 履行统一领导职责的人民政府在突发事件应对工作结束后,应当及时查明突发事件的发生经过和原因,总结突发事件应急处置工作的经验教训,制定改进措施,并向上一级人民政府提出报告。

第九十三条 突发事件应对工作中有关资金、物资的筹集、管理、分配、拨付和使用等情况,应当依法接受审计机关的审计监督。

第九十四条 国家档案主管部门应当建立健全突发事件应对工作相关档案收集、整理、保护、利用工作机制。突发事件应对工作中形成的材料,应当按照国家规定归档,并向相关档案馆移交。

第七章 法律责任

第九十五条 地方各级人民政府和县级以上人民政府有关部门违反本

法规定，不履行或者不正确履行法定职责的，由其上级行政机关责令改正；有下列情形之一，由有关机关综合考虑突发事件发生的原因、后果、应对处置情况、行为人过错等因素，对负有责任的领导人员和直接责任人员依法给予处分：

（一）未按照规定采取预防措施，导致发生突发事件，或者未采取必要的防范措施，导致发生次生、衍生事件的；

（二）迟报、谎报、瞒报、漏报或者授意他人迟报、谎报、瞒报以及阻碍他人报告有关突发事件的信息，或者通报、报送、公布虚假信息，造成后果的；

（三）未按照规定及时发布突发事件警报、采取预警期的措施，导致损害发生的；

（四）未按照规定及时采取措施处置突发事件或者处置不当，造成后果的；

（五）违反法律规定采取应对措施，侵犯公民生命健康权益的；

（六）不服从上级人民政府对突发事件应急处置工作的统一领导、指挥和协调的；

（七）未及时组织开展生产自救、恢复重建等善后工作的；

（八）截留、挪用、私分或者变相私分应急救援资金、物资的；

（九）不及时归还征用的单位和个人的财产，或者对被征用财产的单位和个人不按照规定给予补偿的。

第九十六条　有关单位有下列情形之一，由所在地履行统一领导职责的人民政府有关部门责令停产停业，暂扣或者吊销许可证件，并处五万元以上二十万元以下的罚款；情节特别严重的，并处二十万元以上一百万元以下的罚款：

（一）未按照规定采取预防措施，导致发生较大以上突发事件的；

（二）未及时消除已发现的可能引发突发事件的隐患，导致发生较大以上突发事件的；

（三）未做好应急物资储备和应急设备、设施日常维护、检测工作，导致发生较大以上突发事件或者突发事件危害扩大的；

（四）突发事件发生后，不及时组织开展应急救援工作，造成严重后果的。

其他法律对前款行为规定了处罚的，依照较重的规定处罚。

第九十七条 违反本法规定，编造并传播有关突发事件的虚假信息，或者明知是有关突发事件的虚假信息而进行传播的，责令改正，给予警告；造成严重后果的，依法暂停其业务活动或者吊销其许可证件；负有直接责任的人员是公职人员的，还应当依法给予处分。

第九十八条 单位或者个人违反本法规定，不服从所在地人民政府及其有关部门依法发布的决定、命令或者不配合其依法采取的措施的，责令改正；造成严重后果的，依法给予行政处罚；负有直接责任的人员是公职人员的，还应当依法给予处分。

第九十九条 单位或者个人违反本法第八十四条、第八十五条关于个人信息保护规定的，由主管部门依照有关法律规定给予处罚。

第一百条 单位或者个人违反本法规定，导致突发事件发生或者危害扩大，造成人身、财产或者其他损害的，应当依法承担民事责任。

第一百零一条 为了使本人或者他人的人身、财产免受正在发生的危险而采取避险措施的，依照《中华人民共和国民法典》、《中华人民共和国刑法》等法律关于紧急避险的规定处理。

第一百零二条 违反本法规定，构成违反治安管理行为的，依法给予治安管理处罚；构成犯罪的，依法追究刑事责任。

第八章　附　　则

第一百零三条 发生特别重大突发事件，对人民生命财产安全、国家安全、公共安全、生态环境安全或者社会秩序构成重大威胁，采取本法和其他有关法律、法规、规章规定的应急处置措施不能消除或者有效控制、减轻其严重社会危害，需要进入紧急状态的，由全国人民代表大会常务委员会或者国务院依照宪法和其他有关法律规定的权限和程序决定。

紧急状态期间采取的非常措施，依照有关法律规定执行或者由全国人民代表大会常务委员会另行规定。

第一百零四条 中华人民共和国领域外发生突发事件，造成或者可能造成中华人民共和国公民、法人和其他组织人身伤亡、财产损失的，由国务院外交部门会同国务院其他有关部门、有关地方人民政府，按照国家有关规定做好应对工作。

第一百零五条　在中华人民共和国境内的外国人、无国籍人应当遵守本法，服从所在地人民政府及其有关部门依法发布的决定、命令，并配合其依法采取的措施。

第一百零六条　本法自2024年11月1日起施行。

中华人民共和国传染病防治法

（1989年2月21日第七届全国人民代表大会常务委员会第六次会议通过　2004年8月28日第十届全国人民代表大会常务委员会第十一次会议第一次修订　根据2013年6月29日第十二届全国人民代表大会常务委员会第三次会议《关于修改〈中华人民共和国文物保护法〉等十二部法律的决定》修正　2025年4月30日第十四届全国人民代表大会常务委员会第十五次会议第二次修订）

目　录

第一章　总　　则
第二章　预　　防
第三章　监测、报告和预警
第四章　疫情控制
第五章　医疗救治
第六章　保障措施
第七章　监督管理
第八章　法律责任
第九章　附　　则

第一章 总 则

第一条 为了预防、控制和消除传染病的发生与流行，保障公众生命安全和身体健康，防范和化解公共卫生风险，维护国家安全和社会稳定，根据宪法，制定本法。

第二条 传染病防治工作坚持中国共产党的领导，坚持人民至上、生命至上，坚持预防为主、防治结合的方针，坚持依法防控、科学防控的原则。

第三条 本法所称传染病，分为甲类传染病、乙类传染病、丙类传染病，以及突发原因不明的传染病等其他传染病。

甲类传染病，是指对人体健康和生命安全危害特别严重，可能造成重大经济损失和社会影响，需要特别严格管理、控制疫情蔓延的传染病，包括鼠疫、霍乱。

乙类传染病，是指对人体健康和生命安全危害严重，可能造成较大经济损失和社会影响，需要严格管理、降低发病率、减少危害的传染病，包括新型冠状病毒感染、传染性非典型肺炎、艾滋病、病毒性肝炎、脊髓灰质炎、人感染新亚型流感、麻疹、流行性出血热、狂犬病、流行性乙型脑炎、登革热、猴痘、炭疽、细菌性和阿米巴性痢疾、肺结核、伤寒和副伤寒、流行性脑脊髓膜炎、百日咳、白喉、新生儿破伤风、猩红热、布鲁氏菌病、淋病、梅毒、钩端螺旋体病、血吸虫病、疟疾。

丙类传染病，是指常见多发，对人体健康和生命安全造成危害，可能造成一定程度的经济损失和社会影响，需要关注流行趋势、控制暴发和流行的传染病，包括流行性感冒、流行性腮腺炎、风疹、急性出血性结膜炎、麻风病、流行性和地方性斑疹伤寒、黑热病、包虫病、丝虫病、手足口病，除霍乱、细菌性和阿米巴性痢疾、伤寒和副伤寒以外的感染性腹泻病。

国务院疾病预防控制部门根据传染病暴发、流行情况和危害程度，及时提出调整各类传染病目录的建议。调整甲类传染病目录，由国务院卫生健康主管部门报经国务院批准后予以公布；调整乙类、丙类传染病目录，由国务院卫生健康主管部门批准、公布。

第四条 突发原因不明的传染病需要采取本法规定的甲类传染病预防、

控制措施的，国务院疾病预防控制部门及时提出建议，由国务院卫生健康主管部门报经国务院批准后予以公布。

对乙类传染病中的传染性非典型肺炎、炭疽中的肺炭疽，采取本法规定的甲类传染病预防、控制措施。其他乙类传染病需要采取本法规定的甲类传染病预防、控制措施的，依照前款规定的程序批准、公布。

需要解除依照本条规定采取的甲类传染病预防、控制措施的，国务院疾病预防控制部门及时提出建议，由国务院卫生健康主管部门报经国务院批准后予以公布。

依照本法规定采取甲类传染病预防、控制措施的传染病，适用本法有关甲类传染病的规定。

第五条　省级人民政府对本行政区域常见多发的其他传染病，可以根据情况决定按照乙类或者丙类传染病管理并予以公布，报国务院疾病预防控制部门备案。

第六条　国家建立健全传染病防治体制机制，明确属地、部门、单位和个人责任，实行联防联控、群防群控。

第七条　各级人民政府加强对传染病防治工作的领导。

县级以上人民政府建立健全传染病防治的疾病预防控制、医疗救治、应急处置、物资保障和监督管理体系，加强传染病防治能力建设。

第八条　国务院卫生健康主管部门牵头组织协调全国传染病疫情应对工作，负责全国传染病医疗救治的组织指导工作。国务院疾病预防控制部门负责全国传染病预防、控制的组织指导工作，负责全国传染病疫情应对相关工作。国务院其他有关部门在各自职责范围内负责传染病防治有关工作。

县级以上地方人民政府卫生健康主管部门牵头组织协调本行政区域传染病疫情应对工作，负责本行政区域传染病医疗救治的组织指导工作。县级以上地方人民政府疾病预防控制部门负责本行政区域传染病预防、控制的组织指导工作，负责本行政区域传染病疫情应对相关工作。县级以上地方人民政府其他有关部门在各自职责范围内负责传染病防治有关工作。

中国人民解放军、中国人民武装警察部队的传染病防治工作，依照本法和中央军事委员会的有关规定办理，由中央军事委员会负责卫生工作的部门实施监督管理。

第九条　国务院和县级以上地方人民政府的重大传染病疫情联防联控

机制开展疫情会商研判,组织协调、督促推进疫情防控工作。

发生重大传染病疫情,构成突发公共卫生事件的,国务院和县级以上地方人民政府依照有关突发公共卫生事件应对的法律、行政法规规定设立应急指挥机构、启动应急响应。

第十条 国家建立健全城乡一体、上下联动、功能完备的疾病预防控制网络。

国务院疾病预防控制部门领导各级疾病预防控制机构业务工作,建立上下联动的分工协作机制。

国家、省级疾病预防控制机构成立疾病预防控制专家委员会,为传染病防治提供咨询、评估、论证等专业技术支持。

第十一条 国家坚持中西医并重,加强中西医结合,充分发挥中医药在传染病防治中的作用。

第十二条 国家支持和鼓励开展传染病防治的科学研究,组织开展传染病防治和公共卫生研究工作以及多学科联合攻关,提高传染病防治的科学技术水平。

第十三条 国家支持和鼓励在传染病防治中运用现代信息技术。

传染病防治中开展个人信息收集、存储、使用、加工、传输、提供、公开、删除等个人信息处理活动,应当遵守《中华人民共和国民法典》、《中华人民共和国个人信息保护法》等法律、行政法规的规定,采取措施确保个人信息安全,保护个人隐私,不得过度收集个人信息;相关信息不得用于传染病防治以外的目的。

第十四条 中华人民共和国领域内的一切单位和个人应当支持传染病防治工作,接受和配合为预防、控制、消除传染病危害依法采取的调查、采集样本、检验检测、隔离治疗、医学观察等措施,根据传染病预防、控制需要采取必要的防护措施。

国家支持和鼓励单位和个人参与传染病防治工作。各级人民政府应当完善有关制度,提供便利措施,引导单位和个人参与传染病防治的宣传教育、疫情报告、志愿服务和捐赠等活动。

第十五条 疾病预防控制部门、街道办事处和乡镇人民政府应当开展群防群控工作,指导居民委员会、村民委员会协助做好城乡社区的传染病预防、控制工作。

居民委员会、村民委员会应当协助县级以上人民政府及其有关部门、街道办事处和乡镇人民政府做好城乡社区传染病预防、控制的宣传教育、健康提示以及疫情防控工作，组织城乡居民参与城乡社区的传染病预防、控制活动。

县级以上人民政府及其有关部门、街道办事处和乡镇人民政府应当为居民委员会、村民委员会开展传染病预防、控制工作提供必要的支持和保障。

第十六条 国家和社会应当关心、帮助传染病患者、病原携带者和疑似患者，使其得到及时救治。

任何单位或者个人不得歧视传染病患者、病原携带者和疑似患者，不得泄露个人隐私、个人信息。

第十七条 采取传染病预防、控制措施，应当依照法定权限和程序，与传染病暴发、流行和可能造成危害的程度、范围等相适应；有多种措施可供选择的，应当选择有利于最大程度保护单位和个人合法权益，且对他人权益损害和生产生活影响较小的措施，并根据情况变化及时调整。

单位和个人认为有关地方人民政府、卫生健康主管部门、疾病预防控制部门和其他有关部门，以及疾病预防控制机构、医疗机构等实施的相关行政行为或者传染病预防、控制措施，侵犯其合法权益的，可以依法申请行政复议、提起诉讼。

第十八条 国家开展传染病防治健康教育工作，加强传染病防治法治宣传，提高公众传染病防治健康素养和法治意识。

学校、托育机构应当结合年龄特点对学生和幼儿进行健康知识和传染病防治知识的教育。

新闻媒体应当开展传染病防治和公共卫生知识的公益宣传。

个人应当学习传染病防治知识，养成良好的卫生习惯，培养健康的生活方式。

第十九条 国家支持和鼓励开展传染病防治的国际交流与合作。

第二十条 对在传染病防治工作中做出显著成绩和贡献的单位和个人，按照国家有关规定给予表彰、奖励。

对因参与传染病防治工作致病、致残、死亡的人员，按照有关规定给予补助、抚恤和优待。

第二章 预 防

第二十一条 各级人民政府组织开展爱国卫生运动，完善公共卫生设施，改善人居环境状况，加强社会健康管理，提升全民健康水平。

第二十二条 地方各级人民政府应当有计划地建设和改造城乡公共卫生设施，改善饮用水卫生条件，对污水、污物、粪便进行无害化处置。城市应当按照国家和地方有关标准修建公共厕所、垃圾和粪便无害化处置场以及排水和污水处理系统等公共卫生设施。农村应当逐步改造厕所，建立必要的卫生管理制度。

县级以上地方人民政府应当加强医疗废物收集处置能力建设。设区的市级人民政府应当确定医疗废物协同应急处置设施，提高重大传染病疫情医疗废物应急处置能力。

第二十三条 县级以上人民政府农业农村、水利、林业草原等部门依据职责指导、组织控制和消除农田、湖区、河流、牧场、林区、草原地区的鼠害与血吸虫危害，以及其他传播传染病的动物和病媒生物的危害。

交通运输、铁路、民用航空等部门依据职责指导、监督交通运输经营单位以及车站、港口、机场等相关场所的运营单位消除鼠害和蚊、蝇等病媒生物的危害。

第二十四条 国家实行免疫规划制度。政府免费向居民提供免疫规划疫苗。

国务院疾病预防控制部门制定国家免疫规划。省级人民政府在执行国家免疫规划时，可以根据本行政区域疾病预防、控制需要，增加免疫规划疫苗种类，加强重点地区、重点人群的预防接种，报国务院疾病预防控制部门备案并公布。

国家对儿童实行预防接种证制度。医疗机构、疾病预防控制机构与儿童的监护人、所在学校和托育机构应当相互配合，保证儿童及时接种免疫规划疫苗。

出现特别重大突发公共卫生事件或者其他严重威胁公众健康的紧急事件，可以依照《中华人民共和国疫苗管理法》的规定在一定范围和期限内紧急使用疫苗。

第二十五条　各级疾病预防控制机构在传染病预防、控制中履行下列职责：

（一）实施传染病预防控制规划，制定传染病预防控制技术方案并组织实施；

（二）组织开展传染病监测，收集、分析和报告传染病监测信息，预测传染病的发生、流行趋势；

（三）开展对传染病疫情和突发公共卫生事件的流行病学调查、风险评估、现场处理及其效果评价；

（四）开展传染病实验室检验检测、诊断、病原学鉴定；

（五）实施免疫规划，负责预防性生物制品的使用管理；

（六）开展健康教育、咨询，普及传染病防治知识；

（七）指导、培训下级疾病预防控制机构及其工作人员开展传染病预防、控制工作；

（八）指导医疗机构和学校、托育机构、养老机构、康复机构、福利机构、未成年人救助保护机构、救助管理机构、体育场馆、监管场所、车站、港口、机场等重点场所开展传染病预防、控制工作；

（九）开展传染病防治基础性研究、应用性研究和卫生评价，提供技术咨询。

国家、省级疾病预防控制机构主要负责对传染病发生、流行以及分布进行监测，对重点传染病流行趋势进行预测，提出预防、控制对策，参与并指导对暴发的传染病疫情进行调查处理，开展传染病病原学鉴定，建立检验检测质量控制体系，开展基础性研究、应用性研究、卫生评价以及标准规范制定。

设区的市级、县级疾病预防控制机构主要负责传染病预防控制规划、预防控制技术方案的落实，组织实施免疫、消毒，指导病媒生物危害控制，普及传染病防治知识，负责本地区传染病和突发公共卫生事件监测、报告，开展流行病学调查和常见病原微生物检测，开展应用性研究和卫生评价。

第二十六条　二级以上医疗机构应当有专门的科室并指定专门的人员，承担本机构的传染病预防、控制和传染病疫情报告以及责任区域内的传染病预防工作。

基层医疗卫生机构应当有专门的科室或者指定人员负责传染病预防、控制管理工作，在疾病预防控制机构指导下，承担本机构的传染病预防、控制和责任区域内的传染病防治健康教育、预防接种、传染病疫情报告、传染病患者健康监测以及城乡社区传染病疫情防控指导等工作。

第二十七条　医疗机构的基本标准、建筑设计和服务流程应当符合预防医疗机构感染的要求，降低传染病在医疗机构内传播的风险。

医疗机构应当严格执行国家规定的管理制度、操作规范，加强与医疗机构感染有关的危险因素监测、安全防护、消毒、隔离和医疗废物、医疗污水处置工作，防止传染病在医疗机构内的传播。

医疗机构应当按照规定对使用的医疗器械进行消毒或者灭菌；对按照规定一次性使用的医疗器械，应当在使用后予以销毁。

第二十八条　国务院疾病预防控制部门拟订国家重点传染病和突发原因不明的传染病预防控制应急预案，由国务院卫生健康主管部门批准、公布。

县级以上地方人民政府制定本行政区域重点传染病和突发原因不明的传染病预防控制应急预案，报上一级人民政府备案并予以公布。鼓励毗邻、相近地区的地方人民政府制定应对区域性传染病的联合预防控制应急预案。

传染病预防控制应急预案应当根据本法和其他有关法律、法规的规定，针对传染病暴发、流行情况和危害程度，具体规定传染病预防、控制工作的组织指挥体系和职责，传染病预防、监测、疫情报告和通报、疫情风险评估、预警、应急工作方案、人员调集以及物资和技术储备与调用等内容。

第二十九条　医疗卫生机构和学校、托育机构、养老机构、康复机构、福利机构、未成年人救助保护机构、救助管理机构、体育场馆、监管场所、车站、港口、机场等重点场所，应当制定本单位传染病预防控制应急预案。

第三十条　传染病预防控制应急预案应当增强科学性、针对性和可操作性，并根据实际需要和形势变化及时修订。

县级以上人民政府疾病预防控制部门应当根据有关传染病预防控制应急预案定期组织开展演练。医疗卫生机构和学校、托育机构、养老机构、康复机构、福利机构、未成年人救助保护机构、救助管理机构、体育场馆、监管场所、车站、港口、机场等重点场所应当根据本单位传染病预防控制应急预案开展演练。

第三十一条　疾病预防控制机构、医疗机构的实验室和从事病原微生物实验的单位，应当遵守有关病原微生物实验室生物安全的法律、行政法规规定，符合国家规定的条件和技术标准，建立严格的管理制度，对传染病病原体和样本按照规定的措施实行严格管理，严防传染病病原体的实验室感染和扩散。

第三十二条 采供血机构、生物制品生产单位应当严格执行国家有关规定，保证血液、血液制品的质量和安全。

禁止非法采集血液或者组织他人出卖血液。

疾病预防控制机构、医疗机构使用血液和血液制品，应当遵守国家有关规定，防止因输入血液、使用血液制品引起经血液传播疾病的发生。

第三十三条 各级人民政府应当加强艾滋病的防治工作，采取预防、控制措施，防止艾滋病的传播。具体办法由国务院制定。

第三十四条 国家建立健全人畜共患传染病防治的协作机制，统筹规划、协同推进预防、控制工作，做好重点人群健康教育、传染病监测、疫情调查处置和信息通报等工作。

县级以上人民政府农业农村、林业草原、卫生健康、疾病预防控制等部门依据职责负责与人畜共患传染病有关的动物传染病的防治管理工作，重点加强鼠疫、狂犬病、人感染新亚型流感、布鲁氏菌病、炭疽、血吸虫病、包虫病等人畜共患传染病的防治工作。

第三十五条 国家建立病原微生物菌（毒）种保藏库。

对病原微生物菌（毒）种和传染病检测样本的采集、保藏、提供、携带、运输、使用实行分类管理，建立健全严格的管理制度。从事相关活动应当遵守有关病原微生物实验室生物安全的法律、行政法规规定；依法需要经过批准或者进行备案的，应当取得批准或者进行备案。

第三十六条 对被传染病病原体污染的水、物品和场所，有关单位和个人应当在疾病预防控制机构的指导下或者按照其提出的卫生要求，进行科学严格消毒处理；拒绝消毒处理的，由当地疾病预防控制部门组织进行强制消毒处理。

第三十七条 在国家确认的自然疫源地计划兴建水利、交通、旅游、能源等大型建设项目的，应当事先由省级以上疾病预防控制机构对施工环境进行卫生调查。建设单位应当根据疾病预防控制机构的意见，采取必要的传染病预防、控制措施。施工期间，建设单位应当设专人负责工地上的卫生防疫工作。施工期间和工程竣工后，疾病预防控制机构应当对可能发生的传染病进行监测。

第三十八条 用于传染病防治的消毒产品、饮用水供水单位供应的饮用水和涉及饮用水卫生安全的产品，应当符合国家卫生标准和卫生规范。

用于传染病防治的消毒产品的生产企业，应当经省级人民政府疾病预防控制部门批准，取得卫生许可。利用新材料、新工艺技术和新杀菌原理生产的消毒剂和消毒器械，应当经国务院疾病预防控制部门批准，取得卫生许可；其他消毒剂、消毒器械以及抗（抑）菌剂，应当报省级人民政府疾病预防控制部门备案。

饮用水供水单位应当经设区的市级或者县级人民政府疾病预防控制部门批准，取得卫生许可。涉及饮用水卫生安全的产品应当经省级以上人民政府疾病预防控制部门批准，取得卫生许可。

第三十九条 传染病患者、病原携带者和疑似患者应当如实提供相关信息，在治愈前或者在排除传染病嫌疑前，不得从事法律、行政法规和国务院疾病预防控制部门规定禁止从事的易使该传染病扩散的工作。

传染病患者、病原携带者、疑似患者以及上述人员的密切接触者应当采取必要的防护措施。

任何单位或者个人不得以任何方式故意传播传染病。

第四十条 学校、托育机构、养老机构、康复机构、福利机构、未成年人救助保护机构、救助管理机构、体育场馆、监管场所、车站、港口、机场等重点场所应当落实主体责任，加强传染病预防、控制能力建设，在疾病预防控制机构指导下开展传染病预防、控制工作。

第三章 监测、报告和预警

第四十一条 国家加强传染病监测预警工作，建设多点触发、反应快速、权威高效的传染病监测预警体系。

第四十二条 国家建立健全传染病监测制度。

国务院疾病预防控制部门会同国务院有关部门制定国家传染病监测规划和方案。省级人民政府疾病预防控制部门会同同级人民政府有关部门，根据国家传染病监测规划和方案，制定本行政区域传染病监测计划和工作方案，报国务院疾病预防控制部门审核后实施。

国家加强传染病监测，依托传染病监测系统实行传染病疫情和突发公共卫生事件网络直报，建立重点传染病以及原因不明的传染病监测哨点，拓展传染病症状监测范围，收集传染病症候群、群体性不明原因疾病等信息，建立传染病病原学监测网络，多途径、多渠道开展多病原监测，建立智慧化多点触发机制，增强监测的敏感性和准确性，提高实时分析、集中研判能力，及时发现传染病疫情和突发公共卫生事件。

第四十三条 疾病预防控制机构对传染病的发生、流行以及影响其发生、流行的因素进行监测，及时掌握重点传染病流行强度、危害程度以及病原体变异情况。

疾病预防控制机构应当加强原因不明的传染病监测，提高快速发现和及时甄别能力；对新发传染病、境内已消除的传染病以及境外发生、境内尚未发生的传染病进行监测。

第四十四条 国家建立跨部门、跨地域的传染病监测信息共享机制，加强卫生健康、疾病预防控制、生态环境、农业农村、海关、市场监督管理、移民管理、林业草原等部门的联动监测和信息共享。

国家建立临床医疗、疾病预防控制信息的互通共享制度，加强医防协同，推动医疗机构等的信息系统与传染病监测系统互联互通，建立健全传染病诊断、病原体检测数据等的自动获取机制，规范信息共享流程，确保个人信息安全。

第四十五条 国家建立健全传染病疫情报告制度。

疾病预防控制机构、医疗机构和采供血机构及其执行职务的人员发现甲类传染病患者、病原携带者、疑似患者或者新发传染病、突发原因不明的传染病，以及其他传染病暴发、流行时，应当于两小时内进行网络直报；发现乙类传染病患者、疑似患者或者国务院疾病预防控制部门规定需要报告的乙类传染病病原携带者时，应当于二十四小时内进行网络直报；发现丙类传染病患者时，应当于二十四小时内进行网络直报。

中国人民解放军、中国人民武装警察部队的医疗机构向社会公众提供医疗服务的，应当依照前款规定报告传染病疫情。

传染病疫情报告遵循属地管理原则，具体办法由国务院疾病预防控制部门制定。

第四十六条 疾病预防控制机构、医疗机构和采供血机构应当建立健全传染病疫情报告管理制度,加强传染病疫情和相关信息报告的培训、日常管理和质量控制,定期对本机构报告的传染病疫情和相关信息以及报告质量进行分析、汇总和通报。

第四十七条 学校、托育机构、养老机构、康复机构、福利机构、未成年人救助保护机构、救助管理机构、体育场馆、监管场所、车站、港口、机场等重点场所发现传染病患者、疑似患者时,应当按照国务院疾病预防控制部门的规定,向所在地疾病预防控制机构报告有关信息。

检验检测机构等应当按照国务院疾病预防控制部门的规定,向所在地疾病预防控制机构报告与传染病防治有关的信息。

第四十八条 任何单位和个人发现传染病患者、疑似患者时,应当及时向附近的疾病预防控制机构、医疗机构或者疾病预防控制部门报告。

疾病预防控制部门应当公布热线电话等,畅通报告途径,确保及时接收、调查和处理相关报告信息。

第四十九条 疾病预防控制机构应当设立或者指定专门的部门、人员负责传染病疫情信息管理工作,主动收集、分析、调查、核实传染病疫情信息。

疾病预防控制机构接到甲类传染病、新发传染病、突发原因不明的传染病报告或者发现传染病暴发、流行时,应当于两小时内完成传染病疫情信息核实以及向同级卫生健康主管部门、疾病预防控制部门和上级疾病预防控制机构报告的工作。疾病预防控制部门接到报告后应当立即报告同级人民政府,同时报告上一级人民政府卫生健康主管部门、疾病预防控制部门和国务院卫生健康主管部门、疾病预防控制部门。

第五十条 任何单位或者个人不得干预传染病疫情报告。

依照本法规定负有传染病疫情报告职责的人民政府有关部门、疾病预防控制机构、医疗机构、采供血机构及其工作人员,不得隐瞒、谎报、缓报、漏报传染病疫情。

第五十一条 对及时发现并报告新发传染病、突发原因不明的传染病的单位和个人,按照国家有关规定给予奖励。

对经调查排除传染病疫情的,报告的单位和个人不承担法律责任。

第五十二条 国家建立健全传染病疫情风险评估制度。

疾病预防控制机构应当及时分析传染病和健康危害因素相关信息,评估发生传染病疫情的风险、可能造成的影响以及疫情发展态势。

第五十三条 国家建立健全传染病预警制度。

疾病预防控制机构根据传染病监测信息和传染病疫情风险评估结果，向社会发布健康风险提示；发现可能发生突发公共卫生事件，经评估认为需要发布预警的，向同级疾病预防控制部门提出发布预警的建议。疾病预防控制部门收到建议后应当及时组织专家进行分析研判，需要发布预警的，由卫生健康主管部门、疾病预防控制部门立即向同级人民政府报告。

县级以上人民政府依照有关突发公共卫生事件应对的法律、行政法规和国务院规定的权限和程序，决定向社会发布预警。

第五十四条 县级以上地方人民政府疾病预防控制部门应当及时向本行政区域的疾病预防控制机构和医疗机构通报传染病疫情以及监测、预警的相关信息。接到通报的疾病预防控制机构和医疗机构应当及时报告本机构的主要负责人，并告知本机构的有关人员。

第五十五条 国务院疾病预防控制部门应当及时向省级人民政府疾病预防控制部门和中央军事委员会负责卫生工作的部门通报全国传染病疫情以及监测、预警的相关信息。中央军事委员会负责卫生工作的部门发现传染病疫情时，应当向国务院疾病预防控制部门通报。

毗邻或者相关地区的地方人民政府疾病预防控制部门，应当及时相互通报本行政区域的传染病疫情以及监测、预警的相关信息。

第五十六条 县级以上人民政府疾病预防控制部门与同级人民政府教育、公安、民政、司法行政、生态环境、农业农村、市场监督管理、林业草原、中医药等部门建立传染病疫情通报机制，及时共享传染病疫情信息。

传染病暴发、流行时，国务院卫生健康、疾病预防控制、外交、工业和信息化、公安、交通运输、铁路、民用航空、海关、移民管理等部门以及中国人民解放军、中国人民武装警察部队的有关单位和部门等建立工作机制，及时共享传染病疫情信息。

第五十七条 国家建立健全传染病疫情信息公布制度。

国务院疾病预防控制部门定期向社会公布全国传染病疫情信息。县级以上地方人民政府疾病预防控制部门定期向社会公布本行政区域的传染病疫情信息。

传染病暴发、流行时，县级以上地方人民政府疾病预防控制部门应当及时、准确地向社会公布本行政区域传染病名称、流行传播范围以及确诊病例、疑似病例、死亡病例数量等传染病疫情信息。传染病跨省级行政区域暴发、流行时，国务院疾病预防控制部门应当及时、准确地向社会公布上述信息。

县级以上人民政府疾病预防控制部门发现虚假或者不完整传染病疫情信息的，应当及时发布准确的信息予以澄清。

传染病疫情信息公布的具体办法由国务院疾病预防控制部门制定。

第四章　疫情控制

第五十八条　医疗机构、疾病预防控制机构发现甲类传染病时，应当立即采取下列措施，并向县级以上地方人民政府疾病预防控制部门报告：

（一）对甲类传染病患者、病原携带者，予以隔离治疗、医学观察；

（二）对甲类传染病疑似患者，确诊前单独隔离治疗；

（三）对甲类传染病患者、病原携带者、疑似患者的密切接触者，予以医学观察，并采取其他必要的预防措施。

医疗机构、疾病预防控制机构对甲类传染病患者、病原携带者、疑似患者以及上述人员的密切接触者采取隔离治疗、医学观察措施，应当根据国家有关规定和医学检查结果科学合理确定具体人员范围和期限，并根据情况变化及时调整。采取隔离治疗、医学观察措施，不得超出规定的范围和期限。

医疗机构、疾病预防控制机构应当向甲类传染病患者、病原携带者、疑似患者以及上述人员的密切接触者书面告知诊断或者判定结果和依法应当采取的措施。

甲类传染病患者、病原携带者、疑似患者以及上述人员的密切接触者应当主动接受和配合医学检查、隔离治疗、医学观察等措施。

拒绝隔离治疗、医学观察或者隔离治疗、医学观察的期限未满擅自脱离的，由公安机关协助医疗机构、疾病预防控制机构采取强制隔离治疗、医学观察措施。

第五十九条　医疗机构、疾病预防控制机构接到其他单位和个人报告甲类传染病的，有关甲类传染病患者、疑似患者的移交按照国务院疾病预防控制部门的规定执行。

第六十条 医疗机构发现乙类或者丙类传染病患者时，应当根据病情采取必要的治疗和控制传播措施。

县级以上地方人民政府疾病预防控制部门指定的医疗机构对肺结核患者进行治疗；对具有传染性的肺结核患者进行耐药检查和规范隔离治疗，对其密切接触者进行筛查。基层医疗卫生机构对肺结核患者进行健康管理。具体办法由国务院疾病预防控制部门拟订，报国务院卫生健康主管部门审核、发布。

第六十一条 医疗机构对本机构内被传染病病原体污染的场所、物品以及医疗废物、医疗污水，应当依照有关法律、行政法规的规定实施消毒和无害化处置。

第六十二条 疾病预防控制机构发现传染病疫情或者接到传染病疫情报告时，应当及时采取下列措施：

（一）对传染病疫情进行流行病学调查，根据调查情况提出对受影响的相关区域的防控建议，对被污染的场所进行卫生处理，判定密切接触者，指导做好对密切接触者的管理，并向疾病预防控制部门提出传染病疫情防控方案；

（二）传染病暴发、流行时，对受影响的相关区域进行卫生处理，向疾病预防控制部门提出传染病疫情防控方案，并按照传染病疫情防控相关要求采取措施；

（三）指导下级疾病预防控制机构、医疗机构实施传染病预防、控制措施，组织、指导有关单位对传染病疫情的处理。

有关单位和个人应当接受和配合疾病预防控制机构开展流行病学调查，如实提供信息。疾病预防控制机构开展流行病学调查，需要有关部门和单位协助的，有关部门和单位应当予以协助。

发生传染病疫情时，疾病预防控制机构和省级以上人民政府疾病预防控制部门指派的其他与传染病有关的专业技术机构，可以进入受影响的相关区域进行调查、采集样本、技术分析和检验检测。被调查单位和个人应当如实提供信息；任何单位或者个人不得隐瞒信息、阻碍调查。

第六十三条 传染病暴发、流行时，县级以上地方人民政府应当立即组织力量，按照传染病预防控制应急预案进行防治，控制传染源，切断传染病的传播途径；发生重大传染病疫情，经评估必要时，可以采取下列紧急措施：

（一）限制或者停止集市、影剧院演出或者其他人群聚集的活动；

（二）停工、停业、停课；

（三）封闭或者封存被传染病病原体污染的公共饮用水源、食品以及相关物品；

（四）控制或者扑杀、无害化处理染疫动物；

（五）封闭可能造成传染病扩散的场所；

（六）防止传染病传播的其他必要措施。

县级以上地方人民政府采取前款规定的紧急措施，应当同时向上一级人民政府报告。接到报告的上级人民政府认为采取的紧急措施不适当的，应当立即调整或者撤销。

必要时，国务院或者国务院授权的部门可以决定在全国或者部分区域采取本条第一款规定的紧急措施。

第六十四条　对已经发生甲类传染病病例的场所或者该场所内的特定区域的人员，所在地县级以上地方人民政府可以实施隔离措施，同时向上一级人民政府报告。接到报告的上级人民政府认为实施的隔离措施不适当的，应当立即调整或者撤销。

被实施隔离措施的人员应当予以配合；拒绝执行隔离措施的，由公安机关协助疾病预防控制机构采取强制隔离措施。

第六十五条　发生新发传染病、突发原因不明的传染病，县级以上地方人民政府经评估认为确有必要的，可以预先采取本法规定的甲类传染病预防、控制措施，同时向上一级人民政府报告。接到报告的上级人民政府认为预先采取的预防、控制措施不适当的，应当立即调整或者撤销。

第六十六条　因甲类、乙类传染病发生重大传染病疫情时，县级以上地方人民政府报经上一级人民政府决定，可以对进入或者离开本行政区域受影响的相关区域的人员、物资和交通工具实施卫生检疫。

因甲类传染病发生重大传染病疫情时，省级人民政府可以决定对本行政区域受影响的相关区域实施封锁；封锁大、中城市或者跨省级行政区域的受影响的相关区域，以及因封锁导致中断干线交通或者封锁国境的，由国务院决定。

第六十七条　依照本法第六十三条至第六十六条规定采取传染病疫情防控措施时，决定采取措施的机关应当向社会发布公告，明确措施的具体内容、实施范围和实施期限，并进行必要的解释说明。相关疫情防控措施的解除，由原决定机关决定并宣布。

采取前款规定的措施期间，当地人民政府应当保障食品、饮用水等基本生活必需品的供应，提供基本医疗服务，维护社会稳定；对未成年人、老年人、残疾人、孕产期和哺乳期的妇女以及需要及时救治的伤病人员等群体给予特殊照顾和安排，并确保相关人员获得医疗救治。当地人民政府应当公布求助电话等，畅通求助途径，及时向有需求的人员提供帮助。

因采取本法第五十八条、第六十三条至第六十六条规定的措施导致劳动者不能工作的，用人单位应当保留其工作，按照规定支付其在此期间的工资、发放生活费。用人单位可以按照规定享受有关帮扶政策。

第六十八条 发生甲类传染病时，为了防止该传染病通过交通工具及其乘运的人员、物资传播，省级人民政府可以决定实施交通卫生检疫。具体办法由国务院制定。

第六十九条 发生重大传染病疫情时，根据传染病疫情防控的需要，国务院及其有关部门有权在全国或者跨省级行政区域范围内，县级以上地方人民政府及其有关部门有权在本行政区域内，紧急调集人员或者调用储备物资，临时征用房屋、交通工具以及相关设施、设备、场地和其他物资，要求有关单位和个人提供技术支持。

紧急调集人员的，应当按照规定给予合理报酬。临时征用房屋、交通工具以及相关设施、设备、场地和其他物资，要求有关单位和个人提供技术支持的，应当依法给予公平、合理的补偿；能返还的，应当及时返还。

第七十条 医疗机构、疾病预防控制机构、检验检测机构应当按照传染病检验检测技术规范和标准开展检验检测活动，加强检验检测质量控制。

第七十一条 患甲类传染病、炭疽死亡的，应当将其尸体立即进行卫生处理，就近火化；患其他传染病死亡的，必要时应当将其尸体进行卫生处理后火化或者按照规定深埋。对尸体进行火化或者深埋应当及时告知死者家属。

为了查找传染病病因，医疗机构在必要时可以按照国务院卫生健康主管部门、疾病预防控制部门的规定，对传染病患者尸体或者疑似传染病患者尸体进行解剖查验，并应当及时告知死者家属。对尸体进行解剖查验应当在符合生物安全条件的场所进行。

第七十二条 本法第六十六条规定的受影响的相关区域中被传染病病

原体污染或者可能被传染病病原体污染的物品，经消毒可以使用的，应当在疾病预防控制机构的指导下，进行消毒处理后，方可使用、出售和运输。

第七十三条 传染病暴发、流行时，有关生产、供应单位应当及时生产、供应传染病疫情防控所需的药品、医疗器械和其他应急物资。交通运输、邮政、快递经营单位应当优先运送参与传染病疫情防控的人员以及传染病疫情防控所需的药品、医疗器械和其他应急物资。县级以上人民政府有关部门应当做好组织协调工作。

第七十四条 单位和个人认为采取本法第五十八条、第六十三条至第六十六条规定的传染病疫情防控措施侵犯其合法权益的，可以向县级以上地方人民政府或者其指定的部门提出申诉，申诉期间相关措施不停止执行。县级以上地方人民政府应当畅通申诉渠道，完善处理程序，确保有关申诉及时处理。

第五章 医疗救治

第七十五条 县级以上人民政府应当加强和完善常态与应急相结合的传染病医疗救治服务网络建设，指定具备传染病救治条件和能力的医疗机构承担传染病救治任务，根据传染病救治需要设置传染病专科医院。

第七十六条 国家建立健全重大传染病疫情医疗救治体系，建立由传染病专科医院、综合医院、中医医院、院前急救机构、临时性救治场所、基层医疗卫生机构、血站等构成的综合医疗救治体系，对传染病患者进行分类救治，加强重症患者医疗救治，提高重大传染病疫情医疗救治能力。

第七十七条 医疗机构应当对传染病患者、疑似患者提供医疗救护、现场救援和接诊治疗，按照规定填写并妥善保管病历记录以及其他有关资料。

医疗机构应当按照国务院卫生健康主管部门的规定设置发热门诊，加强发热门诊标准化建设，优化服务流程，提高服务能力。

医疗机构应当实行传染病预检、分诊制度；对传染病患者、疑似患者，应当引导至相对隔离的分诊点进行初诊。医疗机构不具备相应救治能力的，应当将传染病患者、疑似患者及其病历记录一并转至具备相应救治能力的医疗机构。转诊过程中，对传染病患者、疑似患者应当采取必要的防护措施。

第七十八条　医疗机构应当按照传染病诊断标准和治疗要求采取相应措施，充分发挥中西医各自优势，加强中西医结合，提高传染病诊断和救治能力。

国家支持和鼓励医疗机构结合自身特色，加强传染病诊断和救治研究。

第七十九条　国家鼓励传染病防治用药品、医疗器械的研制和创新，对防治传染病急需的药品、医疗器械予以优先审评审批。

因重大传染病疫情医疗救治紧急需要，医师可以按照国家统一制定的诊疗方案，在一定范围和期限内采用药品说明书中未明确的药品用法进行救治。

发生重大传染病疫情，构成特别重大突发公共卫生事件的，国务院卫生健康主管部门根据传染病预防、控制和医疗救治需要提出紧急使用药物的建议，经国务院药品监督管理部门组织论证同意后可以在一定范围和期限内紧急使用。

第八十条　国家建立重大传染病疫情心理援助制度。县级以上地方人民政府应当组织专业力量，定期开展培训和演练；发生重大传染病疫情时，对传染病患者、接受医学观察的人员、病亡者家属、相关工作人员等重点人群以及社会公众及时提供心理疏导和心理干预等服务。

第六章　保 障 措 施

第八十一条　国家将传染病防治工作纳入国民经济和社会发展规划，县级以上地方人民政府将传染病防治工作纳入本行政区域的国民经济和社会发展规划。

第八十二条　县级以上地方人民政府按照本级政府职责，负责本行政区域传染病预防、控制工作经费。

国务院卫生健康主管部门、疾病预防控制部门会同国务院有关部门，根据传染病流行趋势，确定全国传染病预防、监测、预测、预警、控制、救治、监督检查等项目。各级财政按照事权划分做好经费保障。

省级人民政府根据本行政区域传染病流行趋势，在国务院卫生健康主管部门、疾病预防控制部门确定的项目基础上，确定传染病预防、监测、检测、风险评估、预测、预警、控制、救治、监督检查等项目，并保障项目的实施经费。

第八十三条 县级以上人民政府应当按照规定落实疾病预防控制机构基本建设、设备购置、学科建设、人才培养等相关经费；对其他医疗卫生机构承担疾病预防控制任务所需经费按照规定予以保障。

第八十四条 国家加强基层传染病防治体系建设，扶持欠发达地区、民族地区和边境地区的传染病防治工作。

地方各级人民政府应当保障基层传染病预防、控制工作的必要经费。

第八十五条 国家加强医疗机构疾病预防控制能力建设，持续提升传染病专科医院、综合医院的传染病监测、检验检测、诊断和救治、科学研究等能力和水平。

国家创新医防协同、医防融合机制，推进医疗机构与疾病预防控制机构深度协作。

第八十六条 国家加强传染病防治人才队伍建设，推动传染病防治相关学科建设。

开设医学专业的院校应当加强预防医学教育和科学研究，对在校医学专业学生以及其他与传染病防治相关的人员进行预防医学教育和培训，为传染病防治工作提供专业技术支持。

疾病预防控制机构、医疗机构等应当定期对其工作人员进行传染病防治知识、技能的培训。

第八十七条 县级以上人民政府应当加强疾病预防控制信息化建设，将其纳入全民健康信息化建设。

县级以上人民政府应当建立传染病预防控制信息共享机制，利用全民健康信息平台、政务数据共享平台、应急管理信息系统等，共享并综合应用相关数据。

国家加强传染病防治相关网络安全和数据安全管理工作，提高技术防范水平。

第八十八条 对符合国家规定的传染病医疗费用，基本医疗保险按照规定予以支付。

对患者、疑似患者治疗甲类传染病以及依照本法规定采取甲类传染病预防、控制措施的传染病的医疗费用，基本医疗保险、大病保险、医疗救助等按照规定支付后，其个人负担部分，政府按照规定予以补助。

国家对患有特定传染病的困难人群实行医疗救助，减免医疗费用。

国家鼓励商业保险机构开发传染病防治相关保险产品。

第八十九条 国家建立健全公共卫生应急物资保障体系，提高传染病疫情防控应急物资保障水平，县级以上人民政府发展改革部门统筹防控应急物资保障工作。

国家加强医药储备，将传染病防治相关药品、医疗器械、卫生防护用品等物资纳入公共卫生应急物资保障体系，实行中央和地方两级储备。

国务院工业和信息化部门会同国务院有关部门，根据传染病预防、控制和公共卫生应急准备的需要，加强医药实物储备、产能储备、技术储备，指导地方开展医药储备工作，完善储备调整、调用和轮换机制。

第九十条 国家建立少见罕见传染病和境内已消除的传染病防治能力储备机制，支持相关疾病预防控制机构、医疗机构、科研机构持续开展相关培训、基础性和应用性研究、现场防治等工作，支持相关专家参与国际防控工作，持续保持对上述传染病进行识别、检验检测、诊断和救治的能力。

第九十一条 对从事传染病预防、医疗、科研、教学和现场处理疫情的人员，以及在生产、工作中接触传染病病原体的其他人员，按照国家规定采取有效的卫生防护措施和医疗保健措施，并给予适当的津贴。

第七章 监督管理

第九十二条 县级以上人民政府应当定期研究部署重大传染病疫情防控等疾病预防控制工作，定期向社会发布传染病防治工作报告，向本级人民代表大会常务委员会报告传染病防治工作，依法接受监督。

县级以上人民政府对下级人民政府履行传染病防治职责进行监督。地方人民政府未履行传染病防治职责的，上级人民政府可以对其主要负责人进行约谈。被约谈的地方人民政府应当立即采取措施进行整改，约谈和整改情况应当纳入地方人民政府工作评议、考核记录。履行传染病防治职责不力、失职失责，造成严重后果或者恶劣影响的，依法进行问责。

第九十三条 县级以上人民政府疾病预防控制部门对传染病防治工作履行下列监督检查职责：

（一）对下级人民政府疾病预防控制部门履行本法规定的职责进行监督检查；

（二）对疾病预防控制机构、医疗机构、采供血机构的传染病预防、控制工作进行监督检查；

（三）对用于传染病防治的消毒产品及其生产企业、饮用水供水单位以及涉及饮用水卫生安全的产品进行监督检查；

（四）对公共场所、学校、托育机构的卫生条件和传染病预防、控制措施进行监督检查。

县级以上人民政府卫生健康、疾病预防控制等部门依据职责对病原微生物菌（毒）种和传染病检测样本的采集、保藏、提供、携带、运输、使用进行监督检查。

第九十四条 县级以上人民政府卫生健康主管部门、疾病预防控制部门在履行监督检查职责时，有权进入传染病疫情发生现场及相关单位，开展查阅或者复制有关资料、采集样本、制作现场笔录等调查取证工作。被检查单位应当予以配合，不得拒绝、阻挠。

第九十五条 县级以上地方人民政府疾病预防控制部门在履行监督检查职责时，发现可能被传染病病原体污染的公共饮用水源、食品以及相关物品，如不及时采取控制措施可能导致传染病传播、暴发、流行的，应当采取封闭公共饮用水源、封存食品以及相关物品或者暂停销售的临时控制措施，并予以检验或者进行消毒处理。经检验，对被污染的食品，应当予以销毁；对未被污染的食品或者经消毒处理后可以使用的物品，应当及时解除控制措施。

根据县级以上地方人民政府采取的传染病预防、控制措施，市场监督管理部门可以采取封存或者暂停销售可能导致传染病传播、暴发、流行的食品以及相关物品等措施。

第九十六条 县级以上人民政府卫生健康主管部门、疾病预防控制部门工作人员依法执行职务时，应当不少于两人，并出示执法证件，填写执法文书。

执法文书经核对无误后，应当由执法人员和当事人签名。当事人拒绝签名的，执法人员应当注明情况。

第九十七条 县级以上人民政府卫生健康主管部门、疾病预防控制部门应当依法建立健全内部监督制度，对其工作人员依据法定职权和程序履行职责的情况进行监督。

上级人民政府卫生健康主管部门、疾病预防控制部门发现下级人民政府卫生健康主管部门、疾病预防控制部门不及时处理职责范围内的事项或者不履行职责的，应当责令纠正或者直接予以处理。

第九十八条　县级以上人民政府卫生健康主管部门、疾病预防控制部门和其他有关部门应当依法履行职责，自觉接受社会监督。

任何单位和个人对违反本法规定的行为，有权向县级以上人民政府及其卫生健康主管部门、疾病预防控制部门和有关机关举报。接到举报的机关应当及时调查、处理。对查证属实的举报，按照规定给予举报人奖励。县级以上人民政府及其卫生健康主管部门、疾病预防控制部门和有关机关应当对举报人的信息予以保密，保护举报人的合法权益。

第九十九条　卫生健康、疾病预防控制等部门发现涉嫌传染病防治相关犯罪的，应当按照有关规定及时将案件移送公安机关。对移送的案件，公安机关应当及时审查处理。

对依法不需要追究刑事责任或者免予刑事处罚，但依法应当追究行政责任的，公安机关、人民检察院、人民法院应当及时将案件移送卫生健康、疾病预防控制等部门，有关部门应当依法处理。

公安机关、人民检察院、人民法院商请卫生健康、疾病预防控制等部门提供检验检测结论、认定意见以及对涉案物品进行无害化处置等协助的，有关部门应当及时予以协助。

第八章　法律责任

第一百条　违反本法规定，地方各级人民政府未依法履行报告职责，隐瞒、谎报、缓报、漏报传染病疫情，干预传染病疫情报告，或者在传染病暴发、流行时未依法组织救治、采取控制措施的，由上级人民政府责令改正，通报批评；情节严重的，对负有责任的领导人员和直接责任人员依法给予处分。

第一百零一条　违反本法规定，县级以上人民政府卫生健康主管部门、疾病预防控制部门有下列情形之一的，由本级人民政府或者上级人民政府卫生健康主管部门、疾病预防控制部门责令改正，通报批评；情节严重的，对负有责任的领导人员和直接责任人员依法给予处分：

（一）未依法履行传染病疫情通报、报告或者公布职责，隐瞒、谎报、缓报、漏报传染病疫情，或者干预传染病疫情报告；

（二）发生或者可能发生传染病传播时未依法采取预防、控制措施；

（三）未依法履行监督检查职责，或者发现违法行为不及时查处；

（四）未及时调查、处理对下级人民政府卫生健康主管部门、疾病预防控制部门不履行传染病防治职责的举报；

（五）违反本法规定的其他失职、渎职行为。

第一百零二条　违反本法规定，县级以上人民政府有关部门未依法履行传染病防治、疫情通报和保障职责的，由本级人民政府或者上级人民政府有关部门责令改正，通报批评；情节严重的，对负有责任的领导人员和直接责任人员依法给予处分。

第一百零三条　违反本法规定，疾病预防控制机构有下列情形之一的，由县级以上人民政府疾病预防控制部门责令改正，给予警告或者通报批评，对直接负责的主管人员和其他直接责任人员依法给予处分，并可以由原发证部门依法吊销有关责任人员的执业证书：

（一）未依法履行传染病监测、疫情风险评估职责；

（二）未依法履行传染病疫情报告职责，隐瞒、谎报、缓报、漏报传染病疫情，或者干预传染病疫情报告；

（三）未主动收集传染病疫情信息，或者对传染病疫情信息和疫情报告未及时进行分析、调查、核实；

（四）发现传染病疫情或者接到传染病疫情报告时，未依据职责及时采取本法规定的措施；

（五）未遵守国家有关规定，导致因使用血液制品引起经血液传播疾病的发生。

第一百零四条　违反本法规定，医疗机构有下列情形之一的，由县级以上人民政府疾病预防控制部门责令改正，给予警告或者通报批评，可以并处十万元以下罚款；情节严重的，可以由原发证部门或者原备案部门依法吊销医疗机构执业许可证或者责令停止执业活动，对直接负责的主管人员和其他直接责任人员依法给予处分，并可以由原发证部门责令有关责任人员暂停六个月以上一年以下执业活动直至依法吊销执业证书：

（一）未按照规定承担本机构的传染病预防、控制工作，医疗机构感染控制任务或者责任区域内的传染病预防工作；

（二）未按照规定报告传染病疫情，隐瞒、谎报、缓报、漏报传染病疫情，或者干预传染病疫情报告；

（三）未按照规定对本机构内被传染病病原体污染的场所、物品以及医疗废物、医疗污水实施消毒或者无害化处置。

违反本法规定，医疗机构有下列情形之一的，由县级以上人民政府卫生健康主管部门依照前款规定给予行政处罚，对直接负责的主管人员和其他直接责任人员依法给予处分：

（一）发现传染病疫情时，未按照规定对传染病患者、疑似患者提供医疗救护、现场救援、接诊治疗、转诊，或者拒绝接受转诊；

（二）未遵守国家有关规定，导致因输入血液、使用血液制品引起经血液传播疾病的发生。

医疗机构未按照规定对使用的医疗器械进行消毒或者灭菌，或者对按照规定一次性使用的医疗器械使用后未予以销毁、再次使用的，依照有关医疗器械管理的法律、行政法规规定追究法律责任。

第一百零五条 违反本法规定，采供血机构未按照规定报告传染病疫情，隐瞒、谎报、缓报、漏报传染病疫情，或者干预传染病疫情报告的，由县级以上人民政府疾病预防控制部门责令改正，给予警告或者通报批评，可以并处十万元以下罚款；情节严重的，可以由原发证部门依法吊销采供血机构的执业许可证，对直接负责的主管人员和其他直接责任人员依法给予处分，并可以由原发证部门责令有关责任人员暂停六个月以上一年以下执业活动直至依法吊销执业证书。

采供血机构未执行国家有关规定，导致因输入血液引起经血液传播疾病发生的，由县级以上人民政府卫生健康主管部门依照前款规定给予行政处罚，对直接负责的主管人员和其他直接责任人员依法给予处分。

非法采集血液或者组织他人出卖血液的，由县级以上人民政府卫生健康主管部门责令停止违法行为，没收违法所得，并处五万元以上五十万元以下罚款。

第一百零六条 违反本法规定，交通运输、邮政、快递经营单位未优先运送参与传染病疫情防控的人员以及传染病疫情防控所需的药品、医疗器械和其他应急物资的，由交通运输、铁路、民用航空、邮政管理部门依据职责责令改正，给予警告；造成严重后果的，并处一万元以上十万元以下罚款，对直接负责的主管人员和其他直接责任人员依法给予处分。

第一百零七条 违反本法规定，有下列情形之一的，由县级以上人民政府疾病预防控制部门责令改正，给予警告，没收违法所得，可以并处二十万元以下罚款；情节严重的，可以由原发证部门依法吊销相关许可证，对直接负责的主管人员和其他直接责任人员可以禁止其五年内从事相应生产经营活动：

（一）饮用水供水单位未取得卫生许可擅自供水，或者供应的饮用水不符合国家卫生标准和卫生规范造成或者可能造成传染病传播、暴发、流行；

（二）生产、销售未取得卫生许可的涉及饮用水卫生安全的产品，或者生产、销售的涉及饮用水卫生安全的产品不符合国家卫生标准和卫生规范；

（三）未取得卫生许可生产用于传染病防治的消毒产品，或者生产、销售的用于传染病防治的消毒产品不符合国家卫生标准和卫生规范；

（四）生产、销售未取得卫生许可的利用新材料、新工艺技术和新杀菌原理生产的消毒剂和消毒器械；

（五）出售、运输本法第六十六条规定的受影响的相关区域中被传染病病原体污染或者可能被传染病病原体污染的物品，未进行消毒处理。

第一百零八条 违反本法规定，有下列情形之一的，由县级以上人民政府卫生健康、疾病预防控制等部门依据职责责令改正，给予警告或者通报批评，没收违法所得，可以并处十万元以下罚款；情节严重的，可以由原发证部门依法吊销相关许可证，对直接负责的主管人员和其他直接责任人员依法给予处分，并可以由原发证部门责令有关责任人员暂停六个月以上一年以下执业活动直至依法吊销执业证书：

（一）疾病预防控制机构、医疗机构的实验室和从事病原微生物实验的单位，不符合国家规定的条件和技术标准，对传染病病原体和样本未按照规定的措施实行严格管理；

（二）违反国家有关规定，采集、保藏、提供、携带、运输、使用病原微生物菌（毒）种和传染病检测样本；

（三）医疗机构、疾病预防控制机构、检验检测机构未按照传染病检验检测技术规范和标准开展检验检测活动，或者出具虚假检验检测报告；

（四）生产、销售应当备案而未备案的消毒剂、消毒器械以及抗（抑）

菌剂；

（五）公共场所、学校、托育机构的卫生条件和传染病预防、控制措施不符合国家卫生标准和卫生规范。

第一百零九条　违反本法规定，在国家确认的自然疫源地兴建水利、交通、旅游、能源等大型建设项目，未经卫生调查进行施工，或者未按照疾病预防控制机构的意见采取必要的传染病预防、控制措施的，由县级以上人民政府疾病预防控制部门责令限期改正，给予警告，并处十万元以上五十万元以下罚款；逾期不改正的，处五十万元以上一百万元以下罚款，提请有关人民政府依据职责权限责令停建、拆除，对直接负责的主管人员和其他直接责任人员依法给予处分。

第一百一十条　违反本法规定，县级以上人民政府卫生健康主管部门、疾病预防控制部门或者其他有关部门未依法履行个人信息保护义务的，由本级人民政府或者上级人民政府有关部门责令改正，通报批评；情节严重的，对负有责任的领导人员和直接责任人员依法给予处分。

医疗机构、疾病预防控制机构泄露传染病患者、病原携带者、疑似患者或者上述人员的密切接触者的个人隐私或者个人信息的，由县级以上人民政府卫生健康主管部门、疾病预防控制部门依据职责责令改正，给予警告或者通报批评，可以并处五万元以下罚款，对直接负责的主管人员和其他直接责任人员依法给予处分，对有关责任人员依照有关医师、护士管理等法律、行政法规规定追究法律责任。

传染病防治中其他未依法履行个人信息保护义务的，依照有关个人信息保护的法律、行政法规规定追究法律责任。

第一百一十一条　违反本法规定，有下列情形之一的，由县级以上人民政府疾病预防控制部门责令改正，给予警告，对违法的单位可以并处二万元以下罚款，对违法的个人可以并处一千元以下罚款；情节严重的，由原发证部门依法吊销相关许可证或者营业执照：

（一）拒不执行人民政府及其有关部门依法采取的传染病疫情防控措施；

（二）拒不接受和配合疾病预防控制机构依法采取的传染病疫情防控措施；

（三）拒不接受和配合疾病预防控制机构开展的流行病学调查，或者在流行病学调查中故意隐瞒传染病病情、传染病接触史或者传染病暴发、流行地区旅行史；

（四）甲类传染病患者、病原携带者、疑似患者或者上述人员的密切接触者拒绝接受和配合依法采取的隔离治疗、医学观察措施，或者隔离治疗、医学观察的期限未满擅自脱离；

（五）故意传播传染病；

（六）故意编造、散布虚假传染病疫情信息；

（七）其他妨害依法采取的传染病疫情防控措施的行为。

安排传染病患者、病原携带者、疑似患者从事法律、行政法规和国务院疾病预防控制部门规定禁止从事的易使该传染病扩散的工作的，由县级以上人民政府疾病预防控制部门责令改正，给予警告，可以并处二万元以下罚款；法律、行政法规另有规定的，依照其规定。

第一百一十二条 违反本法规定，造成人身、财产损害的，依法承担民事责任；构成违反治安管理行为的，依法给予治安管理处罚；构成犯罪的，依法追究刑事责任。

第九章 附 则

第一百一十三条 本法中下列用语的含义：

（一）重大传染病疫情，是指造成或者可能造成公众生命安全和身体健康严重损害的传染病疫情。

（二）传染病患者、疑似患者，是指根据国务院卫生健康主管部门、疾病预防控制部门发布的传染病诊断标准，符合传染病患者、疑似患者诊断标准的人。

（三）病原携带者，是指感染传染病病原体无临床症状但能排出病原体的人。

（四）流行病学调查，是指对人群中疾病或者健康状况的分布及其决定因素进行调查研究，提出疾病预防、控制措施及保健对策。

（五）人畜共患传染病，是指人与脊椎动物共同罹患的传染病，如鼠疫、狂犬病、血吸虫病、包虫病等。

（六）自然疫源地，是指某些可引起人类传染病的病原体在自然界的野生动物中长期存在和循环的地区。

（七）病媒生物，是指能够将传染病病原体从人或者其他动物传播给人的生物，如鼠、蚊、蝇、蚤类等。

（八）医疗机构感染，是指在医疗机构内获得的感染，包括在医疗机构内发生的感染和在医疗机构内获得、离开医疗机构后发生的感染，但不包括进入医疗机构前已开始或者已处于潜伏期的感染。医疗机构工作人员在医疗机构内获得的感染也属医疗机构感染。

（九）实验室感染，是指从事实验室工作时，因接触传染病病原体所致的感染。

（十）消毒，是指用化学、物理、生物的方法杀灭或者消除环境中的病原微生物。

（十一）疾病预防控制机构，是指从事疾病预防控制活动的疾病预防控制中心以及铁路疾病预防控制机构等与上述机构业务活动相同的单位。

（十二）医疗机构，是指依法取得医疗机构执业许可证或者进行备案，从事疾病诊断、治疗活动的机构。

（十三）暴发，是指在局部地区或者集体单位短时间内突然出现很多症状相同的患者。这些患者多有相同的传染源或者传播途径，大多数患者常同时出现在该病的最短和最长潜伏期之间。

（十四）流行，是指在某地区某病的发病率显著超过该病历年发病率水平。

第一百一十四条　传染病防治中有关突发公共卫生事件的应对，本法未作规定的，适用有关突发公共卫生事件应对的法律、行政法规规定。

第一百一十五条　本法自 2025 年 9 月 1 日起施行。

突发公共卫生事件应急条例

（2003 年 5 月 9 日中华人民共和国国务院令第 376 号公布　根据 2011 年 1 月 8 日《国务院关于废止和修改部分行政法规的决定》修订）

第一章　总　　则

第一条　为了有效预防、及时控制和消除突发公共卫生事件的危害，保障公众身体健康与生命安全，维护正常的社会秩序，制定本条例。

第二条　本条例所称突发公共卫生事件（以下简称突发事件），是指突然发生，造成或者可能造成社会公众健康严重损害的重大传染病疫情、群体性不明原因疾病、重大食物和职业中毒以及其他严重影响公众健康的事件。

第三条　突发事件发生后，国务院设立全国突发事件应急处理指挥部，由国务院有关部门和军队有关部门组成，国务院主管领导人担任总指挥，负责对全国突发事件应急处理的统一领导、统一指挥。

国务院卫生行政主管部门和其他有关部门，在各自的职责范围内做好突发事件应急处理的有关工作。

第四条　突发事件发生后，省、自治区、直辖市人民政府成立地方突发事件应急处理指挥部，省、自治区、直辖市人民政府主要领导人担任总指挥，负责领导、指挥本行政区域内突发事件应急处理工作。

县级以上地方人民政府卫生行政主管部门，具体负责组织突发事件的调查、控制和医疗救治工作。

县级以上地方人民政府有关部门，在各自的职责范围内做好突发事件应急处理的有关工作。

第五条 突发事件应急工作,应当遵循预防为主、常备不懈的方针,贯彻统一领导、分级负责、反应及时、措施果断、依靠科学、加强合作的原则。

第六条 县级以上各级人民政府应当组织开展防治突发事件相关科学研究,建立突发事件应急流行病学调查、传染源隔离、医疗救护、现场处置、监督检查、监测检验、卫生防护等有关物资、设备、设施、技术与人才资源储备,所需经费列入本级政府财政预算。

国家对边远贫困地区突发事件应急工作给予财政支持。

第七条 国家鼓励、支持开展突发事件监测、预警、反应处理有关技术的国际交流与合作。

第八条 国务院有关部门和县级以上地方人民政府及其有关部门,应当建立严格的突发事件防范和应急处理责任制,切实履行各自的职责,保证突发事件应急处理工作的正常进行。

第九条 县级以上各级人民政府及其卫生行政主管部门,应当对参加突发事件应急处理的医疗卫生人员,给予适当补助和保健津贴;对参加突发事件应急处理作出贡献的人员,给予表彰和奖励;对因参与应急处理工作致病、致残、死亡的人员,按照国家有关规定,给予相应的补助和抚恤。

第二章 预防与应急准备

第十条 国务院卫生行政主管部门按照分类指导、快速反应的要求,制定全国突发事件应急预案,报请国务院批准。

省、自治区、直辖市人民政府根据全国突发事件应急预案,结合本地实际情况,制定本行政区域的突发事件应急预案。

第十一条 全国突发事件应急预案应当包括以下主要内容:

(一)突发事件应急处理指挥部的组成和相关部门的职责;

(二)突发事件的监测与预警;

(三)突发事件信息的收集、分析、报告、通报制度;

(四)突发事件应急处理技术和监测机构及其任务;

(五)突发事件的分级和应急处理工作方案;

(六)突发事件预防、现场控制,应急设施、设备、救治药品和医疗器械以

及其他物资和技术的储备与调度;

(七)突发事件应急处理专业队伍的建设和培训。

第十二条 突发事件应急预案应当根据突发事件的变化和实施中发现的问题及时进行修订、补充。

第十三条 地方各级人民政府应当依照法律、行政法规的规定,做好传染病预防和其他公共卫生工作,防范突发事件的发生。

县级以上各级人民政府卫生行政主管部门和其他有关部门,应当对公众开展突发事件应急知识的专门教育,增强全社会对突发事件的防范意识和应对能力。

第十四条 国家建立统一的突发事件预防控制体系。

县级以上地方人民政府应当建立和完善突发事件监测与预警系统。

县级以上各级人民政府卫生行政主管部门,应当指定机构负责开展突发事件的日常监测,并确保监测与预警系统的正常运行。

第十五条 监测与预警工作应当根据突发事件的类别,制定监测计划,科学分析、综合评价监测数据。对早期发现的潜在隐患以及可能发生的突发事件,应当依照本条例规定的报告程序和时限及时报告。

第十六条 国务院有关部门和县级以上地方人民政府及其有关部门,应当根据突发事件应急预案的要求,保证应急设施、设备、救治药品和医疗器械等物资储备。

第十七条 县级以上各级人民政府应当加强急救医疗服务网络的建设,配备相应的医疗救治药物、技术、设备和人员,提高医疗卫生机构应对各类突发事件的救治能力。

设区的市级以上地方人民政府应当设置与传染病防治工作需要相适应的传染病专科医院,或者指定具备传染病防治条件和能力的医疗机构承担传染病防治任务。

第十八条 县级以上地方人民政府卫生行政主管部门,应当定期对医疗卫生机构和人员开展突发事件应急处理相关知识、技能的培训,定期组织医疗卫生机构进行突发事件应急演练,推广最新知识和先进技术。

第三章　报告与信息发布

第十九条 国家建立突发事件应急报告制度。

国务院卫生行政主管部门制定突发事件应急报告规范，建立重大、紧急疫情信息报告系统。

有下列情形之一的，省、自治区、直辖市人民政府应当在接到报告1小时内，向国务院卫生行政主管部门报告：

（一）发生或者可能发生传染病暴发、流行的；

（二）发生或者发现不明原因的群体性疾病的；

（三）发生传染病菌种、毒种丢失的；

（四）发生或者可能发生重大食物和职业中毒事件的。

国务院卫生行政主管部门对可能造成重大社会影响的突发事件，应当立即向国务院报告。

第二十条 突发事件监测机构、医疗卫生机构和有关单位发现有本条例第十九条规定情形之一的，应当在2小时内向所在地县级人民政府卫生行政主管部门报告；接到报告的卫生行政主管部门应当在2小时内向本级人民政府报告，并同时向上级人民政府卫生行政主管部门和国务院卫生行政主管部门报告。

县级人民政府应当在接到报告后2小时内向设区的市级人民政府或者上一级人民政府报告；设区的市级人民政府应当在接到报告后2小时内向省、自治区、直辖市人民政府报告。

第二十一条 任何单位和个人对突发事件，不得隐瞒、缓报、谎报或者授意他人隐瞒、缓报、谎报。

第二十二条 接到报告的地方人民政府、卫生行政主管部门依照本条例规定报告的同时，应当立即组织力量对报告事项调查核实、确证，采取必要的控制措施，并及时报告调查情况。

第二十三条 国务院卫生行政主管部门应当根据发生突发事件的情况，及时向国务院有关部门和各省、自治区、直辖市人民政府卫生行政主管部门以及军队有关部门通报。

突发事件发生地的省、自治区、直辖市人民政府卫生行政主管部门，应当及时向毗邻省、自治区、直辖市人民政府卫生行政主管部门通报。

接到通报的省、自治区、直辖市人民政府卫生行政主管部门，必要时应当及时通知本行政区域内的医疗卫生机构。

县级以上地方人民政府有关部门，已经发生或者发现可能引起突发事件的情形时,应当及时向同级人民政府卫生行政主管部门通报。

第二十四条 国家建立突发事件举报制度,公布统一的突发事件报告、举报电话。

任何单位和个人有权向人民政府及其有关部门报告突发事件隐患,有权向上级人民政府及其有关部门举报地方人民政府及其有关部门不履行突发事件应急处理职责,或者不按照规定履行职责的情况。接到报告、举报的有关人民政府及其有关部门,应当立即组织对突发事件隐患、不履行或者不按照规定履行突发事件应急处理职责的情况进行调查处理。

对举报突发事件有功的单位和个人,县级以上各级人民政府及其有关部门应当予以奖励。

第二十五条 国家建立突发事件的信息发布制度。

国务院卫生行政主管部门负责向社会发布突发事件的信息。必要时,可以授权省、自治区、直辖市人民政府卫生行政主管部门向社会发布本行政区域内突发事件的信息。

信息发布应当及时、准确、全面。

第四章 应急处理

第二十六条 突发事件发生后,卫生行政主管部门应当组织专家对突发事件进行综合评估,初步判断突发事件的类型,提出是否启动突发事件应急预案的建议。

第二十七条 在全国范围内或者跨省、自治区、直辖市范围内启动全国突发事件应急预案,由国务院卫生行政主管部门报国务院批准后实施。省、自治区、直辖市启动突发事件应急预案,由省、自治区、直辖市人民政府决定,并向国务院报告。

第二十八条 全国突发事件应急处理指挥部对突发事件应急处理工作进行督察和指导,地方各级人民政府及其有关部门应当予以配合。

省、自治区、直辖市突发事件应急处理指挥部对本行政区域内突发事件应急处理工作进行督察和指导。

第二十九条 省级以上人民政府卫生行政主管部门或者其他有关部门

指定的突发事件应急处理专业技术机构，负责突发事件的技术调查、确证、处置、控制和评价工作。

第三十条　国务院卫生行政主管部门对新发现的突发传染病，根据危害程度、流行强度，依照《中华人民共和国传染病防治法》的规定及时宣布为法定传染病；宣布为甲类传染病的，由国务院决定。

第三十一条　应急预案启动前，县级以上各级人民政府有关部门应当根据突发事件的实际情况，做好应急处理准备，采取必要的应急措施。

应急预案启动后，突发事件发生地的人民政府有关部门，应当根据预案规定的职责要求，服从突发事件应急处理指挥部的统一指挥，立即到达规定岗位，采取有关的控制措施。

医疗卫生机构、监测机构和科学研究机构，应当服从突发事件应急处理指挥部的统一指挥，相互配合、协作，集中力量开展相关的科学研究工作。

第三十二条　突发事件发生后，国务院有关部门和县级以上地方人民政府及其有关部门，应当保证突发事件应急处理所需的医疗救护设备、救治药品、医疗器械等物资的生产、供应；铁路、交通、民用航空行政主管部门应当保证及时运送。

第三十三条　根据突发事件应急处理的需要，突发事件应急处理指挥部有权紧急调集人员、储备的物资、交通工具以及相关设施、设备；必要时，对人员进行疏散或者隔离，并可以依法对传染病疫区实行封锁。

第三十四条　突发事件应急处理指挥部根据突发事件应急处理的需要，可以对食物和水源采取控制措施。

县级以上地方人民政府卫生行政主管部门应当对突发事件现场等采取控制措施，宣传突发事件防治知识，及时对易受感染的人群和其他易受损害的人群采取应急接种、预防性投药、群体防护等措施。

第三十五条　参加突发事件应急处理的工作人员，应当按照预案的规定，采取卫生防护措施，并在专业人员的指导下进行工作。

第三十六条　国务院卫生行政主管部门或者其他有关部门指定的专业技术机构，有权进入突发事件现场进行调查、采样、技术分析和检验，对地方突发事件的应急处理工作进行技术指导，有关单位和个人应当予以配合；任何单位和个人不得以任何理由予以拒绝。

第三十七条　对新发现的突发传染病、不明原因的群体性疾病、重大食物和职业中毒事件，国务院卫生行政主管部门应当尽快组织力量制定相关的技术标准、规范和控制措施。

第三十八条　交通工具上发现根据国务院卫生行政主管部门的规定需要采取应急控制措施的传染病病人、疑似传染病病人，其负责人应当以最快的方式通知前方停靠点，并向交通工具的营运单位报告。交通工具的前方停靠点和营运单位应当立即向交通工具营运单位行政主管部门和县级以上地方人民政府卫生行政主管部门报告。卫生行政主管部门接到报告后，应当立即组织有关人员采取相应的医学处置措施。

交通工具上的传染病病人密切接触者，由交通工具停靠点的县级以上各级人民政府卫生行政主管部门或者铁路、交通、民用航空行政主管部门，根据各自的职责，依照传染病防治法律、行政法规的规定，采取控制措施。

涉及国境口岸和入出境的人员、交通工具、货物、集装箱、行李、邮包等需要采取传染病应急控制措施的，依照国境卫生检疫法律、行政法规的规定办理。

第三十九条　医疗卫生机构应当对因突发事件致病的人员提供医疗救护和现场救援，对就诊病人必须接诊治疗，并书写详细、完整的病历记录；对需要转送的病人，应当按照规定将病人及其病历记录的复印件转送至接诊的或者指定的医疗机构。

医疗卫生机构内应当采取卫生防护措施，防止交叉感染和污染。

医疗卫生机构应当对传染病病人密切接触者采取医学观察措施，传染病病人密切接触者应当予以配合。

医疗机构收治传染病病人、疑似传染病病人，应当依法报告所在地的疾病预防控制机构。接到报告的疾病预防控制机构应当立即对可能受到危害的人员进行调查，根据需要采取必要的控制措施。

第四十条　传染病暴发、流行时，街道、乡镇以及居民委员会、村民委员会应当组织力量，团结协作，群防群治，协助卫生行政主管部门和其他有关部门、医疗卫生机构做好疫情信息的收集和报告、人员的分散隔离、公共卫生措施的落实工作，向居民、村民宣传传染病防治的相关知识。

第四十一条　对传染病暴发、流行区域内流动人口，突发事件发生地的县级以上地方人民政府应当做好预防工作，落实有关卫生控制措施；对传染病病人和疑似传染病病人，应当采取就地隔离、就地观察、就地治疗的措施。

对需要治疗和转诊的,应当依照本条例第三十九条第一款的规定执行。

第四十二条　有关部门、医疗卫生机构应当对传染病做到早发现、早报告、早隔离、早治疗,切断传播途径,防止扩散。

第四十三条　县级以上各级人民政府应当提供必要资金,保障因突发事件致病、致残的人员得到及时、有效的救治。具体办法由国务院财政部门、卫生行政主管部门和劳动保障行政主管部门制定。

第四十四条　在突发事件中需要接受隔离治疗、医学观察措施的病人、疑似病人和传染病病人密切接触者在卫生行政主管部门或者有关机构采取医学措施时应当予以配合;拒绝配合的,由公安机关依法协助强制执行。

第五章　法律责任

第四十五条　县级以上地方人民政府及其卫生行政主管部门未依照本条例的规定履行报告职责,对突发事件隐瞒、缓报、谎报或者授意他人隐瞒、缓报、谎报的,对政府主要领导人及其卫生行政主管部门主要负责人,依法给予降级或者撤职的行政处分;造成传染病传播、流行或者对社会公众健康造成其他严重危害后果的,依法给予开除的行政处分;构成犯罪的,依法追究刑事责任。

第四十六条　国务院有关部门、县级以上地方人民政府及其有关部门未依照本条例的规定,完成突发事件应急处理所需要的设施、设备、药品和医疗器械等物资的生产、供应、运输和储备的,对政府主要领导人和政府部门主要负责人依法给予降级或者撤职的行政处分;造成传染病传播、流行或者对社会公众健康造成其他严重危害后果的,依法给予开除的行政处分;构成犯罪的,依法追究刑事责任。

第四十七条　突发事件发生后,县级以上地方人民政府及其有关部门对上级人民政府有关部门的调查不予配合,或者采取其他方式阻碍、干涉调查的,对政府主要领导人和政府部门主要负责人依法给予降级或者撤职的行政处分;构成犯罪的,依法追究刑事责任。

第四十八条　县级以上各级人民政府卫生行政主管部门和其他有关部门在突发事件调查、控制、医疗救治工作中玩忽职守、失职、渎职的,由本级人民政府或者上级人民政府有关部门责令改正、通报批评、给予警告;对主要负责人、负有责任的主管人员和其他责任人员依法给予降级、撤职的行政处分;造成传染病传播、流行或者对社会公众健康造成其他严重危害后果的,依法给予开除的行政处分;构成犯罪的,依法追究刑事责任。

第四十九条 县级以上各级人民政府有关部门拒不履行应急处理职责的,由同级人民政府或者上级人民政府有关部门责令改正、通报批评、给予警告;对主要负责人、负有责任的主管人员和其他责任人员依法给予降级、撤职的行政处分;造成传染病传播、流行或者对社会公众健康造成其他严重危害后果的,依法给予开除的行政处分;构成犯罪的,依法追究刑事责任。

第五十条 医疗卫生机构有下列行为之一的,由卫生行政主管部门责令改正、通报批评、给予警告;情节严重的,吊销《医疗机构执业许可证》;对主要负责人、负有责任的主管人员和其他直接责任人员依法给予降级或者撤职的纪律处分;造成传染病传播、流行或者对社会公众健康造成其他严重危害后果,构成犯罪的,依法追究刑事责任:

(一)未依照本条例的规定履行报告职责,隐瞒、缓报或者谎报的;

(二)未依照本条例的规定及时采取控制措施的;

(三)未依照本条例的规定履行突发事件监测职责的;

(四)拒绝接诊病人的;

(五)拒不服从突发事件应急处理指挥部调度的。

第五十一条 在突发事件应急处理工作中,有关单位和个人未依照本条例的规定履行报告职责,隐瞒、缓报或者谎报,阻碍突发事件应急处理工作人员执行职务,拒绝国务院卫生行政主管部门或者其他有关部门指定的专业技术机构进入突发事件现场,或者不配合调查、采样、技术分析和检验的,对有关责任人员依法给予行政处分或者纪律处分;触犯《中华人民共和国治安管理处罚法》,构成违反治安管理行为的,由公安机关依法予以处罚;构成犯罪的,依法追究刑事责任。

第五十二条 在突发事件发生期间,散布谣言、哄抬物价、欺骗消费者,扰乱社会秩序、市场秩序的,由公安机关或者工商行政管理部门依法给予行政处罚;构成犯罪的,依法追究刑事责任。

第六章 附 则

第五十三条 中国人民解放军、武装警察部队医疗卫生机构参与突发事件应急处理的,依照本条例的规定和军队的相关规定执行。

第五十四条 本条例自公布之日起施行。

突发事件应急预案管理办法

(2024 年 1 月 31 日国务院办公厅发布 国办发〔2024〕5 号)

第一章 总 则

第一条 为加强突发事件应急预案(以下简称应急预案)体系建设,规范应急预案管理,增强应急预案的针对性、实用性和可操作性,依据《中华人民共和国突发事件应对法》等法律、行政法规,制定本办法。

第二条 本办法所称应急预案,是指各级人民政府及其部门、基层组织、企事业单位和社会组织等为依法、迅速、科学、有序应对突发事件,最大程度减少突发事件及其造成的损害而预先制定的方案。

第三条 应急预案的规划、编制、审批、发布、备案、培训、宣传、演练、评估、修订等工作,适用本办法。

第四条 应急预案管理遵循统一规划、综合协调、分类指导、分级负责、动态管理的原则。

第五条 国务院统一领导全国应急预案体系建设和管理工作,县级以上地方人民政府负责领导本行政区域内应急预案体系建设和管理工作。

突发事件应对有关部门在各自职责范围内，负责本部门（行业、领域）应急预案管理工作；县级以上人民政府应急管理部门负责指导应急预案管理工作，综合协调应急预案衔接工作。

第六条 国务院应急管理部门统筹协调各地区各部门应急预案数据库管理，推动实现应急预案数据共享共用。各地区各部门负责本行政区域、本部门（行业、领域）应急预案数据管理。

县级以上人民政府及其有关部门要注重运用信息化数字化智能化技术，推进应急预案管理理念、模式、手段、方法等创新，充分发挥应急预案牵引应急准备、指导处置救援的作用。

第二章 分类与内容

第七条 按照制定主体划分，应急预案分为政府及其部门应急预案、单位和基层组织应急预案两大类。

政府及其部门应急预案包括总体应急预案、专项应急预案、部门应急预案等。

单位和基层组织应急预案包括企事业单位、村民委员会、居民委员会、社会组织等编制的应急预案。

第八条 总体应急预案是人民政府组织应对突发事件的总体制度安排。

总体应急预案围绕突发事件事前、事中、事后全过程，主要明确应对工作的总体要求、事件分类分级、预案体系构成、组织指挥体系与职责，以及风险防控、监测预警、处置救援、应急保障、恢复重建、预案管理等内容。

第九条 专项应急预案是人民政府为应对某一类型或某几种类型突发事件，或者针对重要目标保护、重大活动保障、应急保障等重要专项工作而预先制定的涉及多个部门职责的方案。

部门应急预案是人民政府有关部门根据总体应急预案、专项应急预案和部门职责，为应对本部门（行业、领域）突发事件，或者针对重要目标保护、重大活动保障、应急保障等涉及部门工作而预先制定的方案。

第十条 针对突发事件应对的专项和部门应急预案，主要规定县级以上人民政府或有关部门相关突发事件应对工作的组织指挥体系和专项工作安排，不同层级预案内容各有侧重，涉及相邻或相关地方人民政府、部门、单位任务的应当沟通一致后明确。

国家层面专项和部门应急预案侧重明确突发事件的应对原则、组织指挥机制、预警分级和事件分级标准、响应分级、信息报告要求、应急保障措施等，重点规范国家层面应对行动，同时体现政策性和指导性。

省级专项和部门应急预案侧重明确突发事件的组织指挥机制、监测预警、分级响应及响应行动、队伍物资保障及市县级人民政府职责等，重点规范省级层面应对行动，同时体现指导性和实用性。

市县级专项和部门应急预案侧重明确突发事件的组织指挥机制、风险管控、监测预警、信息报告、组织自救互救、应急处置措施、现场管控、队伍物资保障等内容，重点规范市（地）级和县级层面应对行动，落实相关任务，细化工作流程，体现应急处置的主体职责和针对性、可操作性。

第十一条 为突发事件应对工作提供通信、交通运输、医学救援、物资装备、能源、资金以及新闻宣传、秩序维护、慈善捐赠、灾害救助等保障功能的专项和部门应急预案侧重明确组织指挥机制、主要任务、资源布局、资源调用或应急响应程序、具体措施等内容。

针对重要基础设施、生命线工程等重要目标保护的专项和部门应急预案，侧重明确关键功能和部位、风险隐患及防范措施、监测预警、信息报告、应急处置和紧急恢复、应急联动等内容。

第十二条 重大活动主办或承办机构应当结合实际情况组织编制重大活动保障应急预案，侧重明确组织指挥体系、主要任务、安全风险及防范措施、应急联动、监测预警、信息报告、应急处置、人员疏散撤离组织和路线等内容。

第十三条 相邻或相关地方人民政府及其有关部门可以联合制定应对区域性、流域性突发事件的联合应急预案，侧重明确地方人民政府及其部门间信息通报、组织指挥体系对接、处置措施衔接、应急资源保障等内容。

第十四条 国家有关部门和超大特大城市人民政府可以结合行业（地区）风险评估实际，制定巨灾应急预案，统筹本部门（行业、领域）、本地区巨灾应对工作。

第十五条 乡镇（街道）应急预案重点规范乡镇（街道）层面应对行动，侧重明确突发事件的预警信息传播、任务分工、处置措施、信息收集报告、现场管理、人员疏散与安置等内容。

村(社区)应急预案侧重明确风险点位、应急响应责任人、预警信息传播与响应、人员转移避险、应急处置措施、应急资源调用等内容。

乡镇(街道)、村(社区)应急预案的形式、要素和内容等,可结合实际灵活确定,力求简明实用,突出人员转移避险,体现先期处置特点。

第十六条 单位应急预案侧重明确应急响应责任人、风险隐患监测、主要任务、信息报告、预警和应急响应、应急处置措施、人员疏散转移、应急资源调用等内容。

大型企业集团可根据相关标准规范和实际工作需要,建立本集团应急预案体系。

安全风险单一、危险性小的生产经营单位,可结合实际简化应急预案要素和内容。

第十七条 应急预案涉及的有关部门、单位等可以结合实际编制应急工作手册,内容一般包括应急响应措施、处置工作程序、应急救援队伍、物资装备、联络人员和电话等。

应急救援队伍、保障力量等应当结合实际情况,针对需要参与突发事件应对的具体任务编制行动方案,侧重明确应急响应、指挥协同、力量编成、行动设想、综合保障、其他有关措施等具体内容。

第三章 规划与编制

第十八条 国务院应急管理部门会同有关部门编制应急预案制修订工作计划,报国务院批准后实施。县级以上地方人民政府应急管理部门应当会同有关部门,针对本行政区域多发易发突发事件、主要风险等,编制本行政区域应急预案制修订工作计划,报本级人民政府批准后实施,并抄送上一级人民政府应急管理部门。

县级以上人民政府有关部门可以结合实际制定本部门(行业、领域)应急预案编制计划,并抄送同级应急管理部门。县级以上地方人民政府有关部门应急预案编制计划同时抄送上一级相应部门。

应急预案编制计划应当根据国民经济和社会发展规划、突发事件应对工作实际,适时予以调整。

第十九条 县级以上人民政府总体应急预案由本级人民政府应急管理部门组织编制,专项应急预案由本级人民政府相关类别突发事件应对牵头部门组织编制。县级以上人民政府部门应急预案,乡级人民政府、单位和基层组织等应急预案由有关制定单位组织编制。

第二十条 应急预案编制部门和单位根据需要组成应急预案编制工作小组,吸收有关部门和单位人员、有关专家及有应急处置工作经验的人员参加。编制工作小组组长由应急预案编制部门或单位有关负责人担任。

第二十一条 编制应急预案应当依据有关法律、法规、规章和标准,紧密结合实际,在开展风险评估、资源调查、案例分析的基础上进行。

风险评估主要是识别突发事件风险及其可能产生的后果和次生(衍生)灾害事件,评估可能造成的危害程度和影响范围等。

资源调查主要是全面调查本地区、本单位应对突发事件可用的应急救援队伍、物资装备、场所和通过改造可以利用的应急资源状况,合作区域内可以请求援助的应急资源状况,重要基础设施容灾保障及备用状况,以及可以通过潜力转换提供应急资源的状况,为制定应急响应措施提供依据。必要时,也可根据突发事件应对需要,对本地区相关单位和居民所掌握的应急资源情况进行调查。

案例分析主要是对典型突发事件的发生演化规律、造成的后果和处置救援等情况进行复盘研究,必要时构建突发事件情景,总结经验教训,明确应对流程、职责任务和应对措施,为制定应急预案提供参考借鉴。

第二十二条 政府及其有关部门在应急预案编制过程中,应当广泛听取意见,组织专家论证,做好与相关应急预案及国防动员实施预案的衔接。涉及其他单位职责的,应当书面征求意见。必要时,向社会公开征求意见。

单位和基层组织在应急预案编制过程中,应根据法律法规要求或实际需要,征求相关公民、法人或其他组织的意见。

第四章 审批、发布、备案

第二十三条 应急预案编制工作小组或牵头单位应当将应急预案送审

稿、征求意见情况、编制说明等有关材料报送应急预案审批单位。因保密等原因需要发布应急预案简本的,应当将应急预案简本一并报送审批。

第二十四条 应急预案审核内容主要包括:

(一)预案是否符合有关法律、法规、规章和标准等规定;

(二)预案是否符合上位预案要求并与有关预案有效衔接;

(三)框架结构是否清晰合理,主体内容是否完备;

(四)组织指挥体系与责任分工是否合理明确,应急响应级别设计是否合理,应对措施是否具体简明、管用可行;

(五)各方面意见是否一致;

(六)其他需要审核的内容。

第二十五条 国家总体应急预案按程序报党中央、国务院审批,以党中央、国务院名义印发。专项应急预案由预案编制牵头部门送应急管理部衔接协调后,报国务院审批,以国务院办公厅或者有关应急指挥机构名义印发。部门应急预案由部门会议审议决定、以部门名义印发,涉及其他部门职责的可与有关部门联合印发;必要时,可以由国务院办公厅转发。

地方各级人民政府总体应急预案按程序报本级党委和政府审批,以本级党委和政府名义印发。专项应急预案按程序送本级应急管理部门衔接协调,报本级人民政府审批,以本级人民政府办公厅(室)或者有关应急指挥机构名义印发。部门应急预案审批印发程序按照本级人民政府和上级有关部门的应急预案管理规定执行。

重大活动保障应急预案、巨灾应急预案由本级人民政府或其部门审批,跨行政区域联合应急预案审批由相关人民政府或其授权的部门协商确定,并参照专项应急预案或部门应急预案管理。

单位和基层组织应急预案须经本单位或基层组织主要负责人签发,以本单位或基层组织名义印发,审批方式根据所在地人民政府及有关行业管理部门规定和实际情况确定。

第二十六条 应急预案审批单位应当在应急预案印发后的20个工作日内,将应急预案正式印发文本(含电子文本)及编制说明,依照下列规定向有关单位备案并抄送有关部门:

(一)县级以上地方人民政府总体应急预案报上一级人民政府备案,径送上一级人民政府应急管理部门,同时抄送上一级人民政府有关部门;

（二）县级以上地方人民政府专项应急预案报上一级人民政府相应牵头部门备案，同时抄送上一级人民政府应急管理部门和有关部门；

（三）部门应急预案报本级人民政府备案，径送本级应急管理部门，同时抄送本级有关部门；

（四）联合应急预案按所涉及区域，依据专项应急预案或部门应急预案有关规定备案，同时抄送本地区上一级或共同上一级人民政府应急管理部门和有关部门；

（五）涉及需要与所在地人民政府联合应急处置的中央单位应急预案，应当报所在地县级人民政府备案，同时抄送本级应急管理部门和突发事件应对牵头部门；

（六）乡镇（街道）应急预案报上一级人民政府备案，径送上一级人民政府应急管理部门，同时抄送上一级人民政府有关部门。村（社区）应急预案报乡镇（街道）备案；

（七）中央企业集团总体应急预案报应急管理部备案，抄送企业主管机构、行业主管部门、监管部门；有关专项应急预案向国家突发事件应对牵头部门备案，抄送应急管理部、企业主管机构、行业主管部门、监管部门等有关单位。中央企业集团所属单位、权属企业的总体应急预案按管理权限报所在地人民政府应急管理部门备案，抄送企业主管机构、行业主管部门、监管部门；专项应急预案按管理权限报所在地行业监管部门备案，抄送应急管理部门和有关企业主管机构、行业主管部门。

第二十七条　国务院履行应急预案备案管理职责的部门和省级人民政府应当建立应急预案备案管理制度。县级以上地方人民政府有关部门落实有关规定，指导、督促有关单位做好应急预案备案工作。

第二十八条　政府及其部门应急预案应当在正式印发后20个工作日内向社会公开。单位和基层组织应急预案应当在正式印发后20个工作日内向本单位以及可能受影响的其他单位和地区公开。

第五章　培训、宣传、演练

第二十九条　应急预案发布后，其编制单位应做好组织实施和解读工作，并跟踪应急预案落实情况，了解有关方面和社会公众的意见建议。

第三十条　应急预案编制单位应当通过编发培训材料、举办培训班、开展工作研讨等方式，对与应急预案实施密切相关的管理人员、专业救援人员等进行培训。

各级人民政府及其有关部门应将应急预案培训作为有关业务培训的重要内容，纳入领导干部、公务员等日常培训内容。

第三十一条　对需要公众广泛参与的非涉密的应急预案，编制单位应当充分利用互联网、广播、电视、报刊等多种媒体广泛宣传，制作通俗易懂、好记管用的宣传普及材料，向公众免费发放。

第三十二条　应急预案编制单位应当建立应急预案演练制度，通过采取形式多样的方式方法，对应急预案所涉及的单位、人员、装备、设施等组织演练。通过演练发现问题、解决问题，进一步修改完善应急预案。

专项应急预案、部门应急预案每 3 年至少进行一次演练。

地震、台风、风暴潮、洪涝、山洪、滑坡、泥石流、森林草原火灾等自然灾害易发区域所在地人民政府，重要基础设施和城市供水、供电、供气、供油、供热等生命线工程经营管理单位，矿山、金属冶炼、建筑施工单位和易燃易爆物品、化学品、放射性物品等危险物品生产、经营、使用、储存、运输、废弃处置单位，公共交通工具、公共场所和医院、学校等人员密集场所的经营单位或者管理单位等，应当有针对性地组织开展应急预案演练。

第三十三条　应急预案演练组织单位应当加强演练评估，主要内容包括：演练的执行情况，应急预案的实用性和可操作性，指挥协调和应急联动机制运行情况，应急人员的处置情况，演练所用设备装备的适用性，对完善应急预案、应急准备、应急机制、应急措施等方面的意见和建议等。

各地区各有关部门加强对本行政区域、本部门（行业、领域）应急预案演练的评估指导。根据需要，应急管理部门会同有关部门组织对下级人民政府及其有关部门组织的应急预案演练情况进行评估指导。

鼓励委托第三方专业机构进行应急预案演练评估。

第六章　评估与修订

第三十四条　应急预案编制单位应当建立应急预案定期评估制度，分析应急预案内容的针对性、实用性和可操作性等，实现应急预案的动态优化和科学规范管理。

县级以上地方人民政府及其有关部门应急预案原则上每3年评估一次。应急预案的评估工作，可以委托第三方专业机构组织实施。

第三十五条　有下列情形之一的，应当及时修订应急预案：

（一）有关法律、法规、规章、标准、上位预案中的有关规定发生重大变化的；

（二）应急指挥机构及其职责发生重大调整的；

（三）面临的风险发生重大变化的；

（四）重要应急资源发生重大变化的；

（五）在突发事件实际应对和应急演练中发现问题需要作出重大调整的；

（六）应急预案制定单位认为应当修订的其他情况。

第三十六条　应急预案修订涉及组织指挥体系与职责、应急处置程序、主要处置措施、突发事件分级标准等重要内容的，修订工作应参照本办法规定的应急预案编制、审批、备案、发布程序组织进行。仅涉及其他内容的，修订程序可根据情况适当简化。

第三十七条　各级人民政府及其部门、企事业单位、社会组织、公民等，可以向有关应急预案编制单位提出修订建议。

第七章　保障措施

第三十八条　各级人民政府及其有关部门、各有关单位要指定专门机构和人员负责相关具体工作，将应急预案规划、编制、审批、发布、备案、培训、宣传、演练、评估、修订等所需经费纳入预算统筹安排。

第三十九条　国务院有关部门应加强对本部门（行业、领域）应急预案管理工作的指导和监督，并根据需要编写应急预案编制指南。县级以上地方人民政府及其有关部门应对本行政区域、本部门（行业、领域）应急预案管理工作加强指导和监督。

第八章　附　　则

第四十条　国务院有关部门、地方各级人民政府及其有关部门、大型企业集团等可根据实际情况，制定相关应急预案管理实施办法。

第四十一条　法律、法规、规章另有规定的从其规定，确需保密的应急预案按有关规定执行。

第四十二条　本办法由国务院应急管理部门负责解释。

第四十三条　本办法自印发之日起施行。

突发公共卫生事件交通应急规定

（2004 年 3 月 4 日卫生部、交通部令第 2 号公布
自 2004 年 5 月 1 日起施行）

第一章　总　　则

第一条　为了有效预防、及时控制和消除突发公共卫生事件的危害，防止重大传染病疫情通过车辆、船舶及其乘运人员、货物传播流行，保障旅客身体健康与生命安全，保证突发公共卫生事件应急物资及时运输，维护正常的社会秩序，根据《中华人民共和国传染病防治法》、《中华人民共和国传染病防治法实施办法》、《突发公共卫生事件应急条例》、《国内交通卫生检疫条例》的有关规定，制定本规定。

第二条　本规定所称突发公共卫生事件（以下简称突发事件），是指突然发生，造成或者可能造成社会公众健康严重损害的重大传染病疫情、群体

性不明原因疾病、重大食物和职业中毒以及其他严重影响公众健康的事件。

本规定所称重大传染病疫情，是指根据《突发公共卫生事件应急条例》有关规定确定的传染病疫情。

本规定所称交通卫生检疫，是指根据《国内交通卫生检疫条例》对车船、港站、乘运人员和货物等实施的卫生检验、紧急卫生处理、紧急控制、临时隔离、医学检查和留验以及其他应急卫生防范、控制、处置措施。

本规定所称检疫传染病病人、疑似检疫传染病病人，是指国务院确定并公布的检疫传染病的病人、疑似传染病病人。

本规定所称车船，是指从事道路运输、水路运输活动的客车、货车、客船（包括客渡船）和货船。

本规定所称港站，是指提供停靠车船、上下旅客、装卸货物的场所，包括汽车客运站、货运站、港口客运站、货运码头、港口堆场和仓库等。

本规定所称乘运人员，是指车船上的所有人员，包括车辆驾驶人员和乘务人员、船员、旅客等。

第三条 突发事件交通应急工作，应当遵循预防为主、常备不懈的方针，贯彻统一领导、分级负责、反应及时、措施果断、依靠科学、加强合作的原则，在确保控制重大传染病病源传播和蔓延的前提下，做到交通不中断、客流不中断、货流不中断。

第四条 交通部根据职责，依法负责全国突发事件交通应急工作。

县级以上地方人民政府交通行政主管部门在本部门的职责范围内，依法负责本行政区域内的突发事件交通应急工作。

突发事件发生后，县级以上地方人民政府交通行政主管部门设立突发事件应急处理指挥部，负责对突发事件交通应急处理工作的领导和指挥。

县级以上人民政府交通行政主管部门履行突发事件交通应急职责，应当与同级人民政府卫生行政主管部门密切配合，协调行动。

第五条 县级以上人民政府交通行政主管部门应当建立和完善突发事件交通防范和应急责任制，保证突发事件交通应急工作的顺利进行。

第六条 任何单位和个人有权对县级以上人民政府交通行政主管部门不履行突发事件交通应急处理职责，或者不按照规定履行职责的行为向其上级人民政府交通行政主管部门举报。

对报告在车船、港站发生的突发事件或者举报突发事件交通应急渎职行为有功的单位和个人，县级以上人民政府交通行政主管部门应当予以奖励。

第二章 预防和应急准备

第七条 县级以上人民政府交通行政主管部门应当结合本行政区域或者管辖范围的交通实际情况，制定突发事件交通应急预案。

道路运输经营者、水路运输经营者应当按照有关规定，建立卫生责任制度，制定各自的突发事件应急预案。

第八条 制定突发事件交通应急预案，应当以突发事件的类别和快速反应的要求为依据，并征求同级人民政府卫生行政主管部门的意见。

为防范和处理重大传染病疫情突发事件制定的突发事件交通应急预案，应当包括以下主要内容：

（一）突发事件交通应急处理指挥部的组成和相关机构的职责；

（二）突发事件有关车船、港站重大传染病病人、疑似重大传染病病人和可能感染重大传染病病人的应急处理方案；

（三）突发事件有关污染车船、港站和污染物的应急处理方案；

（四）突发事件有关人员群体、防疫人员和救护人员的运输方案；

（五）突发事件有关药品、医疗救护设备器械等紧急物资的运输方案；

（六）突发事件有关车船、港站、道路、航道、船闸的应急维护和应急管理方案；

（七）突发事件有关交通应急信息的收集、分析、报告、通报、宣传方案；

（八）突发事件有关应急物资、运力储备与调度方案；

（九）突发事件交通应急处理执行机构及其任务；

（十）突发事件交通应急处理人员的组织和培训方案；

（十一）突发事件交通应急处理工作的检查监督方案；

（十二）突发事件交通应急处理其他有关工作方案。

为防范和处理其他突发事件制定的突发事件交通应急预案，应当包括本条前款除第（二）项、第（三）项和第（八）项规定以外的内容，并包括突发事件交通应急设施、设备以及其他有关物资的储备与调度方案。

突发事件交通应急预案应当根据突发事件的变化和实施中出现的问题及时进行修订、补充。

第九条　县级以上人民政府交通行政主管部门应当根据突发事件交通应急工作预案的要求,保证突发事件交通应急运力和有关物资储备。

第十条　道路运输经营者、水路运输经营者应当按照国家有关规定,使客车、客船、客运站保持良好的卫生状况,消除车船、港站的病媒昆虫和鼠类以及其他染疫动物的危害。

第十一条　县级以上人民政府交通行政主管部门应当开展突发事件交通应急知识的宣传教育,增强道路、水路运输从业人员和旅客对突发事件的防范意识和应对能力。

第十二条　在车船、港站发生突发事件,县级以上人民政府交通行政主管部门应当协助同级人民政府卫生行政主管部门组织专家对突发事件进行综合评估,初步判断突发事件的类型,按照有关规定向省级以上人民政府提出是否启动突发事件应急预案的建议。

第十三条　国务院或者省级人民政府决定突发事件应急预案启动后,突发事件发生地的县级以上人民政府交通行政主管部门应当根据突发事件的类别,立即启动相应的突发事件交通应急预案,并向社会公布有关突发事件交通应急预案。

第三章　应急信息报告

第十四条　县级以上人民政府交通行政主管部门应当建立突发事件交通应急值班制度、应急报告制度和应急举报制度,公布统一的突发事件报告、举报电话,保证突发事件交通应急信息畅通。

第十五条　县级以上人民政府交通行政主管部门应当按有关规定向上级人民政府交通行政主管部门报告下列有关突发事件的情况:

(一)突发事件的实际发生情况;

(二)预防、控制和处理突发事件的情况;

(三)运输突发事件紧急物资的情况;

(四)保障交通畅通的情况;

(五)突发事件应急的其他有关情况。

道路运输经营者、水路运输经营者应当按有关规定向所在地县级人民政府交通行政主管部门和卫生行政主管部门报告有关突发事件的预防、控制、处理和紧急物资运输的有关情况。

第十六条 县级以上人民政府交通行政主管部门接到有关突发事件的报告后，应当在接到报告后1小时内向上级人民政府交通行政主管部门和同级人民政府卫生行政主管部门报告，根据卫生行政主管部门的要求，立即采取有关预防和控制措施，并协助同级人民政府卫生行政主管部门组织有关人员对报告事项调查核实、确证，采取必要的控制措施。

突发事件发生地的县级以上人民政府交通行政主管部门应当在首次初步调查结束后2小时内，向上一级人民政府交通行政主管部门报告突发事件的有关调查情况。

上级人民政府交通行政主管部门接到下级人民政府交通行政主管部门有关突发事件的报告后1小时内，向本交通行政主管部门的上一级人民政府交通行政主管部门报告。

突发事件发生地的县级以上地方人民政府交通行政主管部门，应当及时向毗邻和其他有关县级以上人民政府交通行政主管部门通报突发事件的有关情况。

第十七条 任何单位和个人不得隐瞒、缓报、谎报或者授意他人隐瞒、缓报、谎报有关突发事件和突发事件交通应急情况。

第四章 疫情应急处理

第十八条 重大传染病疫情发生后，县级以上人民政府交通行政主管部门应当按照省级人民政府依法确定的检疫传染病疫区以及对出入检疫传染病疫区的交通工具及其乘运人员、物资实施交通应急处理的决定，和同级人民政府卫生行政主管部门在客运站、客运渡口、路口等设立交通卫生检疫站或者留验站，依法实施交通卫生检疫。

第十九条 重大传染病疫情发生后，县级以上人民政府交通行政主管部门应当及时将县级以上人民政府卫生行政主管部门通报的有关疫情通知有关道路运输经营者、水路运输经营者。

县级以上人民政府交通行政主管部门应当及时会同同级人民政府卫生行政主管部门对道路运输经营者、水路运输经营者以及乘运人员进行相应的卫生防疫基本知识的宣传教育。

第二十条　重大传染病疫情发生后，道路运输经营者、水路运输经营者对车船、港站、货物应当按规定进行消毒或者进行其他必要的卫生处理，并经县级以上地方人民政府卫生行政主管部门疾病预防控制机构检疫合格，领取《交通卫生检疫合格证》后，方可投入营运或者进行运输。

《交通卫生检疫合格证》的印制、发放和使用，按照交通部与卫生部等国务院有关行政主管部门联合发布的《国内交通卫生检疫条例实施方案》的有关规定执行。

第二十一条　重大传染病疫情发生后，道路旅客运输经营者、水路旅客运输经营者应当组织对驾驶人员、乘务人员和船员进行健康检查，发现有检疫症状的，不得安排上车、上船。

第二十二条　重大传染病疫情发生后，道路运输经营者、水路运输经营者应当在车船、港站以及其他经营场所的显著位置张贴有关传染病预防和控制的宣传材料，并提醒旅客不得乘坐未取得《交通卫生检疫合格证》和道路旅客运输经营资格或者水路旅客运输经营资格的车辆、船舶，不得携带或者托运染疫行李和货物。

重大传染病疫情发生后，客车、客船应当在依法批准并符合突发事件交通应急预案要求的客运站、客运渡口上下旅客。

第二十三条　重大传染病疫情发生后，旅客购买车票、船票，应当事先填写交通部会同有关部门统一制定的《旅客健康申报卡》。旅客填写确有困难的，由港站工作人员帮助填写。

客运站出售客票时，应当对《旅客健康申报卡》所有事项进行核实。没有按规定填写《旅客健康申报卡》的旅客，客运站不得售票。

途中需要上下旅客的，客车、客船应当进入中转客运站，从始发客运站乘坐车船的旅客，不得再次被要求填写《旅客健康申报卡》。

第二十四条　重大传染病疫情发生后，旅客乘坐车船，应当接受交通卫生检疫，如被初验为检疫传染病病人或者疑似检疫传染病病人、可能感染检疫传染病病人以及国务院卫生行政主管部门规定需要采取应急控制措施的传染病病人、疑似传染病病人及其密切接触者，还应当接受留验站或者卫生行政主管部门疾病预防控制机构对其实施临时隔离、医学检查或者其他应急医学措施。

客运站应当认真查验《旅客健康申报卡》和客票。对不填报《旅客健康申报卡》的旅客，应当拒绝其乘坐客车、客船，并说明理由。

第二十五条 重大传染病疫情发生后，客运站应按车次或者航班将《旅客健康申报卡》交给旅客所乘坐车船的驾驶员或者船长、乘务员。

到达终点客运站后，驾驶员、船长或者乘务员应当将《旅客健康申报卡》交终点客运站，由终点客运站保存。

在中转客运站下车船的旅客，由该车船的驾驶员、船长或者乘务员将下车船旅客的《旅客健康申报卡》交中转客运站保存。

第二十六条 车船上发现检疫传染病病人或者疑似检疫传染病病人、可能感染检疫传染病病人以及国务院卫生行政主管部门规定需要采取应急控制措施的传染病病人、疑似传染病病人及其密切接触者时，驾驶员或者船长应当组织有关人员依法采取下列临时措施：

（一）以最快的方式通知前方停靠点，并向车船的所有人或者经营人和始发客运站报告；

（二）对检疫传染病病人、疑似检疫传染病病人、可能感染检疫传染病病人以及国务院卫生行政主管部门确定的其他重大传染病病人、疑似重大传染病病人、可能感染重大传染病病人及与其密切接触者实施紧急卫生处理和临时隔离；

（三）封闭已被污染或者可能被污染的区域，禁止向外排放污物；

（四）将车船迅速驶向指定的停靠点，并将《旅客健康申报卡》、乘运人员名单移交当地县级以上地方人民政府交通行政主管部门；

（五）对承运过检疫传染病病人、疑似检疫传染病病人、可能感染检疫传染病病人以及国务院卫生行政主管部门确定的其他重大传染病病人、疑似重大传染病病人、可能感染重大传染病病人及与其密切接触者的车船和可能被污染的停靠场所实施卫生处理。

车船的前方停靠点、车船的所有人或者经营人以及始发客运站接到有关报告后，应当立即向当地县级以上地方人民政府交通行政主管部门、卫生行政主管部门报告。

县级以上地方人民政府交通行政主管部门接到报告后，应当立即和同级人民政府卫生行政主管部门组织有关人员到达现场，采取相应的交通卫生检疫措施。

第二十七条 县级以上人民政府交通行政主管部门发现正在行驶的车

船载有检疫传染病病人或者疑似检疫传染病病人、可能感染检疫传染病病人以及国务院卫生行政主管部门规定需要采取应急控制措施的传染病病人、疑似传染病病人及其密切接触者，应当立即通知该客车、客船的所有人或者经营人，并通报该车船行驶路线相关的县级人民政府交通行政主管部门。

第二十八条　对拒绝交通卫生检疫可能传播检疫传染病的车船、港站和其他停靠场所、乘运人员、运输货物，县级以上地方人民政府交通行政主管部门协助卫生行政主管部门，依法采取强制消毒或者其他必要的交通卫生检疫措施。

第二十九条　重大传染病疫情发生后，县级以上人民政府交通行政主管部门发现车船近期曾经载运过检疫传染病病人或者疑似检疫传染病病人、可能感染检疫传染病病人以及国务院卫生行政主管部门规定需要采取应急控制措施的传染病病人、疑似传染病病人及其密切接触者，应当立即将有关《旅客健康申报卡》送交卫生行政主管部门或者其指定的疾病预防控制机构。

第三十条　参加重大传染病疫情交通应急处理的工作人员，应当按照有关突发事件交通应急预案的要求，采取卫生防护措施，并在专业卫生人员的指导下进行工作。

第五章　交通应急保障

第三十一条　突发事件交通应急预案启动后，县级以上人民政府交通行政主管部门应当加强对车船、港站、道路、航道、船闸、渡口的维护、检修，保证其经常处于良好的技术状态。

除因阻断检疫传染病传播途径需要或者其他法定事由并依照法定程序可以中断交通外，任何单位和个人不得以任何方式中断交通。

县级以上人民政府交通行政主管部门发现交通中断或者紧急运输受阻，应当迅速报告上一级人民政府交通行政主管部门和当地人民政府，并采取措施恢复交通。如难以迅速恢复交通，应当提请当地人民政府予以解决，或者提请上一级人民政府交通行政主管部门协助解决。

第三十二条　在非检疫传染病疫区运行的车辆上发现检疫传染病病人、疑似检疫传染病病人、可能感染检疫传染病病人以及国务院卫生行政主管部门规定需要采取应急控制措施的传染病病人、疑似传染病病人及其密切接触者,由县级以上人民政府交通行政主管部门协助同级人民政府卫生行政主管部门依法决定对该车辆及其乘运人员、货物实施交通卫生检疫。

在非检疫传染病疫区运行船舶上发现检疫传染病病人、疑似检疫传染病病人、可能感染检疫传染病病人以及国务院卫生行政主管部门规定需要采取应急控制措施的传染病病人、疑似传染病病人及其密切接触者,由海事管理机构协助同级人民政府卫生行政主管部门依法对该船舶及其乘运人员、货物实施交通卫生检疫。

在非传染病疫区跨省、自治区、直辖市运行的船舶上发现检疫传染病病人、疑似检疫传染病病人、可能感染检疫传染病病人以及国务院卫生行政主管部门规定需要采取应急控制措施的传染病病人、疑似传染病病人及其密切接触者,交通部会同卫生部依法决定对该船舶实施交通卫生检疫,命令该船舶不得停靠或者通过港站。但是,因实施卫生检疫导致中断干线交通,报国务院决定。

第六章　紧 急 运 输

第三十三条　突发事件发生后,县级以上地方人民政府交通行政主管部门应当采取措施保证突发事件应急处理所需运输的人员群体、防疫人员、医护人员以及突发事件应急处理所需的救治消毒药品、医疗救护设备器械等紧急物资及时运输。

第三十四条　依法负责处理突发事件的防疫人员、医护人员凭县级以上人民政府卫生行政主管部门出具的有关证明以及本人有效身份证件,可以优先购买客票;道路运输经营者、水路运输经营者应当保证其购得最近一次通往目的地的客票。

第三十五条　根据县级以上人民政府突发事件应急处理指挥部的命令,县级以上人民政府交通行政主管部门应当协助紧急调用有关人员、车船以及相关设施、设备。

被调用的单位和个人必须确保完成有关人员和紧急物资运输任务,不得延误和拒绝。

第三十六条　承担突发事件应急处理所需紧急运输的车船,应当使用

《紧急运输通行证》。其中,跨省运送紧急物资的,应当使用交通部统一印制的《紧急运输通行证》;省内运送紧急物资的,可以使用省级交通行政主管部门统一印制的《紧急运输通行证》。使用《紧急运输通行证》的车船,按国家有关规定免交车辆通行费、船舶过闸费,并优先通行。

《紧急运输通行证》应当按照交通部的有关规定印制、发放和使用。

第三十七条 承担重大传染病疫情应急处理紧急运输任务的道路运输经营者、水路运输经营者应当遵守下列规定:

(一)车船在装卸货物前后根据需要进行清洗、消毒或者进行其他卫生处理;

(二)有关运输人员事前应当接受健康检查和有关防护知识培训,配备相应的安全防护用具;

(三)保证驾驶员休息充足,不得疲劳驾驶;

(四)进入疫区前,应当采取严格的防护措施;驶离疫区后,应当立即对车船和随行人员进行消毒或者采取其他必要卫生处理措施;

(五)紧急运输任务完成后,交回《紧急运输通行证》,对运输人员应当进行健康检查,并安排休息观察。

第三十八条 重大传染病疫情发生后,引航人员、理货人员上船引航、理货,应当事先体检,采取相应的有效防护措施,上船时应当主动出示健康合格证。

第七章 检查监督

第三十九条 县级以上人民政府交通行政主管部门应当加强对本行政区域内突发事件交通应急工作的指导和督察;上级人民政府交通行政主管部门对突发事件交通应急处理工作进行指导和督察,下级人民政府交通行政主管部门应当予以配合。

第四十条 县级以上地方人民政府交通行政主管部门的工作人员依法协助或者实施交通卫生检疫,应当携带证件,佩戴标志,热情服务,秉公执法,任何单位和个人应当予以配合,不得阻挠。

第四十一条 县级以上人民政府交通行政主管部门应当加强对《交通卫生检疫合格证》、《旅客健康申报卡》使用情况的监督检查;对已按规定使用《交通卫生检疫合格证》、《旅客健康申报卡》的车船，应当立即放行。

任何单位和个人不得擅自印制、伪造、变造、租借、转让《交通卫生检疫合格证》、《紧急运输通行证》。

任何单位和个人不得使用擅自印制、伪造、变造、租借、转让的《交通卫生检疫合格证》、《紧急运输通行证》。

第八章　法律责任

第四十二条　县级以上地方人民政府交通行政主管部门违反本规定，有下列行为之一的，对其主要负责人依法给予行政处分：

（一）未依照本规定履行报告职责，对突发事件隐瞒、缓报、谎报或者授意他人隐瞒、缓报、谎报的；

（二）未依照本规定，组织完成突发事件应急处理所需要的紧急物资的运输的；

（三）对上级人民政府交通行政主管部门进行有关调查不予配合，或者采取其他方式阻碍、干涉调查的。

县级以上人民政府交通行政主管部门违反有关规定，造成传染病传播、流行或者对社会公众健康造成其他严重危害后果的，对主要负责人、负有责任的主管人员和其他责任人员依法给予开除的行政处分；构成犯罪的，依法追究刑事责任。

第四十三条　县级以上人民政府交通行政主管部门违反本规定，有下列行为之一，由上级人民政府交通行政主管部门责令改正、通报批评、给予警告；对主要负责人、负有责任的主管人员和其他责任人员依法给予降级、撤职的行政处分：

（一）在突发事件调查、控制工作中玩忽职守、失职、渎职的；

（二）拒不履行突发事件交通应急处理职责的。

第四十四条　道路运输经营者、水路运输经营者违反本规定，对在车船上发现的检疫传染病病人、疑似检疫传染病病人，未按有关规定采取相应措施的，由县级以上地方人民政府卫生行政主管部门责令改正，给予警告，并处1000元以上5000元以下的罚款。

第四十五条　检疫传染病病人、疑似检疫传染病病人以及与其密切接触者隐瞒真实情况、逃避交通卫生检疫的，由县级以上地方人民政府卫生行政主管部门责令限期改正，给予警告，可以并处1000元以下的罚款；拒绝接受交通卫生检疫和必要的卫生处理的，给予警告，并处1000元以上5000元以下的罚款。

第四十六条 突发事件发生后，未取得相应的运输经营资格，擅自从事道路运输、水路运输；或者有其他违反有关道路运输、水路运输管理规定行为的，依照有关道路运输、水路运输管理法规、规章的规定从重给予行政处罚。

第九章 附 则

第四十七条 群体性不明原因疾病交通应急方案，参照重大传染病交通应急方案执行。

第四十八条 本规定自2004年5月1日起施行。

突发公共卫生事件与传染病疫情监测信息报告管理办法

（2003年11月7日卫生部令第37号发布 根据2006年8月22日《卫生部关于修改〈突发公共卫生事件与传染病疫情监测信息报告管理办法〉的通知》修订）

第一章 总 则

第一条 为加强突发公共卫生事件与传染病疫情监测信息报告管理工作，提供及时、科学的防治决策信息，有效预防、及时控制和消除突发公共卫生生事件和传染病的危害,保障公众身体健康与生命安全,根据《中华人民共和国传染病防治法》(以下简称传染病防治法)和《突发公共卫生事件应急条例》(以下简称应急条例)等法律法规的规定,制定本办法。

第二条 本办法适用于传染病防治法、应急条例和国家有关法律法规中规定的突发公共卫生事件与传染病疫情监测信息报告管理工作。

第三条 突发公共卫生事件与传染病疫情监测信息报告,坚持依法管理,分级负责,快速准确,安全高效的原则。

第四条 国务院卫生行政部门对全国突发公共卫生事件与传染病疫情监测信息报告实施统一监督管理。

县级以上地方卫生行政部门对本行政区域突发公共卫生事件与传染病疫情监测信息报告实施监督管理。

第五条 国务院卫生行政部门及省、自治区、直辖市卫生行政部门鼓励、支持开展突发公共卫生事件与传染病疫情监测信息报告管理的科学技术研究和国际交流合作。

第六条 县级以上各级人民政府及其卫生行政部门,应当对在突发公共卫生事件与传染病疫情监测信息报告管理工作中做出贡献的人员,给予表彰和奖励。

第七条 任何单位和个人必须按照规定及时如实报告突发公共卫生事件与传染病疫情信息,不得瞒报、缓报、谎报或者授意他人瞒报、缓报、谎报。

第二章 组织管理

第八条 各级疾病预防控制机构按照专业分工,承担责任范围内突发公共卫生事件和传染病疫情监测、信息报告与管理工作,具体职责为:

(一)按照属地化管理原则,当地疾病预防控制机构负责,对行政辖区内的突发公共卫生事件和传染病疫情进行监测、信息报告与管理;负责收集、核实辖区内突发公共卫生事件、疫情信息和其他信息资料;设置专门的举报、咨询热线电话,接受突发公共卫生事件和疫情的报告、咨询和监督;设置专门工作人员搜集各种来源的突发公共卫生事件和疫情信息。

(二)建立流行病学调查队伍和实验室,负责开展现场流行病学调查与处理,搜索密切接触者、追踪传染源,必要时进行隔离观察;进行疫点消毒及其技术指导;标本的实验室检测检验及报告。

(三)负责公共卫生信息网络维护和管理,疫情资料的报告、分析、利用与反馈;建立监测信息数据库,开展技术指导。

(四)对重点涉外机构或单位发生的疫情,由省级以上疾病预防控制机构进行报告管理和检查指导。

(五)负责人员培训与指导,对下级疾病预防控制机构工作人员进行业务培训;对辖区内医院和下级疾病预防控制机构疫情报告和信息网络管理工作进行技术指导。

第九条 国家建立公共卫生信息监测体系,构建覆盖国家、省、市(地)、县(区)疾病预防控制机构、医疗卫生机构和卫生行政部门的信息网络系统,并向乡(镇)、村和城市社区延伸。

国家建立公共卫生信息管理平台、基础卫生资源数据库和管理应用软件,适应突发公共卫生事件、法定传染病、公共卫生和专病监测的信息采集、汇总、分析、报告等工作的需要。

第十条 各级各类医疗机构承担责任范围内突发公共卫生事件和传染病疫情监测信息报告任务,具体职责为:

(一)建立突发公共卫生事件和传染病疫情信息监测报告制度,包括报告卡和总登记簿、疫情收报、核对、自查、奖惩。

(二)执行首诊负责制,严格门诊工作日志制度以及突发公共卫生事件和疫情报告制度,负责突发公共卫生事件和疫情监测信息报告工作。

(三)建立或指定专门的部门和人员,配备必要的设备,保证突发公共卫生事件和疫情监测信息的网络直接报告。

门诊部、诊所、卫生所(室)等应按照规定时限,以最快通讯方式向发病地疾病预防控制机构进行报告,并同时报出传染病报告卡。

报告卡片邮寄信封应当印有明显的“突发公共卫生事件或疫情”标志及写明××疾病预防控制机构收的字样。

(四)对医生和实习生进行有关突发公共卫生事件和传染病疫情监测信息报告工作的培训。

(五)配合疾病预防控制机构开展流行病学调查和标本采样。

第十一条 流动人员中发生的突发公共卫生事件和传染病病人、病原携带者和疑似传染病病人的报告、处理、疫情登记、统计,由诊治地负责。

第十二条 铁路、交通、民航、厂（场）矿所属的医疗卫生机构发现突发公共卫生事件和传染病疫情，应按属地管理原则向所在地县级疾病预防控制机构报告。

第十三条 军队内的突发公共卫生事件和军人中的传染病疫情监测信息，由中国人民解放军卫生主管部门根据有关规定向国务院卫生行政部门直接报告。

军队所属医疗卫生机构发现地方就诊的传染病病人、病原携带者、疑似传染病病人时，应按属地管理原则向所在地疾病预防控制机构报告。

第十四条 医疗卫生人员未经当事人同意，不得将传染病病人及其家属的姓名、住址和个人病史以任何形式向社会公开。

第十五条 各级政府卫生行政部门对辖区内各级医疗卫生机构负责的突发公共卫生事件和传染病疫情监测信息报告情况，定期进行监督、检查和指导。

第三章 报 告

第十六条 各级各类医疗机构、疾病预防控制机构、采供血机构均为责任报告单位；其执行职务的人员和乡村医生、个体开业医生均为责任疫情报告人，必须按照传染病防治法的规定进行疫情报告，履行法律规定的义务。

第十七条 责任报告人在首次诊断传染病病人后，应立即填写传染病报告卡。

传染病报告卡由录卡单位保留三年。

第十八条 责任报告单位和责任疫情报告人发现甲类传染病和乙类传染病中的肺炭疽、传染性非典型肺炎、脊髓灰质炎、人感染高致病性禽流感病人或疑似病人时，或发现其他传染病和不明原因疾病暴发时，应于 2 小时内将传染病报告卡通过网络报告；未实行网络直报的责任报告单位应于 2 小时内以最快的通讯方式（电话、传真）向当地县级疾病预防控制机构报告，并于 2 小时内寄送出传染病报告卡。

对其他乙、丙类传染病病人、疑似病人和规定报告的传染病病原携带者在诊断后，实行网络直报的责任报告单位应于 24 小时内进行网络报告；未实行网络直报的责任报告单位应于 24 小时内寄送出传染病报告卡。

县级疾病预防控制机构收到无网络直报条件责任报告单位报送的传染病报告卡后,应于2小时内通过网络进行直报。

第十九条　获得突发公共卫生事件相关信息的责任报告单位和责任报告人,应当在2小时内以电话或传真等方式向属地卫生行政部门指定的专业机构报告,具备网络直报条件的要同时进行网络直报,直报的信息由指定的专业机构审核后进入国家数据库。不具备网络直报条件的责任报告单位和责任报告人,应采用最快的通讯方式将《突发公共卫生事件相关信息报告卡》报送属地卫生行政部门指定的专业机构,接到《突发公共卫生事件相关信息报告卡》的专业机构,应对信息进行审核,确定真实性,2小时内进行网络直报,同时以电话或传真等方式报告同级卫生行政部门。

接到突发公共卫生事件相关信息报告的卫生行政部门应当尽快组织有关专家进行现场调查,如确认为实际发生突发公共卫生事件,应根据不同的级别,及时组织采取相应的措施,并在2小时内向本级人民政府报告,同时向上一级人民政府卫生行政部门报告。如尚未达到突发公共卫生事件标准的,由专业防治机构密切跟踪事态发展,随时报告事态变化情况。

第二十条　突发公共卫生事件及传染病信息报告的其它事项按照《突发公共卫生事件相关信息报告管理工作规范(试行)》及《传染病信息报告管理规范》有关规定执行。

第四章　调　　查

第二十一条　接到突发公共卫生事件报告的地方卫生行政部门,应当立即组织力量对报告事项调查核实、判定性质,采取必要的控制措施,并及时报告调查情况。

不同类别的突发公共卫生事件的调查应当按照《全国突发公共卫生事件应急预案》规定要求执行。

第二十二条　突发公共卫生事件与传染病疫情现场调查应包括以下工作内容:

(一)流行病学个案调查、密切接触者追踪调查和传染病发病原因、发病情况、疾病流行的可能因素等调查;

(二)相关标本或样品的采样、技术分析、检验;

（三）突发公共卫生事件的确证；

（四）卫生监测，包括生活资源受污染范围和严重程度，必要时应在突发事件发生地及相邻省市同时进行。

第二十三条 各级卫生行政部门应当组织疾病预防控制机构等有关领域的专业人员，建立流行病学调查队伍，负责突发公共卫生事件与传染病疫情的流行病学调查工作。

第二十四条 疾病预防控制机构发现传染病疫情或接到传染病疫情报告时，应当及时采取下列措施：

（一）对传染病疫情进行流行病学调查，根据调查情况提出划定疫点、疫区的建议，对被污染的场所进行卫生处理，对密切接触者，在指定场所进行医学观察和采取其他必要的预防措施，并向卫生行政部门提出疫情控制方案；

（二）传染病暴发、流行时，对疫点、疫区进行卫生处理，向卫生行政部门提出疫情控制方案，并按照卫生行政部门的要求采取措施；

（三）指导下级疾病预防控制机构实施传染病预防、控制措施，组织、指导有关单位对传染病疫情的处理。

第二十五条 各级疾病预防控制机构负责管理国家突发公共卫生事件与传染病疫情监测报告信息系统，各级责任报告单位使用统一的信息系统进行报告。

第二十六条 各级各类医疗机构应积极配合疾病预防控制机构专业人员进行突发公共卫生事件和传染病疫情调查、采样与处理。

第五章 信息管理与通报

第二十七条 各级各类医疗机构所设与诊治传染病有关的科室应当建立门诊日志、住院登记簿和传染病疫情登记簿。

第二十八条 各级各类医疗机构指定的部门和人员，负责本单位突发公共卫生事件和传染病疫情报告卡的收发和核对，设立传染病报告登记簿，统一填报有关报表。

第二十九条 县级疾病预防控制机构负责本辖区内突发公共卫生事件和传染病疫情报告卡、报表的收发、核对、疫情的报告和管理工作。

各级疾病预防控制机构应当按照国家公共卫生监测体系网络系统平台

的要求，充分利用报告的信息资料，建立突发公共卫生事件和传染病疫情定期分析通报制度，常规监测时每月不少于三次疫情分析与通报，紧急情况下需每日进行疫情分析与通报。

第三十条 国境口岸所在地卫生行政部门指定的疾病预防控制机构和港口、机场、铁路等疾病预防控制机构及国境卫生检疫机构，发现国境卫生检疫法规定的检疫传染病时，应当互相通报疫情。

第三十一条 发现人畜共患传染病时，当地疾病预防控制机构和农、林部门应当互相通报疫情。

第三十二条 国务院卫生行政部门应当及时通报和公布突发公共卫生事件和传染病疫情，省（自治区、直辖市）人民政府卫生行政部门根据国务院卫生行政部门的授权，及时通报和公布本行政区域的突发公共卫生事件和传染病疫情。

突发公共卫生事件和传染病疫情发布内容包括：

（一）突发公共卫生事件和传染病疫情性质、原因；

（二）突发公共卫生事件和传染病疫情发生地及范围；

（三）突发公共卫生事件和传染病疫情的发病、伤亡及涉及的人员范围；

（四）突发公共卫生事件和传染病疫情处理措施和控制情况；

（五）突发公共卫生事件和传染病疫情发生地的解除。

与港澳台地区及有关国家和世界卫生组织之间的交流与通报办法另行制订。

第六章 监督管理

第三十三条 国务院卫生行政部门对全国突发公共卫生事件与传染病疫情监测信息报告管理工作进行监督、指导。

县级以上地方人民政府卫生行政部门对本行政区域的突发公共卫生事件与传染病疫情监测信息报告管理工作进行监督、指导。

第三十四条 各级卫生监督机构在卫生行政部门的领导下，具体负责本行政区内的突发公共卫生事件与传染病疫情监测信息报告管理工作的监督检查。

第三十五条 各级疾病预防控制机构在卫生行政部门的领导下，具体负责对本行政区域内的突发公共卫生事件与传染病疫情监测信息报告管理工作的技术指导。

第三十六条　各级各类医疗卫生机构在卫生行政部门的领导下，积极开展突发公共卫生事件与传染病疫情监测信息报告管理工作。

第三十七条　任何单位和个人发现责任报告单位或责任疫情报告人有瞒报、缓报、谎报突发公共卫生事件和传染病疫情情况时，应向当地卫生行政部门报告。

第七章　罚　　则

第三十八条　医疗机构有下列行为之一的，由县级以上地方卫生行政部门责令改正、通报批评、给予警告；情节严重的，会同有关部门对主要负责人、负有责任的主管人员和其他责任人员依法给予降级、撤职的行政处分；造成传染病传播、流行或者对社会公众健康造成其他严重危害后果，构成犯罪的，依据刑法追究刑事责任：

（一）未建立传染病疫情报告制度的；

（二）未指定相关部门和人员负责传染病疫情报告管理工作的；

（三）瞒报、缓报、谎报发现的传染病病人、病原携带者、疑似病人的。

第三十九条　疾病预防控制机构有下列行为之一的，由县级以上地方卫生行政部门责令改正、通报批评、给予警告；对主要负责人、负有责任的主管人员和其他责任人员依法给予降级、撤职的行政处分；造成传染病传播、流行或者对社会公众健康造成其他严重危害后果，构成犯罪的，依法追究刑事责任：

（一）瞒报、缓报、谎报发现的传染病病人、病原携带者、疑似病人的；

（二）未按规定建立专门的流行病学调查队伍，进行传染病疫情的流行病学调查工作；

（三）在接到传染病疫情报告后，未按规定派人进行现场调查的；

（四）未按规定上报疫情或报告突发公共卫生事件的。

第四十条　执行职务的医疗卫生人员瞒报、缓报、谎报传染病疫情的，由县级以上卫生行政部门给予警告，情节严重的，责令暂停六个月以上一年以下执业活动，或者吊销其执业证书。

责任报告单位和事件发生单位瞒报、缓报、谎报或授意他人不报告突发性公共卫生事件或传染病疫情的，对其主要领导、主管人员和直接责任人由其单位或上级主管机关给予行政处分，造成疫情播散或事态恶化等严重后果的，由司法机关追究其刑事责任。

第四十一条　个体或私营医疗保健机构瞒报、缓报、谎报传染病疫情或突发性公共卫生事件的，由县级以上卫生行政部门责令限期改正，可以处100元以上500元以下罚款；对造成突发性公共卫生事件和传染病传播流行的，责令停业整改，并可以处200元以上2000元以下罚款，触犯刑律的，对其经营者、主管人员和直接责任人移交司法机关追究刑事责任。

第四十二条　县级以上卫生行政部门未按照规定履行突发公共卫生事件和传染病疫情报告职责，瞒报、缓报、谎报或者授意他人瞒报、缓报、谎报的，对主要负责人依法给予降级或者撤职的行政处分；造成传染病传播、流行或者对社会公众造成其他严重危害后果的，给予开除处分；构成犯罪的，依法追究刑事责任。

第八章　附　　则

第四十三条　中国人民解放军、武装警察部队医疗卫生机构突发公共卫生事件与传染病疫情监测信息报告管理工作，参照本办法的规定和军队的相关规定执行。

第四十四条　本办法自发布之日起实施。

突发事件医疗应急工作管理办法(试行)

(2023 年 12 月 8 日国家卫生健康委发布
国卫医急发〔2023〕37 号)

第一章　总　　则

第一条　为明确突发事件医疗应急工作机制与流程,规范、高效做好各类突发事件紧急医学救援,避免和减少人员伤亡,保障人民群众生命安全和身体健康,依据《中华人民共和国突发事件应对法》《中华人民共和国基本医疗卫生与促进法》《突发公共卫生事件应急条例》《国家突发公共事件总体应急预案》《国家突发公共卫生事件应急预案》《国家突发公共事件医疗卫生救援应急预案》等国家有关法律法规、规章制度和工作预案,制定本办法。

第二条　按照"人民至上、生命至上、报告及时、快速处置、分级响应、平急结合"的原则,以高度负责的精神,做到早发现、早报告、早处置,拓宽信息渠道,及时、准确、全面报告突发事件信息,有力、有序、有效开展医疗应急工作。

第三条　本办法所称突发事件,是指突然发生,造成或者可能造成严重社会危害,需要采取应急处置措施予以应对的自然灾害、事故灾难、公共卫生事件和社会安全事件。

第四条　本办法适用于国家突发事件医疗应急管理,地方各级卫生健康行政部门可参照本办法制定本级突发事件医疗应急管理办法或规定。

第二章 突发事件医疗应急信息的发现和报告

第五条 突发事件医疗应急相关信息的发现途径包括：

（一）各地、各有关单位报告的信息。地方各级卫生健康行政部门要重视发挥院前医疗急救网络作用。相关医疗机构获悉事发地人员伤亡情况后，应第一时间向属地卫生健康行政部门报告信息。

（二）新闻媒体报道中涉及的信息、社会公众报告、其他部门通报和上级部门反馈等。建立健全与应急管理、市场监管等部门的信息报送机制，及时共享突发事件信息。

要加强应急值守，保持通讯 24 小时畅通，提高信息报告人员素质，提升信息时效和质量，力争第一时间获取有效信息，为保障人民群众身体健康赢得宝贵时间。

第六条 任何单位和个人均有权向所在地人民政府、有关主管部门或者指定的专业机构报告突发事件及其隐患。县级以上卫生健康行政部门、各级各类医疗卫生机构及卫生健康行政部门指定的突发事件监测机构等为突发事件医疗应急信息责任报告单位，应依据各自职责和相关要求向地方人民政府和（或）卫生健康行政部门报告。

第七条 责任报告单位应当按照有关规定及时报告突发事件及其处置情况。获得突发事件相关信息，责任报告单位应当在 2 小时内向属地卫生健康行政部门报告。属地卫生健康行政部门应当尽快组织现场医疗应急处置，同时进行信息报告；接到突发事件相关信息报告的卫生健康行政部门，应根据事件的不同级别，采取相应的应对措施，并在 2 小时内同时向本级人民政府和上一级卫生健康行政部门报告。如尚未达到突发事件标准，应当密切跟踪事态发展，及时报告事态变化。

对死亡和危重病例超过 5 例的重大及以上级别突发事件，或可能引发重大及以上级别突发事件的，省级卫生健康行政部门接到报告 2 小时内报告国家卫生健康委，伤亡情况暂时不清时先报告事件情况，伤亡情况通过进展报告报送，省级以下卫生健康行政部门可直接上报国家卫生健康委，同时抄送上级卫生健康行政部门，国家卫生健康委接到报告后应当及时向国务院报告。

第八条 根据事件发生、发展、控制过程分为初次报告、进展报告、结案报告。初次报告一般应包括以下内容:事件发生或发现时间、地点、事件类型、已造成人员伤亡情况、伤病员检伤分类、初步诊断;调派医务人员、救护车、医疗应急队伍和省、市专家等医疗资源情况;卫生健康系统受损情况、拟进一步采取的医疗应急措施以及请求支援事项。进展报告应包括已实施的救治策略和方案,后续医疗救治方案,并及时更新伤病员救援、医疗救治和病情转归进展等。结案报告应包括伤病员死亡情况、治愈情况等,对突发事件医疗救治工作进行总结分析。

对重大及以上级别突发事件,省级卫生健康行政部门应由专人对接各救治医疗机构,实时掌握伤病员救治情况,与国家卫生健康委保持24小时信息畅通;特别重大事件每日报告,重大事件隔日报告。

第九条 建立倒查追究制度。加强检查指导,努力提高信息报告的时效性和准确性。对迟报、漏报、谎报、瞒报的单位,坚决按照相关规定,依法依规追究相关人员责任。地方各级卫生健康行政部门应每年对各地突发事件信息报送工作进行评估。任何单位和个人均有权向政府部门举报不履行或不按规定履行突发事件医疗应急职责的部门、单位及个人。

第三章 突发事件医疗应急处置

第十条 突发事件医疗应急处置遵循分级负责、属地管理为主的原则,地方各级卫生健康行政部门应当建立突发事件的应急响应机制,根据突发事件类型,启动应急响应,在属地党委和人民政府领导下,加强部门协同,完善应急力量,快速反应、高效应对各类突发事件,开展医疗救援。

第十一条 卫生健康行政部门根据现场医疗救治需求,按照预案要求制订医疗救援方案,统一指挥调动医疗资源,迅速开展医疗救援工作。对伤病员进行检伤分类,开展现场救治、合理转运,分级分类开展救治,危险化学品、核辐射事件的伤病员应及时转运到专业医疗机构救治。

重大及以上级别突发事件,应统筹组织本省域医疗资源,开展现场救治和转运等工作。国家卫生健康委派出相关领域专家指导医疗救治工作,必要时调派医疗应急队伍予以支援。相邻省份应做好本省份国家、省级医疗应急队伍支援准备工作,随时接受调派。

第十二条 医务人员应当按照相关规范和标准对伤病员进行初次检伤分类、持续评估,分别用绿、黄、红、黑四种颜色,对轻、重、危重伤病员和死亡人员进行分类,标记在伤病员或死亡人员的手腕或脚踝等明显部位,以便按照类别开展处置。危重症患者标红色标,应第一优先处置、转送;重症患者标黄色标,第二优先处置、转送;轻症患者标绿色标,可第三优先处置、转送;死亡者标黑色标。

第十三条 在确保安全的前提下,按照"最快到达"原则将伤病员迅速转送至具备治疗条件的医疗机构,对于传染病患者,应根据《中华人民共和国传染病防治法》等相关法律法规要求转送至指定的救治医疗机构。在医疗应急救援中,应综合考虑伤病员情况、地理环境、医疗救治条件和能力等因素,科学选择转运方式和收治医院。需要远距离转运的,协调民航、铁路、交通等部门协助解决医疗救援有关交通事宜。伤病员现场经治的医疗文书要与接纳后送伤病员的医疗机构做好交接。

第十四条 伤病员救治应按照集中资源、集中专家、集中伤病员、集中救治的"四集中"原则,首选收治在医疗救治能力和综合水平强的二级以上综合医院、中医医院和中西医结合医院,成立医疗救治工作组,统一指挥、统一部署、统筹资源开展医疗救治工作。根据分级分层分类救治的原则,相应的卫生健康行政部门组织成立专家组,对伤病员病情进行评估,重症患者应按照"一人一策"原则进行救治,必要时开展多学科会诊和远程会诊,保证救治质量。同时,做好伤病员及家属、相关工作人员等重点人群以及公众的心理援助工作。特别重大、重大和较大突发事件伤病员集中收治工作完成、批量伤病员得到有效救治、结束集中收治工作后,对医疗应急工作进行总结,提出工作建议。

第四章 突发事件医疗应急保障

第十五条 各级卫生健康行政部门应当按照"统一组织、平急结合、因地制宜、分类管理、分级负责、协调运转"的原则,根据灾害灾难、传染病疫情、中毒、核辐射等不同类别的紧急医学救援组建医疗应急队伍,以有效应对辖区内发生的突发事件,必要时根据有关指令开展辖区外处置支援。各级各类医疗机构根据本单位的职能,成立相应的应急队伍。医疗应急队伍以现场救援、转运后送、院内救治为主要任务。

(一)队员组成。队伍成员应根据应对事件的不同类型,从医疗卫生机构等选择政治合格、年富力强、有实践经验的人员组成。

(二)队伍装备。队伍装备应实现集成化和自我保障化,分为通用性和专业类装备。通用性保障装备主要包括个人生活用品(携行)、后勤保障装备、指挥通讯装备、办公装备、徽章标志和交通装备等;医疗救治专业类装备根据重大灾害、传染病、中毒、核辐射等不同事件类别配备,主要包括救治设备、防护装备,诊断、检测装备,现场处置类装备,药品器材等。

(三)队伍管理。国家医疗应急队伍的建设和管理具体按照《国家卫生应急队伍管理办法(试行)》执行,地方各级医疗应急队伍管理参照执行。各级卫生健康行政部门可依托"医疗应急指挥信息系统"建立队伍成员和装备资料库,实行信息化管理,及时更新信息资料。

第十六条 各级卫生健康行政部门要依托综合实力强的医疗机构加强紧急医学救援基地、重大传染病防治基地的建设和管理,提高大规模收治伤病员能力和医疗应急演训、科研、物资储备能力。

第十七条 各级卫生健康行政部门建立辖区内的医疗应急专家库,负责更新本级医疗应急专家库。发生突发事件时,卫生健康行政部门应及时从专家库调用专家,书面通知派出人员所在单位,紧急情况下可先电话通知。

(一)专家遴选。政治合格,在临床医学、灾害管理学、法学等领域工作5年以上,具有一定专业学术地位或影响和应对突发事件处置经验并具备副高级及其以上专业职称,年龄在65周岁以下、身体健康、能够胜任相关工作的,经推荐审核后可作为医疗应急专家,入选医疗应急专家库。医疗应急专家推荐与审核按照突发事件类别和所需相关专业进行推荐,包括医疗救治、卫生管理、危机管理、心理学、社会学等专业专家。

(二)专家库管理。医疗应急专家库按国家、省、地市三级分级管理、动态维护、实时更新。国家卫生健康委依托国家突发事件医疗应急指挥信息系统,建立和维护医疗应急专家库,指导省级专家库系统管理。省级卫生健康行政部门负责省级医疗应急专家库的建立、管理,按要求推荐国家级专家,指导省级以下医疗应急专家库管理。

第十八条 各级卫生健康行政部门和医疗机构根据突发事件风险评估制定相应的医疗应急预案，针对预案定期开展医疗应急演练，并根据形势变化、预案实施和演练中发现的问题及时修订。

第十九条 各级卫生健康行政部门按照突发事件情况和生产供应情况科学制定医疗应急医药储备目录。储备物资类别包括突发事件医疗救治、现场处置所需的有关药品、疫苗、诊断试剂和器械、防护用品、消毒剂等。医疗机构应本着“自用自储”的原则制定日常应急物资储备计划，国家医学中心、区域医疗中心和重大疫情救治基地、紧急医学救援基地、医疗应急队伍所依托的医疗机构要加强相关医疗救治设备配备并保留一定的备份量，负责区域突发事件快速反应支持。发生灾情、疫情等突发事件时，卫生健康行政部门需要调用医药储备的，原则上先向地方相关部门申请调用地方医药储备，地方医药储备不能满足需求时，可申请调用中央医药储备。

第二十条 各级卫生健康行政部门负责医疗应急培训，包括制订和组织实施培训规划，并进行绩效评估。坚持“预防为主、平急结合、突出重点、学以致用”的原则，根据实际需要，充分利用广播电视、远程教育等先进手段，辅以情景模拟、案例分析等方法，采取多种形式开展培训。

（一）组织实施。依据分级管理、逐级培训的原则，国家卫生健康委组织对省级、地方各级卫生健康行政部门组织本级及下一级师资和技术骨干的培训，做到全员培训和重点提高相结合，现场处置培训与理论培训相结合，地区交流与出国培训相结合。

（二）培训对象和主要内容：

1. 医疗应急管理干部培训。重点是增强应急管理意识和公共安全意识，掌握相关法律、法规、预案和工作制度，提高医疗应急常态化管理水平、组织协调和指挥处置突发事件能力。

2. 医疗应急专业队伍培训。重点掌握医疗应急预案、技术规范和标准，精通医疗应急专业知识和技能，提高现场处置能力。以重点突发急性传染病、中毒、核和辐射损伤、各类重大突发事故和自然灾害等突发事件的医疗应急工作相关专业知识、理论、技能和应急处理程序、救治方法、安全防护为重点内容。

3. 医务人员培训。重点掌握应急预案以及重点急性传染病、新发传染病、不明原因疾病、中毒、核和辐射损伤等诊断治疗技术和安全防护技能，熟练掌握各类突发事件中伤病员的急救处理技术,提高应对各类突发事件的发现报告、现场处置、医疗救援及与疾控机构协同处置能力。

4. 相关部门医疗应急管理干部培训。重点掌握国家医疗应急相关法律、法规和预案以及《国际卫生条例》等,熟悉本部门突发事件医疗应急处置职责,了解突发公共卫生事件的报告标准和程序、应急措施、事后恢复重建以及能力评估等。

5. 医疗应急救援志愿者培训。重点是掌握医疗应急救援及自救、互救、个人防护的技能以及协助专业救援队伍参与医疗应急处置的能力。

第二十一条　各级卫生健康行政部门根据实际情况和医疗应急工作需要,结合预案制定年度演练计划,采取桌面和实战演练、功能和全面演练等形式,重点演练突发事件医疗应急组织管理、快速反应、技术规范、物资储备、部门协调、媒体沟通等。

第二十二条　加强医疗应急科普宣教,利用广播、电视、报纸和网络等大众媒体,及时将宣传信息传递到有关目标人群,将切合实际的有关自救互救等知识反复向公众宣传,通过开展医疗应急科普知识进企业、进农村、进社区、进学校、进家庭等活动,倡导卫生行为,群策、群防、群控,提高公众突发事件医疗应急意识和能力。

第二十三条　加强医疗应急科技交流与合作,有计划地开展应对突发事件医疗应急相关的科学研究,探索事件发生、发展的规律。加强医疗应急工作的法制、体制、机制和预案建设的相关政策研究,应急指挥平台的开发应用,现场应急处置相关技术,应急能力评估,社会经济评价,队伍装备标准,应急物资储备,现场快速检测技术和实验室诊断方法等医疗应急科研成果的综合评价和推广应用工作。

第二十四条　各地按规定落实参加突发事件应急处置的医疗卫生人员补助,为参与突发事件处置的专业应急救援人员购买人身意外伤害保险。

第二十五条　对突发事件医疗应急救援作出突出贡献的单位和个人,按照国家有关规定给予表彰。对在参与突发事件医疗卫生救援工作中致伤、致残、死亡的人员,按照国家有关规定给予相应的补助和抚恤。对工作消极、失职、渎职的有关责任人,依据有关规定严肃追究责任,构成犯罪的,依法追究刑事责任。

第二十六条　本办法自发布之日起施行。

国家卫生应急队伍管理办法

（2024 年 3 月 19 日国家卫生健康委、国家中医药局、
国家疾控局发布 国卫医急发〔2024〕11 号）

第一章 总 则

第一条 为加强和规范国家卫生应急队伍建设与管理，全面提升国家卫生应急队伍的应急处置能力和水平，依据《中华人民共和国突发事件应对法》《突发公共卫生事件应急条例》等法律法规，以及《国家突发公共卫生事件应急预案》《国家突发公共事件医疗卫生救援应急预案》等预案，制定本办法。

第二条 本办法所称国家卫生应急队伍（含国家卫生应急移动处置中心），是指由国务院卫生健康行政部门（国务院中医药主管部门、国务院疾控主管部门）建设与管理，参与特别重大及其他需要响应的突发事件现场卫生应急处置的专业医疗卫生救援队伍。国家卫生应急队伍主要分为紧急医学救援类、重大疫情医疗应急类、突发中毒事件处置类、核和辐射突发事件卫生应急类（上述 4 类队伍由国务院卫生健康行政部门负责建设管理）、中医应急医疗类（国务院中医药主管部门负责建设管理）、突发急性传染病防控类（国务院疾控主管部门负责建设管理）。国家卫生应急队伍成员（以下简称队员）来自医疗卫生等机构，平时承担所在单位日常工作，应急时承担卫生应急处置任务。

第三条 省级、地市级和县级卫生健康行政部门（中医药主管部门、疾控主管部门）要根据突发事件风险评估，加强地方卫生应急队伍建设，原则上所有医疗卫生机构均应具备卫生应急处置能力，形成完善的卫生应急队伍

体系。

第四条 卫生应急队伍建设与管理坚持以习近平新时代中国特色社会主义思想为指导,全面贯彻党中央、国务院的决策部署;坚持"人民至上、生命至上",始终把人民群众生命安全放在首位;按照"统一指挥、纪律严明,反应迅速、处置高效,平战结合、布局合理,立足国内、面向国际"的原则,根据地域和突发事件等特点,统筹建设和管理卫生应急队伍。各地要强化队伍指挥调度、组织协同,开展实战化训练演练,注重提高信息化、智能化水平,着力提升队伍突发事件应对能力和社会参与程度。

第五条 卫生应急队伍要贯彻"以健康为中心"的原则,加强医防协同,强化公共卫生人员配备,完善医防协同机制,加强突发公共卫生事件研判评估、流行病学调查和溯源等培训,有效减少突发公共卫生事件发生和传播,保障公共卫生安全。

第六条 本办法适用于国家卫生应急队伍的建设和管理(突发急性传染病防控类队伍管理办法由国务院疾控主管部门另行制定,以下所称国家卫生应急队伍均不含突发急性传染病防控类队伍)。地方各级卫生健康行政部门(中医药主管部门)参照本办法制定本级卫生应急队伍管理办法或规定。

第二章 队伍建设

第七条 国务院卫生健康行政部门(国务院中医药主管部门)负责国家卫生应急队伍的总体规划、建设和管理,并委托省级卫生健康行政部门和中医药主管部门(以下简称委托建设单位)具体承担国家卫生应急队伍组建和管理工作;国家卫生应急队伍所在单位(以下简称承建单位)具体承担国家卫生应急队伍的组建和日常管理工作。紧急医学救援类、重大疫情医疗应急类、中医应急医疗类国家卫生应急队伍承建单位须为三级甲等医院,国家医学中心、国家区域医疗中心和国家临床重点专科所在单位优先。

国家卫生应急队伍由国务院卫生健康行政部门(国务院中医药主管部门)负责组织评估确认,符合国家卫生应急队伍条件的,承担国家卫生应急任务并履行相应职责。

第八条　国家卫生应急队伍主要由卫生应急管理人员、医疗卫生专业人员、技术保障和后勤保障人员构成。应急管理和医疗卫生专业人员每队30人以上，设队长1名，副队长2~3名，每支队伍配30人以上的后备人员（国家卫生应急队伍人员构成要求见附件1）。

第九条　队员遴选条件：

（一）政治坚定过硬，热爱卫生应急事业，忠实履行职责和义务；具有奉献、敬业、团队合作精神；

（二）身体健康，年龄原则上不超过50周岁；

（三）熟练掌握相关专业知识和技能；

（四）接受过卫生应急培训或参与过突发事件卫生应急处置工作者优先考虑；

（五）在同等条件下，外语沟通能力强的优先考虑。

第十条　队员的遴选按照本人自愿申请，承建单位推荐，委托建设单位审定，报国务院卫生健康行政部门（国务院中医药主管部门）备案的程序进行（队员审批表见附件2）。对于超龄（大于60周岁）或者身体状况不满足应急救援任务的队员应准予退出队伍，承建单位报告委托建设单位核准终止任用，并报国务院卫生健康行政部门（国务院中医药主管部门）备案。

第十一条　队伍应加强装备建设和各项应急预案、标准操作指南制定，队伍功能应满足以下最低标准：

紧急医学救援类：每天能开展20台损伤控制手术，每天能接诊200名急诊和门诊患者，开设20张留观病床，重点加强创伤处理能力；实现14天自我保障。

重大疫情医疗应急类：每天能完成1000人次以上的实验室检测，每天能接诊200名门诊患者，具备5例以上重症传染性疾病患者的紧急处置能力；具备隔离转运能力和流行病学调查能力；能实现10天自我保障。

突发中毒事件处置类：能够开展现场流行病学调查、应急监测与风险评估、毒物采样与快速检测、中毒救治指导、健康监护等，实现7天自我保障。

核和辐射突发事件卫生应急类：能够开展伤员体表放射性污染检测、局部和全身去污洗消、内外照射患者剂量估算和医学救治、食品和饮用水放射性监测、健康教育和现场心理救援等，实现7天自我保障。

中医应急医疗类：具备传染病检测、应急处置和转运能力，每天能接收200名门诊和急诊患者，可开展损伤控制手术3～5台，重点开展突发事件相关疾病的中医和中西医结合救治；实现7天自我保障。

第十二条 队伍应强化信息化建设，实现队伍与后方指挥部的联通，加强队伍人员、装备的信息化和智能化管理。

第三章 职责、权利和义务

第十三条 国务院卫生健康行政部门履行以下职责：

（一）负责紧急医学救援、重大疫情医疗应急、突发中毒事件处置、核和辐射突发事件卫生应急四类国家卫生应急队伍总体规划布局，指导四类队伍建设和管理工作；

（二）统一指挥和调度紧急医学救援、重大疫情医疗应急、突发中毒事件处置、核和辐射突发事件卫生应急四类国家卫生应急队伍；

（三）组织指导紧急医学救援、重大疫情医疗应急、突发中毒事件处置、核和辐射突发事件卫生应急四类国家卫生应急队伍的培训和演练工作。

国务院中医药主管部门履行以下职责：

（一）负责国家中医应急医疗队伍的总体规划布局，指导国家中医应急医疗队伍建设和管理工作；

（二）与国务院卫生健康行政部门建立协调联动机制，统一指挥和调度国家中医应急医疗队伍，确保中医药第一时间参与新发突发传染病防治和突发事件卫生应急救治工作；

（三）组织开展中医应急救治专项培训，并根据情况适时组织跨地区联合演练。

第十四条 委托建设单位履行以下职责：

（一）负责国家卫生应急队伍的组建，组织、协调和指导承建单位做好国家卫生应急队伍日常管理；

（二）指导承建单位开展国家卫生应急队伍的培训和演练；

（三）制订国家卫生应急队伍具体管理方案。

第十五条 承建单位履行以下职责：

（一）积极支持队员参与国家卫生应急工作，不得以任何理由推诿、拖延、妨碍队员参加卫生应急工作；

（二）保障队员在执行卫生应急任务期间及演训练期间的工资、津贴、奖金及其他福利待遇。保障队员在执行卫生应急任务期间及演训练期间的生命健康安全，为队员购置保险；

（三）负责国家卫生应急队伍的组建和日常管理；

（四）具体组织实施国家卫生应急队伍的培训和演练。

第十六条 国家卫生应急队伍履行以下职责：

（一）按照国务院卫生健康行政部门（国务院中医药主管部门）的调遣，参加卫生应急行动；

（二）向国务院卫生健康行政部门（国务院中医药主管部门）和委托建设单位提出有关卫生应急工作建议；

（三）参与研究、制订卫生应急队伍的建设、发展计划和技术方案；

（四）加强培训、演练，形成实战能力；

（五）向公众普及紧急医学救援知识和技能；

（六）承担国务院卫生健康行政部门（国务院中医药主管部门）委托的其他工作。

第十七条 队员享有以下权利：

（一）享有执行卫生应急任务的知情权；

（二）享受执行卫生应急任务的加班、高风险、特殊地区等国家规定的各项工资福利待遇的权利；

（三）享有执行卫生应急任务期间队伍所在单位按规定购置人身意外伤害保险的权利；

（四）享受接受卫生应急专业培训和演练的权利；

（五）享受优先获取卫生应急相关工作资料的权利；

（六）享有卫生应急工作建议权。

第十八条 队员应承担以下义务：

（一）服从上级的统一领导，服从工作安排，遵守纪律，保守国家秘密；

（二）及时报告在执行卫生应急任务中发现的特殊情况；

（三）提出卫生应急工作建议；

（四）做好卫生应急响应准备，参加卫生应急相关培训和演练，随时听候调派实施现场医疗卫生救援、伤病员救治；

（五）参与对省级及以下卫生应急队伍的业务培训、提供技术咨询和相关工作指导。

第四章 队伍管理

第十九条 队员原则上3年进行一次调整，符合条件的可继续留任。因健康、出国（1年以上）或其他原因不能履行其职责和义务者，经委托建设单位核准终止任用，遴选其他符合条件者增补至队伍，并及时报国务院卫生健康行政部门（国务院中医药主管部门）备案。

第二十条 承建单位建立应急值守制度，队员要保持通讯畅通；当联系方式变更时，应第一时间告知队长，及时报告委托建设单位更新相关信息，确保国家卫生应急队伍数据库信息准确。

第二十一条 委托建设单位应当按照《突发事件医疗应急工作管理办法（试行）》等相关要求，根据国务院卫生健康行政部门（国务院中医药主管部门）统一安排，制订国家卫生应急队伍年度培训和演练计划，开展相关活动，鼓励队伍开展巡诊义诊、紧急医学救援知识和技能普及"进企业、进社区、进学校、进农村、进家庭"等平急结合活动。

第二十二条 国家卫生应急队伍（不包括军队和武警卫生应急队伍）由国务院卫生健康行政部门（国务院中医药主管部门）指挥调度，国务院卫生健康行政部门（国务院中医药主管部门）向委托建设单位发出调用函，委托建设单位督促承建单位接到命令后2小时内完成各项准备随时出发，前往突发事件现场开展卫生应急救援；紧急情况下，可采取先调用、后补手续的方式。委托建设单位可经国务院卫生健康行政部门（国务院中医药主管部门）同意调遣国家卫生应急队伍；执行援外任务时，应由国务院卫生健康行政部门（国务院中医药主管部门）统一指挥调度。应急队伍执行任务时，国务院卫生健康行政部门（国务院中医药主管部门）或委托建设单位应协调受援当地政府提供支持。

第二十三条 国家卫生应急队伍在开展现场卫生应急处置工作时，接受突发事件现场指挥部指挥，加强与在现场参与突发事件处置工作其他应急队伍的信息沟通与协调，并遵守现场管理规定和相关工作规范等，定期向国务院卫生健康行政部门（国务院中医药主管部门）和委托建设单位报告工作进展，遇特殊情况随时上报。地方卫生健康行政部门（中医药主管部门）、医疗卫生机构提供必要的工作支持，协助国家卫生应急队伍完成相关工作。

现场卫生应急处置工作实行队长负责制，队员要服从队长指令，履行各自分工和职责。

第二十四条 队伍完成卫生应急任务后，由国务院卫生健康行政部门（国务院中医药主管部门）通知委托建设单位实施撤离，并由队长负责按要求提交卫生应急处置工作总结报告和相关文字、影像等资料。

第二十五条 执行国际医疗卫生救援任务时，应当遵循通行的国际惯例，遵守所在国的法律法规，尊重当地风俗习惯，维护国家尊严和形象。

第五章 装备物资管理

第二十六条 承建单位参照《卫生应急队伍装备参考目录（试行）》，对国家卫生应急队伍进行装备，并制定相应的管理制度；参照《国家卫生应急队伍标识（试行）》要求，规范使用标识的内容、样式、颜色、比例。按照政府采购法律规定开展采购活动，队伍装备纳入承建单位固定资产管理。

第二十七条 委托建设单位应指导承建单位建立仓储管理制度，定期对装备物资进行维护和更新工作，保证队伍装备物资状况良好，运行正常。

第二十八条 在卫生应急行动中，国务院卫生健康行政部门（国务院中医药主管部门）可以根据需要，对国家卫生应急队伍装备物资进行统一调配。

第二十九条 中央财政对国家卫生应急队伍装备、培训和演练等经费给予必要支持，任何单位或个人不得克扣、挪用或变相克扣、挪用国家卫生应急队伍装备、培训和演练等经费。

第六章　奖励与处罚

第三十条　国家卫生应急队员现场工作表现突出者、委托建设单位或承建单位完成国家卫生应急任务出色者,根据国家有关规定予以表彰或奖励。

第三十一条　国家卫生应急队员或其所在单位,在卫生应急行动中不服从调派、不认真履职、违反相关制度和纪律者,经委托建设单位核实,报由国务院卫生健康行政部门(国务院中医药主管部门)审核确认,对队员予以除名,并对其所在单位予以内部通报。如因失职等原因造成突发事件危害扩大,产生严重后果的,依法追究相关单位和当事人责任。

第三十二条　本办法自印发之日起施行,《国家卫生应急队伍管理办法(试行)》(卫办应急发〔2010〕183号)同时废止。

附件:(略)

传染病疫情预警管理办法(试行)

(2025年7月30日国家疾控局发布
国疾控监测发〔2025〕11号)

第一条　为规范和指导传染病疫情预警工作,防范和化解传染病疫情风险,预防传染病对人民群众生命健康的危害,依照《中华人民共和国传染病防治法》《中华人民共和国生物安全法》等法律法规和国家有关规定,制定本办法。

第二条　本办法适用于中华人民共和国境内传染病疫情预警(以下简称预警)的形成、传递、应答和反馈。预警情形包括法定传染病、新发传染病、原因不明的传染病以及其他重点传染病等引发或可能引发的公共卫生风险，需要提醒可能受影响人群、相关部门或机构提前采取一定的防范准备措施。

第三条　传染病疫情预警工作遵循生命至上、预防为主、依法管理、属地负责、及时预警、行动导向的原则。

第四条　本办法所称预警包括健康风险提示、警示信息通报及预警决策建议。

（一）健康风险提示是指由各级疾病预防控制机构向公众提示传染病疫情风险，帮助公众提高对传染病的科学认识，引导采取必要、适当的防护措施，保护自身健康。

（二）警示信息通报是指由各级疾病预防控制部门向风险关联部门、风险关联地区和属地医疗卫生机构，通报传染病疫情风险信息，提示协同做好传染病风险管控和疫情防控。

（三）预警决策建议是指各级疾病预防控制部门报请卫生健康部门，向本级人民政府提出的发布、调整、终止预警的决策建议。

第五条　国家疾病预防控制局负责建立传染病疫情预警工作制度，指导各级疾病预防控制部门开展传染病疫情预警工作。省级及以下各级疾病预防控制部门应当落实传染病疫情预警工作制度，负责建立健全本行政区域内传染病疫情预警工作机制，指导本级疾病预防控制机构和下一级疾病预防控制部门规范开展传染病疫情预警工作。根据风险评估结果，负责进行警示信息通报、报请卫生健康部门向同级人民政府提出预警决策建议。

各级疾病预防控制机构负责收集多渠道传染病监测信息，开展传染病监测信息分析和风险评估。按照风险评估的结果和工作需要，向公众公布健康风险提示，向同级疾病预防控制部门提出警示信息通报、预警决策建议等建议。

第六条　各级疾病预防控制部门会同同级卫生健康、教育、民政、农业农村、海关、移民、林草等有关部门，以及毗邻地区疾病预防控制部门建立健全工作机制，建立联席会议和联络员制度，及时通报和会商传染病监测信息、风险评估结果和措施建议，实现信息互通和预警联动。

第七条　各级疾病预防控制机构收集多渠道传染病监测信息，开展传染病疫情风险评估，识别可能存在的公共卫生风险，评价疫情风险等级。风险等级分为极低风险、低风险、中风险、高风险四级。风险等级为低风险及以上的，形成健康风险提示，提出警示信息通报、预警决策建议等建议。风险等级为极低风险的，继续做好常态化监测工作。

风险分级标准由国家疾控局另行组织制订。

第八条　风险评估等级为低风险，需要公众采取一定防护措施的，各级疾病预防控制机构向公众公布健康风险提示。

健康风险提示可包括传染病病原特征、流行病学特点、主要临床症状、近期监测结果、防治要点、重点人群防护措施和公众防护建议等。健康风险提示应当科学明了、通俗易懂，避免使用过于专业性语言，可通过各类渠道进行传播。

第九条　风险评估等级为中风险，需要医疗卫生机构、风险关联部门和地区采取一定专业防范措施的，各级疾病预防控制机构应当向同级疾病预防控制部门提出警示信息通报的建议，同步做好健康风险提示。

各级疾病预防控制部门收到疾病预防控制机构建议后，应当及时会同相关部门综合评价医疗秩序和经济社会影响，确需进行警示信息通报的，应当及时向相关疾病预防控制机构、下级疾病预防控制部门、属地医疗机构，以及风险关联部门和风险关联地区疾病预防控制部门进行通报。警示信息可包括传染病危害、影响范围、发展趋势等疫情情况，业务技术培训、人员设备物资准备以及病例识别报告、重点机构健康管理、重点场所通风消毒、职业人群防护等措施建议。

警示信息通报应当保证时效性，以安全、内部的形式进行，并同时向属地政府和上级疾病预防控制部门报告。疾病预防控制部门应当建立进行警示信息通报的工作流程。

第十条　风险评估等级为高风险，各级疾病预防控制机构应当在2小时内向同级疾病预防控制部门提出发布传染病预警、依法采取预警措施的建议。

各级疾病预防控制部门收到疾病预防控制机构建议后，应当组织多领域的风险评估专家组对本级疾病预防控制机构的风险评估结果进行论证,对传染病疫情风险进行全面分析和综合研判。确需人民政府发布预警的,疾病预防控制部门应当及时报请卫生健康部门向本级人民政府提出发布预警、依法采取相应预警措施的书面建议,同时报告上一级疾病预防控制、卫生健康部门。

第十一条 各级疾病预防控制机构指导接到预警的单位依法采取健康监测、减少聚集、加强防护、资源准备、培训演练等疫情风险管控措施,配合疾病预防控制机构开展病例排查、疫情报告和会商研判等工作,消除或降低疫情发生扩散的风险。人民政府发布预警的,各单位应当依法落实预警措施。

各级疾病预防控制机构应当持续监测传染病疫情发展趋势,评估研判疫情及其风险的演变态势,提供公共卫生专业支持。

第十二条 各级疾病预防控制部门、疾病预防控制机构应当加强风险沟通,主动收集公众、医疗卫生机构、风险关联部门预警应答情况,评估预警效果,发现没有达到预期预警效果的,应再次预警。

第十三条 各级疾病预防控制部门、疾病预防控制机构依据疫情风险发展态势,动态调整预警类型和内容。对于政府已向社会发布预警、根据疫情变化应当予以调整的,疾病预防控制部门提出预警调整建议,报请卫生健康部门报本级人民政府依法决定。

第十四条 传染病疫情发展扩散、构成一般及以上突发公共卫生事件的,各级疾病预防控制部门应当报请卫生健康部门,及时报告本级人民政府并提出应急响应建议,根据本级人民政府部署,依法采取传染病疫情和突发公共卫生事件防控措施。

第十五条 各级疾病预防控制部门应当对本级疾病预防控制机构的健康风险提示,以及下级疾病预防控制部门的警示信息通报和预警决策建议加强指导,对发现的问题,应当予以督促调整。如果传染病疫情未出现跨域扩散风险或风险等级未出现明显变化的,原则上,上级疾病预防控制机构不应对下级疾病预防控制机构发布的健康风险提示进行重复预警。

各级疾病预防控制部门应当总结分析传染病疫情预警经验做法,不断优化预警的形成、传递、应答和反馈机制,加强与应急响应协调联动,实现预警工作的持续优化与改进。

第十六条　各级疾病预防控制部门和疾病预防控制机构应当鼓励和支持推动建立传染病疫情预警指标阈值、疫情数据库、算法模型库,加强大数据、云计算、人工智能等技术研发应用,为实现多点触发、智慧化预警提供支撑。

第十七条　各级疾病预防控制部门为传染病疫情预警工作提供必要的人员经费、设备设施和制度保障,加强跨部门、跨机构互联互通。依托已有信息系统和网络基础,建设或依托国家级、省统筹区域传染病监测预警与应急指挥信息平台,支撑预警业务需要。

第十八条　预警内容应当清晰准确、权威专业,注意保护个人信息,不得擅自发布,不得随意编造和传播。

第十九条　本办法自发布之日起施行。